学术文库

历史理性与历史叙事

孙晓喜 著

中国出版集团有限公司

世界图书出版公司
西安 北京 上海 广州

图书在版编目(CIP)数据

历史理性与历史叙事/孙晓喜著. —西安:世界图书出版西安有限公司,2024.1
ISBN 978-7-5232-1149-6

Ⅰ.①历… Ⅱ.①孙… Ⅲ.①史学理论—研究 Ⅳ.①K0

中国国家版本馆 CIP 数据核字(2024)第 037181 号

历史理性与历史叙事
LISHI LIXING YU LISHI XUSHI

著　　者	孙晓喜
责任编辑	郭　茹
出版发行	世界图书出版西安有限公司
地　　址	西安市雁塔区曲江新区汇新路 355 号
邮　　编	710061
电　　话	029-87214941　029-87233647(市场营销部)
	029-87234767(总编室)
网　　址	http://www.wpcxa.com
邮　　箱	xast@ wpcxa.com
经　　销	全国各地新华书店
印　　刷	西安浩轩印务有限公司
开　　本	787mm×1092mm　1/16
印　　张	16.75
字　　数	260 千字
版　　次	2024 年 1 月第 1 版
印　　次	2024 年 1 月第 1 次印刷
书　　号	ISBN 978-7-5232-1149-6
定　　价	78.00 元

版权所有　翻印必究
(如有印装错误,请与出版社联系)

目 录

绪 论 …………………………………………………………………… 001
  一、时代思潮变迁中历史叙事的核心问题变更 ………………… 002
  二、反形而上学思潮下历史思维转换与叙事理念变迁 ………… 005
  三、唯物史观视域下历史共同话语的视界拓展与理论创新 …… 009
  四、基于历史共同体建构目标的历史理性重塑与叙事逻辑更新 ……… 012

第一章 历史叙事的诗性方式与原始文本 ……………………… 018
  第一节 历史意识的起源与历史叙事的原始媒介 ……………… 019
    一、历史意识的起源问题与理解视域 …………………………… 019
    二、历史意识的发生结构与本质特性 …………………………… 025
    三、历史意识的原始表现媒介与叙事属性 ……………………… 029
  第二节 历史叙事谱系中史诗的话语结构与叙事逻辑 ………… 033
    一、历史叙事的初始模式与历史意识的诗性气质 ……………… 033

二、诗性逻辑下原始史诗的叙事模式与话语身份 …………… 036

　　三、叙事模式因袭与叙事边界重置 …………………………… 040

　　四、诗性历史叙事话语的结构与特征 ………………………… 044

第三节　先秦乐舞与礼乐文明的诗性叙事演化 ……………………… 053

　　一、先秦乐舞的诗性特征与原始历史叙事功能 ……………… 053

　　二、先秦乐舞的诗性叙事功能演化与文化角色转换 ………… 058

　　三、先秦乐舞的历史角色完成及其对传统礼文化的影响 …… 065

第二章　历史的实体思维与思辨逻辑 ……………………………… 072

第一节　实体思维的历史观念缘起与诉求 …………………………… 073

　　一、历史理解的不同维度：从现象的历史到本质的历史 …… 073

　　二、历史理解的双重逻辑：历史理性与史学理性 …………… 077

第二节　思辨哲学的实体思维 ………………………………………… 079

　　一、历史成为哲学的思辨对象 ………………………………… 079

　　二、历史主体与历史动力的哲学思辨 ………………………… 084

　　三、历史秩序与历史目的的先天预置 ………………………… 092

第三节　实体思维下历史神学的叙事观念 …………………………… 099

　　一、历史神学的叙事观念革新 ………………………………… 100

　　二、历史神学的话语模式拓展 ………………………………… 103

　　三、历史实体观念的终结 ……………………………………… 107

第三章　历史的认识论思维与批判逻辑 …………………………… 112

第一节　历史认识论转向中实体思维方式的消解 …………………… 112

　　一、历史认识论转向的理论前缘 ……………………………… 113

二、历史认识论转向的思想基础 …………………………… 118

　第二节　历史认识论模式下传统叙事观念的颠覆 …………… 124

　　一、以历史为对象的认识论反思 …………………………… 125

　　二、历史认识逻辑的反转与叙事观念的颠覆 ……………… 134

　　三、历史认识论批判的思想效应与理论困境 ……………… 146

第四章　语言学的叙事策略与文本中心主义逻辑 ……………… 151

　第一节　语言学转向的时代背景与理论基础 ………………… 151

　　一、语言学转向的时代背景 ………………………………… 152

　　二、语言学转向的理论基础 ………………………………… 158

　第二节　后现代历史学叙事学的话语方式与历史逻辑 ……… 164

　　一、后现代主义的历史话语方式 …………………………… 165

　　二、以语言文本为中心的历史叙事逻辑 …………………… 169

　　三、新叙述主义的思想意蕴与理论效应 …………………… 174

第五章　唯物史观视域下新历史叙事建构的逻辑 ……………… 182

　第一节　历史唯物主义的思想变革 …………………………… 182

　　一、面向历史本身的新思维 ………………………………… 183

　　二、实践向度的新历史理性 ………………………………… 186

　　三、历史与逻辑一致的新原则 ……………………………… 190

　第二节　实践思维方式下的新叙事逻辑 ……………………… 194

　　一、实践逻辑下的历史内容 ………………………………… 194

　　二、实践逻辑下的历史运动 ………………………………… 196

　　三、实践逻辑下的历史认识 ………………………………… 200

第六章 历史叙事策略的多元选择与历史共同体展望 …… 209

第一节 叙事解放的历史范例 …… 210
一、唐代叙事史学的发展与史学叙事思想的创新 …… 210
二、唐代蒙学文本的叙事理念与文化效应 …… 220

第二节 历史叙事多元话语与历史共同体展望 …… 235
一、历史叙事的后现代境遇 …… 236
二、叙事策略的多元化趋势 …… 239
三、基于历史共同体建构目标的叙事理念与实践探索 …… 242

参考文献 …… 248

后　记 …… 259

绪　论

　　历史叙事是一件非常古老的工作，甚至从人类结绳记事的那一刻起，就开启了历史叙事的一种特殊方式，这种朴素的叙事方式是一种自发的历史意识，然而，在文字成为历史叙事的载体之后，历史意识的自觉在丰富历史叙事内容的同时，也发现了由这一载体引发的严肃问题。亚里士多德在论诗与史的区别时曾说："写诗这种活动是比写历史更富于哲学意味，更被严肃的对待；因为诗所描述的事带有普遍性，历史则叙述个别的事。"[1]自此，亚里士多德对待历史的态度使其后的历史思考在很长一段时间里为实体本体论思维所束缚，历史一度被认为只是对个别事件叙述的"已然"内容，而缺乏"可然"或"必然"的性质。[2]然而，在实体本体论思维破除之后，理解历史的障碍却并未如期破除。不仅如此，试图重新诠释历史的努力似乎更加如履薄冰，因为在历史形而上学被

---

[1] 亚里士多德：《诗学》，罗念生译，人民文学出版社，1982，第28页。
[2] 在亚里士多德的《诗学》中，"可然"含义为在假定的前提或条件下可能发生某种结果，"必然"指的是给定的前提或条件下按照因果律发生某种结果，而历史事件属于"已然"一类，作为"已然"的历史事件是已经发生的、是偶然发生的，但并不一定是"可然"或"必然"性的发生，因为偶发事件可能只体现了发生的先后顺序而未必有内在的因果联系。

祛除之后，重构历史理性的努力一直处于思想的纷争中。

一、时代思潮变迁中历史叙事的核心问题变更

在世界历史范围内，历史叙事从初始到成熟跨越了一个相当漫长的历史时间，同时也历经了一种从自发到自觉的思想跃迁阶段。然而，历史叙事实践却始终无法摆脱其核心问题的困扰，时代思潮的历史变迁愈加清晰地呈现传统历史叙事结构内部无法调和的矛盾。回顾历史叙事实践从传统到现代的发展进程可以发现，历史叙事思想发生过多次转型，而认识论转型与语言学转型则是其中最具代表性与颠覆性的历史思维转换。

认识论转型是在拒斥实体本体论情况下发生的革命性逆转，在实体本体论思维下，历史认识的客体就是一个"实在"；然而，在反思的历史思维下，作为"实在"的"过去之事"在时间上确实是一个先在——在历史叙事活动发生的时间之前已经发生——但它却不是一个认识论意义上的先在。批判史学推动了这种认识论转型并深刻揭示了史学叙事结构中的认知关系问题，那种被视为一种"实在"的"过去"显然具有历史实体的性质，因为与历史认识主体绝缘的"实在"不可能自己呈现自己，只有与历史认识主体相关涉的"过去"才能纳入叙事的视野，因而就有了克罗齐所言的"一切历史都是当代史"。[1] 在克罗齐的观念中，历史正是以当前的现实生活作为其参照的，"过去"只有落入"当前"的视域才能进入历史并为人所理解，没有"当前"就没有"过去"可言。沿着这一批判逻辑再推进一步，就是柯林伍德所言的"一切历史都是思想史"，[2]进而导致历史叙事成为一种具有特别思想倾向性的"意识形态"版本。柯林伍德在当代史学史上被置于新黑格尔主义流派之下，完全在于他思考历史的方法与黑格尔的历史哲学方式无异。柯林伍德并非不承认历史的经验内容与作为"过去发生"的实在性，关键的问题是，当他把经验提升到思想阶段后，却和黑格尔一样

---

[1] 克罗齐：《历史学的理论和历史》，田时纲译，中国社会科学出版社，2005，第17页。
[2] 柯林武德：《历史的观念》，何兆武译，中国社会科学出版社，1986，第244页。

选择了思想优先的原则,给经验的历史加上逻辑的维度并无不妥,但这种历史的哲学逻辑过度泛化直接引发"思想创造历史"的理论后果。其实,马克思早就这一问题进行过深刻的批判,"光是思想力求成为现实是不够的,现实本身应当力求趋向思想"。① 简而言之,即使哲学的逻辑尽善尽美,但不能因为其尽善尽美而不顾历史内容本身;历史发展要符合可理解的逻辑,但逻辑要内在于历史而非凌驾于历史内容本身之上。

因而,通过对二十世纪批判史学的理论梳理可知,那些"让历史自己开口说话"之类的实体本体论论调已经无人问津,在历史叙事问题上已经达成了一个基本的理论共识:缺乏历史认识论批判前提的历史本体是无效的,而缺乏历史本体基础的历史叙事是无根的。所以,批判史学不再执着于追问本体论层面上的"过去"问题,而转向如何再现"过去"的历史认识论问题。在认识论批判的视野下"过去"不是现成的,而是历史共同体内通过一定理解方式生成的,叙事的认知结构在此被清晰地展现出来。与传统认知方式相比较,历史叙事实践的活动空间与话语力量有了明显的拓展。

然而,在通过"再叙事"路径构建新历史理性的课题上,历史叙事实践不仅没有达成共通的历史话语,而且更进一步陷入深层矛盾中。按照这一历史认识论的逻辑,如果"过去"是一种叙事主体参与的思想建构与主客体间的交互生成,那么任何历史认识与历史叙述最终都无法接近或符合这一"过去"本身。因此,认识论批判的历史思维要么认定"过去"永远无法企及,要么径直放弃这一核心问题,这直接导致叙事结构下的历史退缩到一种一去不复返的黑暗中,成为一个"不可简约的和无法抹掉的剩余物"。②

这种"历史的物自体"困境引发了历史思维的语言学转型,以海登·怀特为代表的"历史叙事学"就是语言学转型的一种典型模式。这种"历史叙事学"不再严肃地对待所叙之事,而仅仅专注于叙事的文本本身,尤其是关注历史叙事

---

① 中央编译局:《马克思恩格斯选集》第1卷,人民出版社,2009,第13页。
② 海登·怀特:《后现代历史叙事学》,陈永国、张万娟译,中国社会科学出版社,2003,第63页。

的文本形式与叙事风格。海登·怀特确实指出了传统历史叙事的结构性问题，发现了被传统叙事实践忽视的"文本的外壳"：历史认识中的不一致不仅涉及"过去"本身，而且还涉及为了解"过去"而由叙事主体所创造出的语言本身。在语言学转向文化背景下，这一思想曾给叙事理论带来巨大的积极效应，轻而易举地在历史理论研究领域内引发强烈的共鸣。

但是问题同样存在。在"历史叙事学"的观念里，对叙事结构的研究取代了对历史本身的研究，对语言文本的关注取代了对作为历史重要内容的生存际遇本身的关注。显然，这种研究历史的方法与态度并不能说服所有人，当然也不可能实现其建构共同历史话语的目的。因为批评者的意见很直白，这只不过是使用历史的方式来回避真正的历史问题罢了。在这种后现代风格的历史叙事策略下，历史叙事主体成为语言模式的囚徒，其叙事内容与历史观念受到特定语言模式的限制，于是，"一旦历史学家选择了他（她）的策略或修辞，就会成为这种策略的俘虏"。[①] 更为关键的是，在这种叙事模式下"历史实在"与"历史故事"不再区分，由此也就可以理解为什么海登·怀特将这种研究描述为一种"历史的诗学"而非"历史的哲学"。在这种历史秩序失落的话语氛围中，"我们似乎是处于历史的边缘，共有的太阳落山了，只有人们各自为自己点亮的灯火照耀着黑暗"。[②] 这种后现代历史叙事策略把分析哲学的思维引入历史的理解，其结果只能是使自身陷入与分析哲学一样的困境，虽然这种历史理论拓展了历史话语的对话空间，但它没有真正回应历史理性与历史共同体话语的建构问题，也没有实际解决历史叙事的可行策略，相反却引发了一场关于叙事合理性的危机。

实质上，历史叙事关涉三个核心问题：一个是"历史是何"的本体论问题，一个是"历史何以是"的认识论问题，还有一个就是"历史再现"的方法论问题。但究其根本，这三个问题实质上乃是一个问题，因为解决任何一个问题都

[①] 陈启能、倪为国、陈恒编：《书写历史》，生活·读书·新知三联书店，2003，第7页。
[②] 卡尔·洛维特：《世界历史与救赎历史》，李秋零、田薇译，生活·读书·新知三联书店，2002，第41页。

离不开其他两个问题的支撑；而一旦视其为三个独立的问题而分别去求解，那么这些问题必将无法求得彻底的解答，而那些勉强回应的结果只能是顾此失彼。由此可见，那种只顾讨论历史本体的做法已无立足之地，与此同时，历史叙事主体对叙事结构中的各种前提假设也保持着高度的警惕，并力求运用具有现实说服力的经验塑造具有时代感的历史逻辑，从而在叙事主体对历史本体认知的传递中更加彰显叙事主体的认知结构与思想蕴涵。这种在历史叙事的策略实施过程中来探索叙事的合理性方式，十分明晰地传达着这样的信息：单纯本体论话语方式已经无力建构历史的共同话语，历史叙事的具体实践是解决历史问题与构建历史理性的一条务实途径，基于可理解的叙事策略，在历史认识主体之间（也可表述为在叙事主体与读者之间），通过特定的文本交流能够较为容易地达成一种认识论意义上的史学理性，进而以此为基础来重构本体意义上历史理性。这一信息暗含的逻辑是，史学理性的建构与历史理性的建构在策略上属于同一过程，当"历史叙事何以可能"得以合理的回应，"历史何以可能"的本体问题则可以由此获得坚实的实践层面支撑，历史叙事主体间的互动实践也能够及时地关切与回应叙事环节的具体问题，并在对话模式下形成居于契约性的历史交往话语，这是当代历史共同体建构的一条可操作的务实路径。

当代史学实践的确正在尝试种种叙事策略以回应这一历史理性建构的思路，现代思想的开放性使当代历史叙事实践获得了多样性与多重选择的前提。但与此同时，这种多样性与多重选择也给理论带来更深层的困惑，在以批判、否定和超越现代主义为目标的后现代文化思潮席卷下，历史研究领域的气氛依然凝重，因为后现代主义在弃置中心化、拒绝总体化与视形而上学为原罪的语境下，全然无视历史思维的批判成果与历史研究的核心问题而走向了一个完全相反的方向。

二、反形而上学思潮下历史思维转换与叙事理念变迁

思想的障碍常常是一定思想方式的结果，因此，当代思潮试图从破除历史的认知方式出发来解决这些历史难题，如存在主义、现象学、解释学等都曾从反本

质主义认知方式出发对此进行深度探索,当代思潮中的这些认识方式变革导致历史理解方式不断转换与历史认识性质的重新定义,理解这类思想演变与理念变迁对当前历史共同体话语建构具有特别意义。

在拒斥历史形而上学思维的目标下,存在主义理论提出向生活世界回归的要求,并以其生成论结构中的"存在者"为尺度来理解历史,这一思维方式符合从本质主义向历史主义转向的时代潮流。在存在主义理论中,"存在"不是作为名词而是作为动词以一种特有的方式揭示并融入历史,历史的发生和真理的敞开为同一过程,历史是存在历史,真理是存在真理。如海德格尔从历史时间性角度切入对历史的理解,社会存在就是"时间性"对已在、当下和将来所"绽出"的历史。可以看出,从反本质主义的立场出发,海德格尔排除了物理的"客观性"时间观念,而从"历史性"的角度审视人类生活于其中的历史,从而认定那种只有自在之物而匮乏人类活动的历史则不能发生。"历史主要不是意指过去之事这一意思上的'过去'……在这里历史意味着一种贯穿'过去''现在'与'将来'的事件联系和'作用联系'。从而过去在这里根本不具有优先地位。"[①]海德格尔以生成论替代了本质论,以历史主义替代了结构主义,并从思维的历史性层面揭示了历史的过程性。存在主义的思考方式使历史意识区别于日常意识,使历史生存的时间模式同自然存在的时间模式区分开来,从而达到将人的存在作为其理论关注的中心,这与实体本体论所持有的存在观念截然不同。

在这种被视为生存存在论的观念构架中,理解人及其历史既是理解世界的前提,也是其理论的终极目标,这对克服传统观念中历史理解的障碍具有特别的效果。因为在这种生成论观念下,生命本身是唯一的理解对象和理解的出发地,生命的历程就是历史的历程,这在原则上就消解了历史客观主义的视角,也找不到传统观念中那个与生命无关的、在生命之外的历史,因而也就不存在实体本体论观念中的那类客观主义历史观念。在此,虽然对历史的感受仍依赖于人

[①] 海德格尔:《存在与时间》,陈嘉映译,生活·读书·新知三联书店,1987,第429页。

们对生命本身的感受，但对生命本身的感受并不完全受制于个体并等同于感性的集合，进而，传统观念中那些让人谈之色变的历史相对主义也就不再是一个显性的问题。这也是因为，历史相对主义的一个关键的前提就是那种根深蒂固的历史客观主义观念，既然生命本身是历史的全部内容与人们历史思考的起点、是意识的先决条件，那么历史就不可能任意还原为任何意义上的主观意识。因此之故，只有拒绝单一的从本体论、认识论或方法论上的抽象理解，才是避免传统问题的出路，只有在重置的历史思维下，才能避免如思辨历史哲学中所出现的那种历史的先验模式，才能避免如认识论批判中所遭遇的"历史物自体"。进而，历史理论与叙事实践的关系才能更加密切衔接，新的历史哲学也必将不再如从前一般时时有越俎代庖、僭越历史学的嫌疑了。

而反本质主义的现象学则独辟蹊径，进一步破除了历史的形而上学观念。对于胡塞尔的现象学而言，对历史问题的思考是其理论研究的重要方向之一。现象学思考历史的基本思路是，反思审查意识的生成结构，在"本质直观"中去把握历史的可能性条件，这是理解历史的一个必要前提。因此，在现象学的体系架构中出现了"静态的结构的现象学"与"发生的历史的现象学"，虽然"发生的历史的现象学"被认为是理解历史问题的关键，但鉴于胡塞尔坚持"历史思考必须建基于或回溯到哲学思考之上"的理念，因而，"发生的历史的现象学"是无根的，它必须以"静态的结构的现象学"为根基。所以，"静态的结构的现象学"是一种哲学观或"实体论"，是走向"发生的历史的现象学"所必需的前提反思。在对历史核心问题的回应上，现象学从超越主客二分的"直观"活动出发，而不是从理性分析开始，这种策略明显地具有强烈的形而上学色彩，但在胡塞尔看来，"直观"最主要的作用就是可以悬置教条的理性主义，以便意向性活动可以在悬置后剩余的纯粹现象中进行构造，进而还原对象的本质。在历史的意向性活动中，主体意识活动与生活世界交互作用赋予感知物以内在意义。因此，胡塞尔在《欧洲科学的危机与超越论的现象学》中曾指出："不论什么东西根据经验作为历史事实被想起，或是由历史学家作为过去的事实而表明出来，它们必然具有自己内在的意义结构……一切关于事实的历史学都仍然是令人费解的，因为它们总是朴素地、直接地从事实进行推论"。①

当然，较之于传统的历史观念，现象学所采取的这种策略既是对本质主义的反思，也是对历史主义的呼应。一方面，黑格尔思想中的狂妄理性使得越来越多的人失去了对一门绝对哲学的总体信任，然而，彻底拒斥本体、驱除任何结构的理论则会陷入一种思想的无政府状态；另一方面，对黑格尔思想中的历史主义的反转又会造成绝对的历史主义的泛滥，导致在放弃对本质的诉求之后，历史发展无秩序，历史阶段无优劣，历史认识无对错，历史意义无所谓，这就是历史虚无主义的思想渊源。正是这类历史主义的危机才导致胡塞尔从结构出发去揭示结构的生成，从超越论的历史本质出发去创立、传递与积淀超越论的历史本质。胡塞尔的确深刻地觉察到在哲学意识与历史意识之间的这种紧张关系，因而其现象学历史观明确地指出："我们当然也需要历史，但显然不是以历史学家的方式，迷失在伟大的哲学形成于其中的发展联系之中，而是为了让它们本身按其本己的精神内涵来对我们产生推动作用。事实上，如果我们能够深入到这些历史上的哲学之中，能够深入到它们语词和理论的灵魂之中，那么就会有哲学的生命连同整个活的动机之财富与力量从它们那里涌向我们。"②因而，现象学提倡的历史理解方式进一步提升了历史理性的时代内涵，与当代思潮一起，现象学推动了传统理性神话的覆灭，这在科学主义被奉为圭臬的氛围中，在理解人及其历史的方面无疑具有巨大的思想解放作用，也对历史话语体系的重塑起到非常积极的作用。

由此可见，在反形而上学思潮下，历史思维的转换彻底抛弃了传统历史话语体系，在认识论意义上重塑了历史认识的结构、功能与意义，也在实践层面上再造了历史叙事的理念，并使人们明确意识到，与时代相适应的新历史理性任何时候都不应该脱离现实世界的内容，基于新历史理性之上历史共话语必将与时代思潮辅车相依。

---

① 胡塞尔：《欧洲科学的危机与超越论的现象学》，王炳文译，商务印书馆，2001，第449页。
② 迪特·亨利希：《在康德与黑格尔之间：德国观念论讲座》，乐小军译，商务印书馆，2013，第66页。

三、唯物史观视域下历史共同话语的视界拓展与理论创新

同样深受历史主义影响的历史唯物主义理论则采取了另一条不同的思想路线，从而摆脱了长久以来西方历史研究的形而上学观念。在此视域下，历史不仅需要从意识或观念的方面去理解、不仅需要理解这类意识或观念的历史生成，也必须从产生这些意识或观念的物质生产条件中去理解，并从物质生产条件的生成性关系与具体过程中去理解，这是唯物史观对所有历史问题解答的出发点。如恩格斯在《卡尔·马克思〈政治经济学批判〉》中所申明的那样："下面这个原理，不仅对于经济学，而且对于一切历史科学（凡不是自然科学的科学都是历史科学）都是一个具有革命意义的发现：'物质生活的生产方式制约着整个社会生活、政治生活和精神生活的过程，'在历史上出现的一切社会关系和国家关系，一切宗教制度和法律制度，一切理论观点，只有理解了每一个与之相应的时代的物质生活条件，并且从这些物质条件中延伸出来的时候，才能理解。'不是人们的意识决定人们的存在，相反，是人们的社会存在决定人们的意识，'这个原理非常简单。"[①]

据此为基础，历史唯物主义有能力使历史的核心问题得以澄清。在驱除了意识哲学的实践观念中，历史本体一方面体现为"先验—实践"模式，具有客观先验特质；另一方面，历史本体也体现为人类实践彰显的过程，即在人类实践历程中的自身生成。理解历史认识的过程与理解历史发生的过程遵循着同样的逻辑，任何历史叙事自然也都是在构建"事实"的过程中而展现出来的"事实"。因此，要纠偏传统形而上学历史观或史学观，就必须把其颠倒的意识形态及认识基础再颠倒回来，而只有回归历史的理性，才能展开理性的历史。对于马克思、恩格斯所处的时代而言，把握资本主义历史的关键在于理解资本主义社会内被重重颠倒的关系，把颠倒的"人与物"的关系颠倒过来，则是"人与人"的关系重新再颠倒过来的前提，这也是推动社会历史进步的前提。因为资本主义历史"把

[①]中央编译局：《马克思恩格斯选集》第2卷，人民出版社，2012，第8页。

在生产中由财富的各种物质要素充当承担者的社会关系，变成这些物本身的属性，并且把生产关系本身变成物。一切已经有商品生产和货币流通的社会形式，都有这种颠倒"。① 这种从历史具体内容的生成过程出发、从现实的人及其活动内容出发来理解历史的路径是唯物史观回应以往全部历史问题的出发点。

历史唯物主义所追问的不再是抽象的"存在与意识（思维）的关系问题"，而是"生活（实践）与意识的关系问题"。如此一来，诸如历史的规律、历史的目的、历史动力和历史发展阶段等本体论问题便可以在此视域下得以有力的回应。而在唯物史观之外，很多历史研究要么直接回避历史本体问题或根本无法切入真实的历史，要么就是以目的论来弥补因历史性的缺乏而带来的困难，最后导致"事情被思辨地扭曲成这样：好像后期历史是前期历史的目的，例如好像美洲的发现的根本目的就是要促使法国大革命的爆发。于是历史便具有了自己特殊的目的并成为某个与'其他人物'（像'自我意识''批判''唯一者'等等）'并列的人物'。其实，前期历史的'使命''目的''萌芽''观念'等词所表示的东西，终究不过是从后期历史中得出的抽象，不过是从前期历史对后期历史发生的积极影响中得出的抽象"。②

在历史认识论维度上，历史唯物主义理论把历史认识的真理视为历史主体在其自觉活动中的生成过程，而不单单是局限在历史学主体的认知过程中来获得的，这不仅扩展了历史理解的视域，也解放了历史认识的主体。历史主体与历史认识主体不再分离，二者既是剧作者又是剧中人，因此不存在一个抽象的、绝对的"历史事实"与其"摹本"的对立，这就完全消除了批判哲学中出现的那种不可思议的"历史物自体"。这就意味着历史唯物主义不再需要曲意逢迎地对历史做出迎合本质主义的先验设计，也不需要去寻找如实证主义所声称的"客观的历史知识"。相反，作为历史叙事的主体，叙事内容与叙事风格必然会带有叙事主体的印迹，在一定范围内适当地表达叙事主体的意见乃是叙事主体的

---

①中央编译局：《马克思恩格斯文集》第 7 卷，人民出版社，2009，第 936 页。
②中央编译局：《马克思恩格斯选集》第 1 卷，人民出版社，2012，第 168 页。

责任，这就是历史叙事实践过程中所谓的"史权"。早在中国传统历史叙事实践中就已经显示出类似的理念，如唐代刘知几就曾肯定"论赞"是历史叙事不可或缺的内容，"夫论者所以辩疑惑，释凝滞。若愚智共了，固无俟商榷。丘明'君子曰'者，其义实在于斯"。① 在其看来，"论赞"之益乃是于"私论"求"公论"，诸如"君子曰""论曰""臣光曰""赞曰"等叙事主体意见，理应是历史叙事所包容的内容。"君子曰"之类的主体内容虽是出于私见，但在历史叙事的实践层面，这些"一家之言"才是形成历史理性慎思明辨的基础，从中才能获得理解历史的切合视角。

在方法论层面上，历史唯物主义采取了"从后思索"的策略，转换策略下的历史认识不再是"密那发的猫头鹰，要等黄昏到来才能起飞"，②也不再企图从历史的"幕后"来窥视历史。"已然之事"并不存在于过去的孤立时空中，而必须贯穿在与现在和未来相连续的历史时空中才能建构完整的历史认知。这种"从后思索"的历史认知构建方法深刻地影响了当代历史叙事策略，加速了以单一历史时空为轴心的历史叙事的解体。因为按照唯物史观的叙事理念，虽然现在是由过去发展而来的，但从事一定历史活动的人首先面对的并不是如何认识过去，而是如何认识现在；只有从现在出发，对过去的认识才能成为可能。在此，现在不是一个时间概念，而是一个与实践相关的概念，从现在出发就是从现实出发——只要对最发达的现实社会结构进行剖析，并由此前溯，以前的社会结构也就一目了然了。马克思曾把这种历史认识方式形象地比喻为"人体解剖对于猴体解剖是一把钥匙。反过来说，低等动物身上表露的高等动物的征兆，只有在高等动物本身已被认识之后才能理解"。③ "从后思索"的历史思维颠倒了从简单到复杂的自然科学思维模式，揭示了历史思维与自然科学思维的异质性，使历史唯物主义进一步把历史思维从科学思维中解脱出来，宣告了科学主义逻辑在历史领域中的无效。"从后思索"的历史认识策略也指明了历史叙事的视

---

① 刘知几：《史通》，浦起龙释，上海古籍出版社，2015，第74页。
② 黑格尔：《法哲学原理》，范扬、张企泰译，商务印书馆，1961，第14页。
③ 中央编译局：《马克思恩格斯文集》第8卷，人民出版社，2009，第29页。

角是一个场景转换的历史,从此历史从"被观物"的位置提升到它自己的位置上来,叙事主体明确意识到自身的历史性,"观察者"的视角既是个体的、当下的,也是社会的、历史的,并且因其历史高度的提升而不断地改变观察与理解的视角,如"后浪"与"前浪"的波动关系,历史叙事的合理性或客观性不可能是既定的,而只能是历史性生成。

由此可见,历史唯物主义不仅从历史本体维度论证人类的历史秩序与未来命运,也从认识论与方法论角度确证了认识与理解历史的合理性基础,使人类命运共同体思想与理解自身命运的历史共同体观念融合为一。历史共同体侧重于从理解历史的逻辑层面建构一种理性规则与理想秩序,人类命运共同体则是侧重于在现实世界层面建构可供选择的美好生活秩序。在此意义上,唯物史观视域下的历史共同体乃是人类命运共同体在价值模式与逻辑形态上的具体表达。

四、基于历史共同体建构目标的历史理性重塑与叙事逻辑更新

当代社会正处于一个多种社会思潮、多元价值观念和多重历史话语激烈竞争的起伏跌宕时期,这种多元文化氛围对消除传统霸权主义观念是一个积极的因素。但是,一个缺乏共同生活逻辑、缺失共通历史理念的社会同样也是不可想象的,因此,当代历史共同体话语建构的实质任务就是承担这种理论整合功能。而如果置于人类命运共同体思想的宏大视野下,历史共同体话语建构工作则可以在具体的实践层面更加有的放矢地开展任务。

历史唯物主义理论已经指明,构建人类命运共同体既是历史发展逻辑的反映,也是现实实践逻辑的要求。中国当前在全球交往实践中提倡构建人类命运共同体,实际上就是在纷繁复杂的国际关系中通过推行共同利益、共同挑战和共同分担的行动,把不同文化、不同国家紧密联系在一起的全球化战略。这里涉及的不仅仅是一个物质化的过程,人类命运共同体至少应当涵盖物质实践层面与文化价值层面两部分。除了物质实践活动层面积极推行和谐相处、和平发展、合作共赢以及"最大公约数"的经济利益之努力外,全球社会也应当在保持文化多样性的前提下,呼吁一种文化价值层面的"共同体"——一种可以避免文

化同化并能超越"普世价值"之狭隘的意识形态规制的"共同价值",[1]继而人类命运共同体的理想才能真正落到实处。而当代历史共同体建构则是从文化价值层面谋求"最大公约数"的理论探索,是在以国家与市场逻辑为基本形制的当代社会中,谋求一种共同生存、共同繁荣的话语逻辑。

正如历史唯物主义理论所预见一般,现代思想的多元性与社会发展的多样性决定了历史叙事的复杂性,在"宏大叙事"被拒斥之后,如何通过"再叙事"策略重新确立新的历史话语便成为当前研究的热点。若从叙事实践层面来观察便可发现诸多流行趋势。首先,历史叙事主体不再从唯一的视角来"审判"历史,而是诉诸"对话"的模式,以此尽可能拓展历史研究的人文视野。其次,试图跨越学科壁垒而从语言学、文化学、人类学甚至是生物学的角度进行历史叙事实践的尝试也日渐流行。如人类学中有关"移情"与"田野作业"的方法论思想就被引入历史叙事的策略之中。在这种历史叙事策略中,"移情"的方法论意义在于其能够辩证地处理叙事结构中主客体的地位与导向,能够自觉地实现叙事主体与叙事客体的角色转换,从而在模式上就能先行赋予历史叙事主客体以公平的位置,从而达到对历史事件和人物坚持"了解之同情",使叙事主体能够"神游冥想,与立说之古人处于同一境界",[2]就是这种方法论思想的表达。这一方法论思想对于世界历史视野下的历史共同话语建设具有非常意义,这种认知策略不仅是打破叙事者自身认知偏见的一条思想规约,也是对流行不衰的种种文化中心主义的纠偏,为当代世界摆脱霸权主义话语与被边缘化的恐慌情绪提供一条普遍认同的实践路径。同样,"田野作业"的方法论思想对此同样行之有效,当代历史叙事实践对"口述历史"的热衷极富"田野作业"的理念,"口述历史"是通过"调查"与"对话"方式完成的叙事过程,"田野作业"不仅限于历史当事人对话的内容,也记录了当事人对话过程中的情绪、心理、身体以及言说方式等背景元素,这种叙事实践可以切换到从前不能触及的视

---

[1] 袁祖社:《人类"共同价值"的理念及其伦理正当性之思》,《南开学报(哲学社会科学版)》2017年第4期。
[2] 陈寅恪:《冯友兰中国哲学史上册审查报告:金明馆丛稿二编》,上海古籍出版社,1980,第234页。

角,捕捉到从前不能体察到的内容,这使得"田野作业"的方法能够有效地将从前富有争议性的形而上学内容转换至直观经验层面。

另外,在叙事方式上,一种以"现在时"方式的历史书写重新回到人们的视野,这有违于那种认为历史书写只能是"过去时"的习惯。然而,"现在时"方式的历史书写不仅堂而皇之地回归,甚至在现代传播方式下"成了大众媒介的产品"。① "现代时"的书写方式原是修昔底德的观念,而当代的这种回归方式却出人意料地使希罗多德观念中"历史"的原意重新展现,使作为身体的眼睛与耳朵在"现在时"方式下重新担当"见证"的角色——当初,希罗多德对其"历史"所界定的内涵之一就是"见证"之意。

这些依托不同文化语境的研究方法与研究视角,并试图建立一部"大历史"的尝试至今仍在探索中,且这种"大历史"的尝试与"宏大叙事"全然不同。这是一种期望尽可能说服所有人且囊括历史全部内容,至少是涵盖历史重要结构的历史叙事方式,这与当代历史共同体建构的责任与义务完全契合。正如伊格纳西奥·奥拉巴利在《新"新历史":一种持久的结构》中所认为的一样,在当今世界各种文化相互融合的新形势下,"如果没有一种对过去的全球式解释,用以理解现在和指引未来的道路,世界人民就无法生存"。② 在此氛围影响下,诸如《中国大历史》《大历史:虚万物与万物之间》《极简人类史:宇宙大爆炸到21世纪》《人类简史·从动物到上帝》《采集者·农夫·大工业时代》等当代最新历史叙事文本,都是呼应这一时代任务的典型之作。

在这个被称为信息时代的历史进程中,当代社会发展存在着许多结构性的矛盾。正如萨缪尔·亨廷顿所言,以符号为载体的信息结构主宰着历史的方向,不同信仰与政治理念、不同价值与审美判断、不同生活方式与历史观念呈现为纷繁芜杂的符号系统,文明的冲突在这个意义上就是符号的冲突,而世界秩序的重建就是符号的重建——但这只限于形而上的方面而言。而若着眼于现实世

---

① 弗朗索瓦:《希罗多德的镜子》,闫素伟译,中信出版社,2020,第178页。
② 伊格纳西奥·奥拉巴利:《新"新历史":一种持久的结构》,《历史与理论》1995年第1期。

界的实践内容，信息时代的符号化身在经济一体化的区域分工与全球合作的物质关系中，这是形而上的符号系统迄今为止没有在冲突中走向崩溃的物质基础。这种矛盾结构表现为，在物质的层面上，信息时代追求技术一体化、作业标准化和生产活动整体化，这是现代物质文明在百年内急速发展的驱动力；而在精神层面上，信息时代追求的是思想的自由化与文化的多元化。要解决这两个层面的结构性冲突，最可能的路径就是精神层面上的重构——物质层面上的一体化、标准化与整体化不会自动引发不同文化间的亲和力——要想使不同文化达成有效的交往，寻求某种文化间性就是这一多元世界取得和平发展机会的基石，而拥有共通的历史话语则是人类和谐生存与和平共处的基石，也是当代流行话语中所强调的人类命运共同体的根本。如果缺乏这种基本的认同，那么，在这个全球化的世界里，这个多元系统内的任何孤立的一元都难以取得有成效的发展。移植到当前复杂而动荡的世界关系中亦是如此，例如，世界在看待当前的中美竞争、俄乌冲突与巴以问题上立场分裂、观点各异，这根本就不是单一的资本竞争、地缘政治、领土争端与宗教信仰问题。

正如在道德领域内，一个经济有序、生活淳朴、精神向上的现代公共性社会，一定需要以普遍意义上的社会行为信念成为社会道德主体之共识和主导性规制为标识；在历史叙事领域中亦类似，叙事实践方式的选择必须能够呈现可以分享的历史话语，任何类型的叙事策略都必须以时代的历史理性为基础。有鉴于此，当代任何叙事实践都应该与此相适应，积极参与多元文化间的交往实践，努力跟上时下社会情境的演化与变迁。当代历史叙事理念与叙事策略虽然仍在探索的途中，但一种倾向越来越清晰显示，在狂妄的传统理性主义被摒弃的今天，历史叙事主体——一开始是历史研究者，接着是普通民众，似乎找到了一些共通之处，即那些以感性视角和个体体验为内容的叙事文本被越来越多的人所接受。比如，"身体"进入历史叙事的视野，口述历史扭转了在传统观念下卑下的身份而成为当前历史研究的热门话题。另外，那种要求追求一体化的世界历史观念也遭到了激烈的解构，"多面的历史"替代了过去试图用唯一法则书写的普遍史。当代历史叙事实践正在试图超越"一切历史都是当代史""一切历史都是思想史"的分析主义框架,日益彰显历史叙事结构中种种浪漫元素与丰富的想象力。 当然,这在今天看来已不再意味着对史学传统的完全否定。

如果着眼于中国文化发展的历史与现实,中国式现代化与中华民族伟大复兴之路的实现不能单纯依靠经济实力的支撑,还必须能够熟练掌控适合现代发展模式的话语方式。 在经济发展中已经取得辉煌成就的节点上,文化建设势必成为当前亟须解决的课题。 而以思考历史为重任的史学既是文化的一个部分,同时也是文化建设的特殊载体与创新平台。 这种史学与文化的特殊关系曾经一度推动中国传统文化的发展与变迁,"中国文化的发展在形态上曾经出现过四次伟大的变革……这几次重大的变革,都是中国思想文化史的重大转折处",[1]而推动这种转折的中心力量就是历史理性的跃迁。 中国传统文化在文本形式上被明确分为经、史、子、集四类,而史学显然占据了中国文化的中心位置,所谓的"六经皆史""有史无经"正是就此意义而言。 如果离开了对历史的思考就难以理解中国传统文化发展的内在逻辑,甚至都无法理解一个具体时期的世俗生活样态。 而放眼当下,立足于新时代中国式现代化发展的历史方位,从理论和实践、历史和现实相统一的角度,系统解析这一历史进程的复杂因素及其内在逻辑,对于总结马克思主义中国化过程中的实践创新、理论创新、制度创新、文化创新的基本经验,无疑具有重要的时代价值。

传统历史理性危机驱动后形而上学时代历史理解的共同话语需求,而当代寻求建构历史共同话语体系的探索正在经历着一个多元文化价值观念、多种历史叙事视角和多样历史叙事主题的复杂博弈。 在实体本体论历史观念的终结之后,以分享共同话语、凝聚共同价值为目标的历史共同体建构方案已不再单独寄希望于纯粹历史理性本身的逻辑演绎与概念推理,而是更多地楔入历史叙事的实践活动中。 这种行动优于理念的变革与时代思潮更唱迭和,使理解历史的逻辑与探索具体历史叙事策略的史学实践叠合于一体,成为重塑当代历史理性的

---

[1] 贾俊侠、赵均强:《范式突破——张载对理学的开创之功》,《长安大学学报(社会科学版)》2020年第3期。

一条现实路径。

　　总而言之，历史叙事实践是构建历史理性与历史共同体的现实途径，但新时期的历史理性与历史共同体的确立又不完全是一个纯粹的历史叙事问题。叙事主体在叙事实践中发现，历史叙事过程包含了让叙事主体本身难以剥离的多重文化要素，所以历史叙事的工作依然任重而道远。或许，严肃的学术也需要浪漫与诗性的想象，历史叙事也可以属于一类想象的共同体，但是，这里必须添加一个不容置疑的条件——如果不是确立在共通的历史话语之上，历史叙事之间的争吵和分裂大概永远也难以平息。让人欣慰的是，那种表现单一的价值观念与独霸世界秩序的历史叙事方式在当今时代已经不再值得信任，并在当代潮流的推动下，一种多元的、开放的历史叙事方式趋于赢得更多的同情，历史叙事文本涵盖了更为丰富的内容、更为多样的形式，历史叙事主体也具备了更鲜明的反省意识，历史共同体构建的夙愿并没有偃旗息鼓，而是被视为人类共同命运的旗帜，依然在前方招展。

第一章

历史叙事的诗性方式与原始文本

对当代历史理论与实践难题的深入探究,有时非常必要回到其问题产生的源头。在开放的意义上,历史叙事并非文字出现之后的事件,我们今天所熟悉的那些历史叙事的主题、风格、语言、方法、结构等内容,不仅仅需要追溯到诸如司马迁或希罗多德那些古典文本范例,甚至也需要追溯到人类远古文化与记忆的源头。[①] 而理解历史意识的生成过程是这一溯源研究工作中不可忽略的部分。在对历史意识始源问题的历史考察过程中发现,很多历史研究难题的成因由来已久,在人类开始拥有历史意识之初,就已经潜在地形成了历史叙事矛盾的基因,历史意识的原始表现方式也并非知性的,而是富有浓郁情感与想象空间的诗性方式。在实践生成论进路中,这些至今依然熠熠生辉的诗性文本,可视其为一种历史叙事的原始方式,它是其后卷帙浩繁的历史叙事文本创生的源头。

[①] 赫克泰阿斯与希罗多德是古希腊理性主义发展时期以其时代文化方式叙述历史的闻名人物,多被后世视为历史学的创始者,在古希腊理性主义认知方式下,历史叙事逻辑遵循赫克泰阿斯所谓的"只有我认为是真实的东西,我才把它记载下来",希罗多德亦是力求通过其理性主义考察,切实地再现发生过的事情;另参见维基语录"米利都的赫克泰阿斯"条目:https://zh.wikiquote.org/wiki/米利都的赫克泰阿斯。

第一节
历史意识的起源与历史叙事的原始媒介

历史意识是人类对自身生存状态的一种感知,是人类基于自身活动空间与活动历程认知基础上升华而成的持久观念、心理状态、思维模式与精神谱系,历史意识的自觉程度能够反映一定历史阶段上文化发展层次与社会精神面貌。探究历史意识的原始发生结构与生成过程是理解历史意识具体内涵与开启新历史思维的重要途径。对历史意识的发生机制或结构模式的解析在当代历史研究中的必要性愈加凸显,而历史研究也一再昭示,解决历史领域的理论难题与思想悖论必须回到矛盾的源头,缺乏对历史叙事问题发生与发展的过程分析,则不可能理解史学发展的逻辑,也就根本不可能领会历史本身。

一、历史意识的起源问题与理解视域

历史意识是人类意识现象丛的一个层面,如果从源头来研究历史意识,我们就不得不面对意识本身的起源问题,现代研究发现了意识与语言的密切关系之后,在一定范围内,意识的起源问题因此可以转换为对语言起源问题的探究,但非常遗憾的是,迄今为止,无人知晓人类掌握语言的历史究竟有多长。如果语言仅被理解为所谓"意识的外壳",那么在系统进化链上动物之间的协同活动方式显然也具有外壳的性质,在这个意义上,语言可能要比人类自身的历史久远得多。也许在数百万年以前,有人便开始向自我或同伴复述一段过去的经历,由此造就了历史叙事的开端,但这样的开端对于眼下研究而言又太过于玄虚。

所以,对历史意识起源的理解面临一系列的实际困难,因为在起源问题上,历史意识不仅由来已久,而且与人类本身的起源问题一样悠久绵长,甚至历史意识本身就是追问人类起源问题的一部分。正如当代人类学家科塔克力求从文化

学意义上所追问的一个疑难命题:"人类何时开始像人一样活动"①在生物学意义上,科学家们几乎没有疑义,现代人类是在一个确定的时间(约十三万年前)、从一个确定的地点(非洲)进化而来,现代解剖学甚至能够提供足够让人信服的物理证据。但争议的问题在于:"这些现代人类何时、何地以及如何达成了现代型行为——依赖象征性思维、阐释文化的创造力,从而成为一个在行为和家谱学意义上都是完全的人类。"②因为这种"生物学形态上的现代阶段"与"行为形态上的现代阶段"完全不是一回事,人类的行为形态的核心是一种文化形态。在此,人类学家的追问方式与其面临的困难似乎与我们面对历史意识起源问题时的情景相仿,追问"人类何时开始像人一样活动"的关键是我们如何界定"人"的观念,在人类文化学范围内,如果"人"的界定依赖于行为形态的界定,这种研究就不能仅限于生物学意义上身体结构的演化历史,而是需要聚焦于行为形态的演化过程,所以,从行为形态来理解"人类何时开始像人一样活动"显然是非常困难的。而对于理解历史意识的起源而言,更为棘手的是,我们不能像人类学研究那样可以诉诸生物学等技术手段的辅助,因而,有关人类何时何地以及如何表现历史意识的行为,也只能从人类当初的行为形态层面来理解。这种行为形态将不仅包括人类当初表现于历史时空的具体活动过程,也将包括历经这一活动过程所表现的意识性内容,如记忆、想象力、心理情感、抽象思维,等等。

  源于对概念本身界定的不一致,以往的研究对于历史意识起源的理解莫衷一是。比如,中国当代历史学家李天祜在其《古代希腊史》中认为"西方最早有较明确的历史意识的人是出生于约公元前六世纪古希腊理性主义时期的米利都人赫卡泰厄斯"③,克罗齐则说"赫西俄德和荷马之前,历史早就有了"④。尽管如此,历史意识的出现对于人类文明进程的贡献还是有目共睹的,所以,在

---

① 科塔克:《人类学》,黄剑波、方静文等译,中国人民大学出版社,2012,第204页。
② 参见科塔克:《人类学》,黄剑波、方静文等译,中国人民大学出版社,2012,第204-207页。
③ 李天祜:《古代希腊史》,兰州大学出版社,1991,第547页。
④ 克罗齐:《历史学的理论和实际》,商务印书馆,1982,第142页。

这一点上可以用科塔克的方式回应其提出的人类文化学问题：从人类拥有历史意识的那一刻起，"人类就开始更像人一样活动"。对此，在黑格尔的《历史哲学》中也有详细的论述，黑格尔认为，历史意识是其世界历史哲学的发源处，它以（手绘）岩画、（口述）史诗、（神话）传说等为载体，这种历史意识的原初状态是朦胧的，因而"晦暗不清、模糊不明"。[1] 黑格尔在此认为，"一个民族真实的客观历史不能说是直到它有了一个成文的历史记录时才开始"[2]，历史意识在"客观历史"出现之前就已经存在，而不只是发生在有文字记录的事件之后，只是此时的历史意识处于一种很不确定性状态。虽然黑格尔的所有讨论是建立在其意识哲学系统之上，其历史哲学的目的是获得有关历史的普遍原则，但黑格尔对历史意识起源的辩证思考还是具有一定的启示意义。如果置于唯物史观视野下，也可以说，人类对其生命历程的思考一直是伴随着自身历史活动的始终，这种历史意识随社会关系的跃迁而发展、因生存的需要的提升而加强，这种不断明晰化的历史意识是构成其后历史叙事最初始的前提，进而，"它也成了历史学的源头，这个源头，我们称它为原始的历史意识"。[3]

因此，历史意识不等同于"过去意识"，它不是简单的"对过去的回忆"。历史意识是一种深度展开的"类意识"[4]，它的实质内容是对人类自我历史的思考与反省，是包含特殊价值向度的观察、体验、思考与领悟的精神活动，进而言之，历史意识是通过众多历史个体活动体现出的社会意识与社会理性，社会成员共通的历史意识使人们的交往与互动更加具有整合性，使群体行为较倾向于摆脱任何单一动机的支配而更具现实性。在唯物史观的生成论研究视野中，历史意识属于社会意识范畴，历史意识同样也是社会存在的反应，因为"意识在任何时候都只能是被意识到了的存在，而人们的存在就是他们的实际生活过程"。[5]

---

[1] 黑格尔：《历史哲学》，潘高峰译，九州出版社，2011，第3页。
[2] 黑格尔：《历史哲学》，潘高峰译，九州出版社，2011，第3页。
[3] 参见汤勤福：《中国史学史》，山西教育出版社，2001，第1页。
[4] 参见高清海：《高清海哲学文存》第2卷，吉林人民出版社，1997，第121页。
[5] 中央编译局：《马克思恩格斯选集》第1卷，人民出版社，1995，第72页。

而在现实层面，人们实际的生活过程是不断跃迁的，与此相适应，人类的历史意识也呈现为一个且行且思的变化过程，从采集时代到农业时代、工业时代、后工业时代，历史意识通过实践活动反观自身并随实践的发展而不断深化。当人类的自我反思发展到一定历史阶段，人们有机会反观其身心活动的全貌，理解到过去、现在、未来之间的密切联系，领会到"类存在"的生活现状、生存需求、未来命运，并能提出相应的原则与理想的对策时，"它才从感性的此岸世界之五彩缤纷的假象里并且从超感官的彼岸世界之空洞的黑夜里走出来，进入到现在世界的精神的光天化日。"①

然而，在传统形而上学体系中，历史意识与历史本身的关系常被一种意识哲学所扭曲。历史上的意识哲学根本问题是，执念于拯救一个形而上学世界最终却导致现实世界中真实的历史与逻辑的分裂。马克思曾详细解释过历史意识与历史本身的产生过程与真实关系："正是在改造对象世界中，人才真正地证明自己是类存在物。这种生产是人的能动的类生活。通过这种生产，自然界才表现为他的作品和他的现实。因此，劳动的对象是人的类生活的对象化：人不仅像在意识中那样在精神上使自己二重化，而且能动地、现实地使自己二重化，从而在他所创造的世界中直观自身。"②所以，历史与思考着历史的意识的真正关系应该是："历史的全部运动，既是它的现实的产生活动——它的经验存在的诞生活动——同时，对它的思维着的意识来说，又是它的被理解和被认识到的生成运动。"③以黑格尔的历史哲学为典型，黑格尔的辩证逻辑本来也是奠基于黑格尔对历史经验的认识与分析之上的，理念并不仅仅只是一个悬浮于现实之外的理想，它要通过它自己的活力去创造内容，它要把这个目标展现在世界历史现象中。但关键的问题是，当他把经验提升到理念阶段后，却选择逻辑在先的原则。黑格尔的本意是给历史加上了逻辑的维度，但这种理想主义思维的过度泛化必然导致逻辑创造历史的理论后果，也直接混淆了"思想力求成为现实"的现

---

① 中央编译局：《马克思恩格斯文集》第1卷，人民出版社，2009，第122页。
② 中央编译局：《马克思恩格斯全集》第3卷，人民出版社，2002，第274页。
③ 中央编译局：《马克思恩格斯全集》第3卷，人民出版社，2002，第297页。

实性原则和"现实本身应当力求趋向思想"的超越性原则。所以马克思的批判指出了这种意识哲学的共同问题:"光是思想力求成为现实是不够的,现实本身应当力求趋向思想。"①

从实践关系、意识内容与社会发展之间的关系来理解,历史意识与其他社会意识相比具有其本身的特点。首先,历史意识并不是排除个体感觉、情感、想象、欲望、意志等非理性内容的纯粹理性内容,而是包含所有这些内容与理性之思的社会意识。在唯物史观看来,正是由于个体的感觉、情感、想象、欲望、意志等内容的存在,历史意识才得以在丰富的社会实践活动内容中生成。"说一个东西是感性的即现实的,这是说,它是感觉的对象,是感性的对象,从而在自己之外有感性的对象,有自己的感性的对象。说一个东西是感性的,是说它是受动的。因此,人作为对象性的、感性的存在物,是一个受动的存在物;因为它感到自己是受动的,所以是一个有激情的存在物。激情、热情是人强烈追求自己的对象的本质力量。"②所以,个体的感觉、情感、想象、欲望、意志等内容通过它们的对象对主体感性地存在着这一事实而肯定自身,不同的肯定方式构成人的不同方面的存在、构成每一个个体生命的特殊性,并能够"在无限多样的个性中去体现自己、实现自己、完成自己"③。同时,个体也在与社会的对象化关系之中获得社会性的一面,从而使社会发展进程中生成的历史意识成为一种包括复合因素的认知活动,尤其是在历史意识形成的起初阶段上,历史意识的表达方式因充满感觉、情感、想象、欲望、意志的直接表达而极富诗性。

其次,历史意识是以生存时间为维度,是生命价值与生存意义体系构筑的核心,表现在生命持续的全程之中。人们通过实践活动现实地生成过程,也是人们的生存体验过程,在历史意识逐渐发展成熟之后,人们将自觉地把生命经历的变化、历程、目的、归宿等问题调整在一个生存时间系统内,以此表明生命的价值与意义所在。"通过这种活动,它被利用并获得了意义和重要性的特征。上

---

① 中央编译局:《马克思恩格斯文集》第1卷,人民出版社,2009,第13页。
② 中央编译局:《马克思恩格斯文集》第1卷,人民出版社,2009,第325-326页。
③ 高清海:《高清海哲学文存》第2卷,吉林人民出版社,1997年,第121页。

升和下降、出生和死亡、成长和衰落、年轻和年老——所有这些发生都被放进了一个重大的模式中,并且这个重大模式使那些体验它的人习惯它……这是由于人类自身有着记忆过去和期盼未来的特定时间维度。这种记忆和期盼具有价值观念和标准。"①在人们理解自身与整个世界的过程中,不同于物理时间的生存时间在历史意识运行机制中可以转换为生存空间的形式,从而体现为生命存在的延伸。因而,从历史意识产生开始,人们从未放弃追问自身生命的时间性。

再次,历史意识具有根植于现实而指向未来的超越性。在唯物史观中,历史意识是以生存实践为根基并折射现实内容,而人类实践的超越性本质也赋予历史意识超现实的特点。实践的超越性本质集中体现在对象性实践活动能够将实践主体的内在价值、标准、期望、理想连续不断地赋予实践对象的全过程,从而使实践世界能够摆脱机械性的循环往复而获得不同于当前的另一种可能,使历史的发展观念成为可能。

最后,历史意识不仅是现实反映,也是对现实的反思,历史意识本性是批判的。批判性本是思想的本性,马克思曾言:"哲学家们只是用不同方式解释世界,而问题在于改变世界。"②在现实意义上,改变世界显然比解释世界要重要,但在理论意义上,解释世界也并非不重要,相反我们可以发现,在世界思想史上,解释世界往往是改造世界的前提,而要改造出一个新世界不能没有新思想,而新思想的诞生无一不是对传统批判的结果。历史意识就属于一种站在特别的位置推动对传统批判的一种特别的力量。人类实践的超越性本质首先体现在思想对现实的超越,对现实的否定态度是新现实的创生成为可能的必要条件,从亚里士多德到黑格尔,再到马克思,在这一问题上有着一脉相承的论证。人类的实践过程是一个价值抉择的过程,在面对未来生存的多种可能性时,只有通过反思与批判,才能形成一种清晰的价值尺度和一个明确的发展方向。

---

① 吕森:《赋予时间意义》,《史学理论研究》2002 年第 1 期,第 13－14 页。
② 中央编译局:《马克思恩格斯选集》第 1 卷,人民出版社,2012,第 136 页。

二、历史意识的发生结构与本质特性

人类与生俱来的记忆能力与由经验观察而形成的抽象时空观念是构成历史意识的基本前提。正如现代录音技术的发明使从前无法留存的声音成为永恒的效果一般,人类的记忆能力是对时空的超越,因为它能够神奇地保存不在当下的"历史影像",从而使人类追忆自身的过去成为可能。与此同时,建立在抽象能力之上的时空观念也使人类的记忆内容始终贯注在特定的轴心之上,匮乏关于"过去""现在"与"未来"的时间观念,历史意识就不可能出场,而赋予"过去""现在"与"未来"的历史活动内容之后,历史空间观念就成为可能。

虽然迄今为止没有任何现代科学理论能够彻底解释人类的记忆机制,但在关于人类记忆能力的现实表现上,倒是很容易达成相当共识,比如,从"人类开始像人一样活动"之时,人类凭借其特殊的记忆能力就与其他动物区别开来,在这个意义上,也可以说,人类的记忆是与生俱来的。如果对记忆能力进行进一步概念区分的话,那么也可以大致划定出"识别""保持"与"再现"作为记忆能力结构的三个层面。"识别"可以理解为对当前内容的抓取,尤其是抓取历史对象的表现特点及联系方式。"保持"与"再现"则可以理解为类似于现代计算机科学中的存储行为与提取行为,然而这种机械的理解方式相对于人类的记忆能力本身而言显然是非常不匹配的,因为在历史意识的结构中,"识别""保持"与"再现"的过程完全是主动的而非被动的,最为关键的是,"识别""保持"与"再现"是一定历史时空的表达,是通过具有创造性的心灵能动地表达,而不是发生在物理存贮单元的芯片之内。由此可以推知,虽然动物也表现"识别"与"保持"记忆的能力,但这仅仅是一种机械的行为,仅仅是来自神经系统的被动刺激或条件反射,它们可以根据相似的情景,遵循"识别"的痕迹做出刻板的反应,这种反应只是应神经系统的电信号的投射而已,而不是来自心灵的反馈。[1] 如果可以按照这一方式来理解,

---

[1] 参见《科学世界》编委会:《脑解码与脑机接口》,《科学世界》2022年第4期,第102–111页。

那就意味着人类特殊的记忆能力为其历史思维的产生提供了其他物类不可比拟的先机。在历史研究方面颇有见地的梁启超先生在谈到人类早期历史意识起源的过程也如是认为:"人类曷为而有史耶?曷为惟人类为能有史耶?人类又曷为而贵有史耶?人类所以优胜于其他生物者以其富于记忆力与模仿性常能贮藏其先世所遗传之智识与情感……传诸后代历数百年数千年而不失坠……此即史之所由起与史之所以为用也。"①

当然,记忆本身并不构成历史意识,记忆能力也并不是单一形式的存在,记忆能力与记忆内容是一体的,记忆的能力自然也需要通过记忆的内容表现出来。受社会活动与生存需要的触动与激发,基于丰富庞杂的感性内容的增加,人类的记忆能力与原始的抽象思维同步发生,如分类思维、因果思维等,这些抽象思维进一步丰富了原始历史意识的内容。因果思维是历史思维的核心,分类思维使因果思维成为可能,也是历史思维的一个基本前提。与此同时,在原始抽象思维的发展过程中也产生出人类特有的时空观念,这是一种更为重要的抽象思维能力。时间观念与空间观念的出现,使人类的历史活动成为一种可以理解的秩序之同时,另一方面也增加了人类理解自身历史活动的难度。

在哲学史上,或者说在科学史上也不例外,人们对时空的理解不尽相同,追问时空之究竟几乎是任何一种理论的终极难题,正如奥古斯丁在思考时间问题时的困惑一样,"时间不过是伸展,但它是什么东西的伸展呢?我不知道。"②而起初,人类对时间的感知历经了漫长的岁月,首先是对外在世界周而复始运动的体验中发现的自然时间,如花谢花开、潮涨潮落、春华秋实、冬去春来等自然世界的运动变化节律,尤其是感知最为直接而频繁的日月运动节律。因而,日月运动时间是人类最易于感知的时间,在日月运动节律的循环中才发现年的周期性,所以,年的时间观念是从日月的节律运动中感知到的时间,是以日月时间为基础的,因而在很多民族的文化发展中自然地出现了"日、月、年"的计时顺

---

①梁启超:《中国历史研究法》,江苏文艺出版社,2008,第12页。
②奥古斯丁:《忏悔录》(第11卷),周埌译,商务印书馆,1981,第253页。

序，这种计时顺序与认知发展的经验秩序相吻合，并在很多文化中一直传承下来。比如，现代西方语言中的时间与日期的书写习惯依然保持这一特点；而中国当代学者杨义的研究认为，中国古代也曾经一度存在"日、月、年"的计时顺序，只是到公元前841年左右，由于历法的计算法则发生变化，才使用"年、月、日"的计时顺序。不论这种观点是否属实，但中国人很早就拥有历史时间观念，且在表达方式上也与众不同。中国古代历法以平均年长为"岁"，反映寒暑交替的变化，是以太阳位为基准的回归年；月为朔、望月，由月相盈亏周期决定；以太阳目视运动形成的昼夜为日。因而，中国历法（又称夏历或农历）是分别依据日（阳）、月（阴）的运动天象得出，所以又被称为阴阳合历。[①] 从出土的甲骨卜辞可以得知，三千多年前的殷商时代就已经能够很熟练地用干支来纪日。而对时间尺度的精准把握则得益于日以增进的社会生产生活活动，人类已经开始从对自然时间的关照中发现自身的历史时间。

所以，对自然时间的认知是理解外在世界的前提与基础，缺乏系统的时间观念将很容易造成记忆的混淆或缺失，就不可能形成完全清晰的叙述逻辑。比如，《荷马史诗》在其时间观念的表达上似乎只有昼夜之分，即史诗所讲述的历史活动更多地以昼夜来计时，导致史诗所讲述的内容缺乏宏大时间表述手段，直接压制了被讲述历史的宏大空间，甚至现代人将此解读为荷马时代没有时间概念。以《奥德赛》内一段内容中对时间方式的表述为例："当年轻的黎明，垂着玫瑰红的手指，重现天际，我们漫游了海岛，欣慕所见的一切……我们坐着吃喝，直到太阳西沉，整整痛快了一天……我们举目望去，望着邻近的库克洛佩斯人栖居的地点，眼见袅绕的炊烟，耳闻绵羊和山羊咩咩的叫唤。当太阳西沉，神圣的黑夜把大地蒙罩，我们平身睡躺，在长浪拍击的滩沿。然而，当年轻的黎明，垂着玫瑰红的手指，重现天际，我召开了一次集会，对众人说道……"[②] 这种黎明与黑暗无休止的轮回模式似乎可以代表荷马时代模糊于自然时间和历

[①] 参见张培瑜:《有关中国历法的几个问题》,《历史教学》1993年第9期,第40页。
[②] 荷马:《奥德赛》,陈中梅译,华夏出版社,2007,第127页。

史时间之间的时间观念。

《伊利亚特》的表述方式也是如此，这样的讲述方式，让听众很容易从文本中提取信息，作为一种文学叙事技艺或修辞手段，也可谓高明：当那初升的太阳呈现的时候，以下紧接就是英雄们开始新的征程与新的奋斗；当一天的辛劳结束，英雄该休息的时候，夜幕将及时降临，黑暗马上就会笼罩大地。然而，如果从历史叙事的角度看，只能说明"荷马时间"除了昼夜之分以外，看不到一天与另一天之间的差异，这些仅在昼夜轮回中的过往之事极容易混淆。因为虽然史诗中也有关于四季轮回的讲述，但最后都服从于无始无终日复一日的时间流逝，这导致听众很容易认为，特洛伊战争至多持续几周而已，而不是史学家推测的十年左右时间。幸而讲述者呈现了几乎完整的故事发展情节，这在很大程度上拯救了听众的理解力。

尽管在这一个时段里，人们对时间的理解大都还停留在一种非常朴素的感觉经验水平，也尽管这些有限的时间观念还包含着强烈的感情色彩，但这些感受内容已经蕴含着明显的生命体验与历史认知。人们在对日复一日昼夜轮回的感受中，体验万物生灵的出现与消亡过程，而且发现很多出现与消亡都是一去不复的——这是历史时间最鲜明的特征。如《伊利亚特》中所描述："正如树叶的枯荣，人类的世代也如此。秋风将树叶吹落到地上，春天来临，林中又会萌发，长出新的绿叶，人类也是一代出生，一代凋零。"①从人类能够把抽象的时间观念有意识地纳入自身活动空间进行思考的那一刻起，一种不同于自然时间的历史时间观念便随之出现了，这一过程提供了原始历史意识产生与发展的土壤。

在表象上，历史意识统摄的是"过去"时空的内容，是把"过去"置于一个显著的位置。然而，在我们反思历史意识的形成机制后就会明显地发现，"过去"却并不是历史意识的重心，历史意识是在历史的当下发生并指向生活世界的当前与发展的未来。因而，当代德国历史哲学家耶尔恩·吕森曾经这样界定，

---

① 荷马：《荷马史诗·伊利亚特》，罗念生译，人民文学出版社，2003，第136页。

"历史意识是将时间经验通过回忆转化为生活实践导向的精神活动的总和。"[1] 这种以现代历史观为背景的诠释方式不仅揭示了历史意识的内容与功用,也彰显出历史意识的生成机制与发展逻辑。从生成论的角度看,历史意识源于人类的对象性实践活动,人类的对象性实践活动不仅创造了人类历史的情感、认知、审美、道德等内容,也生成了具有自我认识、自我理解与自我评价思维特质的历史意识。

三、历史意识的原始表现媒介与叙事属性

黑格尔在其历史哲学中论证理性精神的发展逻辑时曾说,"历史是在时间之中存在的精神表现,这就好比自然是理念在空间中的表现一样"[2],同精神在理念世界的展开形成了"逻辑的哲学"、精神在自然领域的展开形成了"自然的哲学"一样,黑格尔把"哲学的世界历史"即黑格尔意义上的真正历史,看作精神在时间中的展开,并由此产生一种历史与逻辑和解的"世界历史的哲学"。简而言之,历史是精神的自我展开并最终认识或回到其自身的主体性活动。如果去除黑格尔哲学颠倒的哲学与世界的关系,其实这一命题的现实意义是强调历史意识或历史思维是人类特有的能力。人类记忆的"识别""保持"与"再现"在历史时间内展开,并通过一定的方式或媒介表达出来,就成为人类早期的一种原始历史叙事文本。如口传话语与手绘图像,二者既可以说是原始历史叙事文本的表达方式,也可以说是原始历史叙事文本的传播媒介。这种历史叙事文本体现出一定样态的历史逻辑,同时在表达形态上又体现出一定的朦胧性,因此可以将此理解为一种历史叙事原始逻辑的表现。而从文本内容方面看,这些原始历史叙事文本具有浓重的诗性特质。

人类使用口传的有声语言与手绘的视觉图像作为历史叙事媒介远比文字语言要早得多。[3] 语言是人类在社会实践中抽象思维提升与发展的结果,对理解

---

[1] 吕森:《历史思考的新途径》,綦甲福、来炯译,上海世纪出版集团,2005,第63页。
[2] 黑格尔:《历史哲学》,潘高峰译,九州出版社,2011,第3页。
[3] 刘师培:《刘师培中古文学论集》,中国社会科学出版社,1997,第227页。

历史意识的起源而言，在较为宽泛的意义上甚至也可以认为，当人类有意识地对自身的生存历史发出第一次感叹之声时，口述方式的历史叙事就诞生了，只不过这种话语方式迥然有别于今天我们所谓的历史叙事逻辑。这种以口传的方式形成的原始历史叙事文本在内容上丰富多彩，在形式上瑰丽多姿，这是人类早期在文字产生之前一个比较普遍的现象，"在人类文明的进程中所有的族群都是从口传记忆开始"①，他们借口头创作，靠口耳相传，并将其时代的诗、歌、乐、舞等原始文化元素融为一体。《诗经》《荷马史诗》就是这类口述文本的经典之作，大量的研究表明，它们是口头创作的结果，其文本形态具有明显的口头作品的特点。比如，文本内包含大量的叠音词、语助词，这正是口头作品最直接的证据。口传文本的创作现场与流传过程富有即时性与表现性，口传过程不仅有鲜明节奏的有声语言，也配有不断变化的身姿、手势、表情、眼神等身体语言。

现代研究更倾向于，在文字出现之前，缘于口头文本的自身的特点与流传的需要，它们摆脱不了音乐和舞蹈而完全独立，这也是诗、歌、乐、舞在文化上具有同源性的原因。反过来理解也可以成立，即那些表现人类早期社会生活的诗、歌、乐、舞在一定的理解视域内也可以作为历史叙事的原始文本来解读。历史的发展也确实如此，在很多民族的早期文明中，口传话语在文字产生以前的很长一段时间里担负历史叙事的重要责任，并以史诗、歌谣、传说、舞蹈等复合形式来传达他们的族群记忆与历史认知。② 如非洲祖鲁人和恩德贝莱人、北美印第安人和因纽特人、澳洲的原住民都有其口传族群记忆③，在亚洲与欧洲的情形就更为人所熟知。研究中国族群早期历史的人可能会有这样的印象：中国其他民族的口传历史材料似乎比汉族的要更为丰富，甚至一些研究者以惋惜格调感叹，与其他民族相比，汉族没有较为宏大的口传文本④，比如藏族的《格萨尔》、蒙古族的《江格尔》、柯尔克孜族的《玛纳斯》，都是以族群记

---

① 彭恒礼、杨树喆：《史诗之谜与族群记忆》，《广西师范学院学报》2005年第1期，第16页。
② 高峥：《非洲口头传说的史实分析刍议》，《世界历史》1990年第6期，第93页。
③ 邵亦杨：《来自澳大利亚的土著艺术》，《美术观察》2011年第1期，第126页。
④ 彭恒礼、杨树喆：《史诗之谜与族群记忆》，《广西师范学院学报》2005年第1期，第15页。

忆形式展现宏大历史场景与细腻社会生活内容的口传历史文本。这些文本富有诗性与情感，在历史认知上一贯幻化迷离，并不具有严格的历史逻辑，但它们对历史认知的研究具有重大意义，如历史学家陈梦家认为："古代历史，端赖神话口传，神话口传，遂分衍化；由于口传一事，言人人殊，故一事分化为数事，各异面目由于人与神与兽之间分界不清，故人史与神话相杂；由于神道设教，人史赖神话以传，故人史皆神话。有此三故，古史因具重复性与神话性……故虞、夏、商三系本于一种传说。"①这些"口传历史"在形式上亦诗亦歌，在内容上幻化迷离，在效果上极富感染力。由于"口传历史"的叙事情节并不具有完全理性方式的历史逻辑，所以其中的"人神相杂"也就成为可以理解的普遍现象。②

另外，远古岩画同样被视为"手绘历史"最生动、最直观的原始历史叙事文本。远古时期的人类以手绘的方式在岩石上留下图画来传达他们的历史记忆，当然，完全也有可能还有其他材质的"画布"，但没有更多像画在岩石上那样长久留存下来。这些遗留下来的图画文本和口传文本一样，在传达与保存人类社会早期的历史记忆过程中也担任着同样重要的角色。据考古学家截至2008年的发现，全世界遍布五大洲有六万八千多个岩画点被记录在案。③较具有代表性的岩画如非洲阿杰尔高原的塔西里岩画、美洲阿根廷境内里约宾图拉斯岩画、欧洲法国境内拉斐哈西岩画、大洋洲澳大利亚境内阿纳姆高地岩画、亚洲以色列境内瓦迪拉姆利岩画等。在中国境内，远古岩画也不少见，如内蒙古巴丹吉林沙漠岩画、宁夏贺兰山岩画、云南阿佤山岩画等。

考古研究表明，最早的具象岩画已有超过五万年的历史，而人类早期有组织的写作系统距今仅仅只有五千年左右，而在五百年前，五大洲的大多数人类还在使用岩画作为记录的主要手段，因此可以判断，这种创作模式至少持续了五万年

---

① 陈梦家：《商代的神话与巫术》，《燕京学报》第20期。转引丁波：《略论中国历史上的口传历史时期》，《学术研究》2007年第3期，第105页。
② 雅斯贝尔斯：《论历史的起源和历史观念》，魏楚雄、俞新天译，华夏出版社，1989，第3页。
③ 埃玛努埃尔·阿纳蒂、威丽斯：《岩画类型学》，《南方文物》2019第2期，第14页。

之久。① 即使人类处理图像的历史比处理文字的历史要久远得多，即使视觉图像比相对抽象的文字具有生动直观的特点，但要完全理解这些绘制在岩石上的图像并不容易，而大多时候是恰恰相反的，一旦进入对图像系统的深入理解就会发现，其难度会随着解读的视界拓展而几何级递增，在很大程度上，这些图像也是一种符号文字，并且因其具象的特点而比我们今天所使用的文字符号内涵更广泛，正是这种图像解读的深邃空间与多重意义赋予了这些远古岩画恒久的文化价值。

  尽管如此，现代世界还是可以从一些特殊的视角捕捉到这些绘制在岩石上的历史信息。它们中很多被刻制在非常特殊的地方，"为什么有些画是发现在巨大空间中而另一些却是藏于狭小的角落里，为什么有些画是作在别的画上面，而实际墙面内还有足够的空间？"②这些现象至今无法用合理的理由来解释，但显然说明它们不是即兴的随意之作，而是要表达重要的历史信息。在内容表现上，远古岩画多是记录族群生产生活事件，如采集、狩猎、战争、祭祀等方面，这些内容多被历史学家视为远古人类社会生活状况的真实写照，至少是理解人类历史早期社会发展情状的基本资源。因为这些岩画的许多表现元素具有几乎无可辩驳的相似性，并且在世界范围内反复出现，"从俄罗斯到印度直至法国南部和西班牙北部……地域如此辽阔而风格和题材却是何其相似乃尔"③。所以有些研究认为，"史前岩画遗存是文字表述的原始形式之一，甚至可以说部分史前岩画遗存就是最原始的图画文字"④。当然，我们也可以将这些远古岩画作为人类对自身生存情态的一种想象性描绘与创造。在此意义上，这种远古岩画就是一种"手绘历史"的诗性叙事文本，是历史意识在其原始阶段的诗意表现。

---

①埃玛努埃尔·阿纳蒂，威丽斯：《岩画类型学》，《南方文物》2019 第 2 期，第 25 页。
②丁宁：《西方美术史》，北京大学出版社，2015，第 7 页。
③丁宁：《西方美术史》，北京大学出版社，2015，第 7 页。
④石华龙：《史前岩画是图式交流的文本遗存》，《西北大学学报（哲学社会科学版）》2012 第 1 期，第 171 页。

第二节
历史叙事谱系中史诗的话语结构与叙事逻辑

历史叙事话语方式随着历史思维的跃迁而变更，进而推动话语结构与叙事逻辑从简单到复杂的发展。通过对历史撰述与史诗作品话语逻辑的分析显示，历史叙事与史诗叙事在源头上分享相似的语言风格、文本结构与话语逻辑，史诗叙事的浪漫气质与诗性逻辑反映了历史意识从自发到自觉的发展脉络，揭示了历史叙事的发生过程与发生结构，以及在历史叙事发展的最初阶段上，就已经形成了历史认知的内在矛盾。

一、历史叙事的初始模式与历史意识的诗性气质

在实践层面上，历史叙事是历史认识主体通过特定逻辑形成对历史客体认知与理解的过程。在人类历史思维发展的不同阶段上，叙事的话语结构与历史逻辑一直在发展与变迁之中。曾在客观主义史学观念中，历史叙事舞台只接纳"客观""无私"的内容而拒绝叙事主体个性的意见与感性元素，不过，这种狭隘的历史观念在经过现代历史理性批判之后已日益与时代思维不相协调。因为历史认识不单单是对历史客体的理解，也包括对历史认识结构中主客体关系的理解，更为重要的是，历史客体的理解与历史认识主体的话语结构息息相关。纵观历史认知发展的历程可以发现，历史认知在很长一段时期内始终包含着丰厚的感性认识内容，历史认知不仅蕴含细腻庞杂的诗性元素，也与想象力有着深切的关联。[1] 所以，作为非理性因素的情感、意志、本能、欲望等认知元素一直贯穿在历史文化发生与发展过程中，使历史意识表现出非理性的一面。缘于

---

[1] 参见柯林武德：《历史的观念》，何兆武译，中国社会科学出版社，1986，第273页。

"历史意识总是以叙事的形式表达出来"①,而远古史诗正是其中一种以叙事形式表达历史意识的特殊文本,这种特殊文本因其产生的时代思维而自然地获得独具特色的诗性话语气质。

　　由于过去发生的历史与对其回忆、表述、再现的密不可分,并且这种回忆、表述、再现总是在特定的思维方式中进行的,因而,将过去发生的事件阐释为可理解的逻辑就是历史叙事的核心意义与基本诉求。在对历史叙事起源的研究上,西方人较为流行的做法就是梳理从荷马到希罗多德的工作,其直接的原因是,这段历史中存在着可直接获取的历史文本,而文本是历史的源泉。② 这也几乎意味着,西方人普遍认同,历史叙事在希罗多德的时代已经确立成熟的模式,至少是成为一种被接受的书写文体。但另一方面也显示,希罗多德并非创造历史叙事的确定逻辑,正如二十世纪最重要的古代文明研究者阿纳尔多·莫米利亚诺所言:"希罗多德只是在现代才成为历史之父的,这真是一件奇怪的事情。"③若从西方叙事实践的源头追溯,倒也不会感觉非常难以理解,因为在很长一段时间里,人们一直想提出希罗多德说谎的证明。而从今天的视角看,希罗多德的《历史》所拥有的历史观念和后来人,尤其是我们现代人的理解有很大的差异,所以,对于现代历史研究而言,希罗多德书写的内容与事实是否一致,对于他留给后世的遗产而言已经不再是关注的中心,而是他自觉地对历史的回忆、表述与再现的界定与努力,以及赋予回忆、表述与再现的手段、目的与意义。如果我们还能把希罗多德称为历史之父的话,那就不能奢望比这更多。

　　作为希罗多德叙事文本的《历史》是一个特定时代的话语实践与认知体系,这种话语实践与认知体系至少在雅典时代就已经名声大噪,并在那个时代之后就开始被不断模仿,或者是模仿其回忆、表述与再现过去的能力,或者是尝试赋予回忆、表述与再现过去的新手段、新目的与新意义。从《历史》开篇的第一句话就可以看出其后这些肇端:"这就是哈利卡纳苏斯的希罗多德或者图里奥姆

---

① 吕森:《历史思考的新途径》,綦甲福、来炯译,上海世纪出版集团,2005,第68页。
② 参见弗朗索瓦:《希罗多德的镜子》,闫素伟译,中信出版集团,2020,第10–11页。
③ 弗朗索瓦:《希罗多德的镜子》,闫素伟译,中信出版集团,2020,第42页。

的希罗多德对调查结果所作的介绍——以便一方面有人导致产生的事件不至于被时间湮灭,另一方面,使希腊人和蛮族人所做出的伟大而令人敬佩的行动不至于丧失其名望——尤其是对他们战争原因的调查,学者说,腓尼基人是争执的原因……"①显然,希罗多德的确为后来者确立了历史叙事的一种范型,但其《历史》的叙事逻辑,甚至包括其语言风格都不被认为是他的独创,其《历史》的文本在结构、词汇、主题、行文节奏等方面与此前的史诗具有十分相近之处。②

因而,在历史意识的表达与表现逻辑上,希罗多德并不是源头,而只是路碑。很显然,希罗多德所引领的这种我们至今都很熟悉的历史思想与史学方法并非从天而降,而是人类历史思维逐渐发展与叙事实践探索的结果,希罗多德的书写方式甚至也可以被视为一种对此前叙事实践的延展。人们的历史存在与其对自身存在的认知内容与认知形式的发展是同一的,当人们以一定的理解方式描述这种存在的过程时,一定的历史认知内容就在一定的叙事逻辑下形成了。在人类历史意识发展的初级阶段,历史逻辑并非完全分析的或理性的,而是很大程度上融入了人类早期历史发展过程中认知思维的一些特点,历史理解的逻辑更多地诉诸直观、感性、想象与诗意的色彩,因而,在这个阶段上的回忆、表述、再现自身历史的叙事逻辑也同样具有类似特征。

历史叙事实践总是一定历史逻辑下的活动,历史逻辑并不是先在的,而是在社会生活实践内容中生成的。因而,基于一定历史意识基础的社会实践是历史逻辑形成的前提。鉴于社会实践中历史意识发生与发展特点,历史叙事也具备类似的性质,比如,叙事的动机是从无到有的,是从无意识到有意识、从自发到自觉的发展过程。在历史学具有其特殊的书写方式后,历史叙事又被赋予特别的动机,而这种特别动机的书写方式被明确之前,其形式与内容也是多样化的。虽然历史撰述一度被视为一个独立的研究领域或学术活动,但历史撰述因其叙事性质的要求,决定其具体方法与思想原则不可能是独立的。

---

① 希罗多德:《历史》,卡兹维兹译本,Ⅰ,1(Herdote,Ⅰ,1,trad. Casevitz)。
② 弗朗索瓦:《希罗多德的镜子》,闫素伟译,中信出版集团,2020,第17页。

因而，虽然从表面上看，历史撰述者只关心历史的事实，而不在意哲学或文学，或者根本不在意做出这样的区分，但实质上历史叙事与文学、史学、哲学具有非常特殊的密切关系。

历史叙事是历史意识发展到一定阶段的产物，历史叙事实践与历史意识的发展也是同步的。在人类社会发展的早期阶段中，诗、歌、乐、舞等原始文化同时也是其时代历史观念的表达，在这个意义上，可以将这些原始文化形式视为一种历史叙事雏形。这种原始叙事在文本内容与形式上更蕴含着人类早期文化发展的线索，为我们理解文明发展模式、人类生存本质、社会价值秩序与个体自我认知等问题提供启示性视角与契机。其中，远古史诗因其与时代历史的关系，尤其是其话语方式的历史开创性，而被后继的历史叙事实践所模仿，因而使现代历史研究将之视为一种特殊文献，或者直接将其视为历史叙事谱系中不可缺少的一环。虽然诞生在人类社会早期的史诗在彼时并非拥有完全自觉的历史观念与历史诉求；而在当前，史诗也并非被完全视为过去事件的回忆、表述与再现。但从回应当前历史叙事的矛盾出发，无论是在叙事的表现效果上，还是在叙事的目的与手段上，史诗都被视为一种非常重要的研究题材，甚至被视为理解历史叙事问题的基础与起点。因而，在何种意义上来理解史诗，或许决定我们拥有什么意义的历史观念，决定我们在什么范围内来理解对过去的回忆、表述与再现。

二、诗性逻辑下原始史诗的叙事模式与话语身份

不同的叙事逻辑形成不同的叙事类型，对不同历史叙事类型的分析中可以清晰地观察到，远古史诗作为一种特殊的叙事类型，为其后的历史叙事不仅提供了一种方法论模型，也提供了一种再现与强化历史意识的手段。在英文中，"史诗"写作"Epic"，在词源上来自于拉丁文的"Epicus"，但在源头上又是从希腊词汇引入的。在希腊语中，该词初始的意义并非单一。据亨利·乔治·利德尔（Henry George Liddell）所编的《英希词典》释义，其意义涵盖多个方面，在最普遍的使用语境中，其意义包括，"字""言辞""话语""预言""神示"

"格言""劝告""诗句",等等。① 从词源意义的演化即可看出史诗叙事话语内涵的发展过程,远古史诗当初只是一种特殊的"言辞",并且是一种富含"预言""神示"与"劝告"的"言辞",而在形式上具有"格言""诗句"的语言风格。其中突出的主题是"话语",其蕴含的历史意识是潜在的、自发的,而与事件或历史相联系的含义乃是后来衍生出的。对史诗文献的历时性分析中可以清晰地发现这一点,例如,荷马史诗所突出的主题就是"话语""预言""神示""劝告",类似《伊利亚特》第一卷中这类表述几乎成为这一题材惯用的话语方式:"你从未说过吉利的话"(第109行)、"我必须听从,女神,服从你的话"(第216行)、"我有一番告诫"(第361行)、"祈求喜好炸雷的宙斯"(第419行)、"把你的想法告诉我"(第543行),等等。在荷马史诗《奥德赛》中,其表意的方式也是如此:"心中顿然想起,双目失明的先知,忒拜人泰瑞西阿斯和埃阿亚的基尔凯的叮咛。二位曾再三告诫,要我避开赫利俄斯的岛屿,他给凡人致送欣喜。"②

在对荷马史诗的解读中可以发现,"Epic"的希腊语词根在使用中的意义并不与历史直接关涉,也并不追求与历史的一致性内容,相反,它放任虚构和想象,甚至匮乏连贯的叙事逻辑。而只是在希罗多德的叙事方式中,才开始着意通过特别话语方式区分再现过去的一致性与虚假成分。希罗多德的神奇之处可能就在于:在做出这种区分之后,叙事的特别意义就被凸显出来,在实践上使历史撰述成为一门充满矛盾又欲罢不能的研究工作。然而,一旦排除这种区分,希罗多德的工作成果在形式上和其他工作在"文体"上似乎没有太多的区别,甚至历史撰述和荷马史诗在话语表现形式上几乎雷同。如《历史》中这类表述:"佩提亚又说,巨吉斯的第五代的子孙将要受到海拉克列达伊家的报复。实际上,在这个预言应验之前,不拘是吕底亚人,还是他们历代的国王根本就没有把

---

① 参见罗念生、水建馥主编:《古希腊语汉语词典》,商务印书馆,2004,第321页;另参见 Henry George Liddell: Greek-English Lexicon, Oxford Clarendon Press,1996:676.
② 参见荷马史诗《奥德赛》,陈中梅译注,译林出版社,2002,第378页。

这些话记在心上。"①如果希罗多德没有赋予其工作以新的目的与手段,那么,这类表述仍然只能停留在从前的"预言"与"神示"的层面上。因而,在希罗多德的《历史》中,他始终努力让其叙事逻辑出现这类区分。例如,他这样费尽心思写道:"这些诗句、特别是这一节非常清楚地证明,塞浦路斯叙事诗并不是荷马,而是另一位诗人写的。因为塞浦路斯的叙事诗说,亚历山大偕同海伦在三天之内从斯巴达到伊里翁,一路之上是顺风顺水没有浪头的。但是根据伊利亚特,他在带着她的时候,是迷失了道路的。现在我就不再谈荷马与塞浦路斯叙事诗了。"②由此可见,希罗多德对往昔发生的事件穷追不舍地"调查"③,划定了一种不同于从前的话语机制,在叙事层面上形成了一种新的"文体",而并不被当时的人们认为是创设了一种知识门类,只是在这个知识范围内,"调查"既需要个人的经验,也需要审慎而耐心的逻辑推理。

如果从希罗多德时代的历史叙事实践往前追溯而进行一个倒序的考察就会发现,无论是在词源的发展上还是在叙事文本的语义使用中,史诗的宏大叙事风格与文本组织方式都可被视为历史叙事的一种模型。可见,在源头上融合为一的诗与史在概念化发展中而发生了区别,并且这种区别因为时代思想的不同而有差异。比如,在现代客观主义史学观念中,诗歌代表着感性的内容,是个体的情感的表达,缺乏有事实支持的客观尺度。因而,诗更多表现的是情感,而史追求的是事实的真理。但在古代希腊理性主义视角下,观念却恰恰相反。比如,亚里士多德在他的《诗学》中着重探讨诗的属性、分类、格律及其功用,出于其对知识系统进行学科分类的首次尝试,亚里士多德对诗与史做了个性化的区别:"历史学家和诗人的区别不在于是否用格律文写作,希罗多德的作品可以被改成格律文,但仍然是一种历史,用不用格律不会改变这一点,而原因在于,前者记述已经发生的事,后者描述可能发生的事。所以,诗是一种比历史更富哲学性、更严肃的艺术,因为诗倾向于表现普遍性的事,而历史却倾向于记载具

---

① 希罗多德:《历史》,王以铸译,商务印书馆,1985,第7页。
② 希罗多德:《历史》,王以铸译,商务印书馆,1985,第160页。
③ 弗朗索瓦:《希罗多德的镜子》,闫素伟译,中信出版集团,2020,第32页。

体事件。"①很显然，作为追求罗格斯主义的亚里士多德所看重的题材是诗而非史，这当然是希腊理性主义实体本体的思维模式所致。从此也从侧面说明了亚里士多德对待诗的意见：诗能够容纳更多的元素与内容，它允许"编制戏剧化"，"史诗更能容纳不合情理之事——此类事情极能引发惊异感——因为它所描述的行动中的人物是观众看不见的……能引起惊异的事会给人快感，可资证明的是，人们在讲故事时总爱添油加醋，目的就是为了取悦别人。"②但作为古希腊理性主义特有的思想方式，亚里士多德也不可能略过他关注的重心，"写诗这种活动是比写历史更富于哲学意味，更被严肃的对待；因为诗所描述的事带有普遍性，历史则叙述个别的事。"③理性中心主义的认知结构使亚里士多德更为关注的是实在的、必然的内容，尽管诗所描述的事带有普遍性，但它毕竟不是普遍性本身——那个唯一、实在、永恒、不变、自因的实体。

即便如此，亚里士多德在学科分类意义上给诗学划定了一个空间，也赋予其特殊的话语身份，他将史诗当作各类诗歌中最重要的一种题材，并认为其重要性仅次于悲剧。只是在希腊理性主义的尺度内，史诗仍有"不合情理"的成分，但它与历史的关切仍被视为不可忽略的。至文艺复兴时期，史诗的地位被推高至各种类型的文学题材之首，史诗对于某一事件或多个事件的叙述是否与实际一致，也并不是人们关注的重心。后来，黑格尔在亚里士多德分类方法的基础上又做了进一步划分，在其《美学》篇内，黑格尔进一步界定了史诗的话语身份："'史诗'在希腊文里的原义是'平话'或'故事'，一般地说，'话'是要说出的事物是什么，它要求一种本身独立的内容，以便把内容是什么和内容经过怎样都说出来。"④与此同时，黑格尔把十七世纪以来出现的新艺术形式分别归入史诗、抒情诗和戏剧这三大文类之中。可见，黑格尔力图超越亚里士多德罗格斯主义的思维模式，但仍然没能跳出规范诗学的框架，在其《历史哲学》巨

---

①亚里士多德：《诗学》，陈中梅译，商务印书馆，1996，第81页。
②亚里士多德：《诗学》，陈中梅译，商务印书馆，2005，第169页。
③亚里士多德：《诗学》，罗念生译，人民文学出版社，1982，第28页。
④黑格尔：《美学》，朱光潜译，商务印书馆，1997，第116页。

著中，黑格尔在对原始的历史意识论证的段落中所表达的意思是，历史乃是思想的历史、"是精神在时间里的展开"①，而他显然将诗性的内容排除在历史之外。

三、叙事模式因袭与叙事边界重置

缘于叙事与语言媒介的关联，在历史叙事实践的发生阶段，其叙事的语言模式在很大程度上因袭了此前史诗结构中叙事的风格与布局，贯穿于虚构内容的诗性逻辑与要求对历史真实再现的理性思维之边界被重新界定，在叙事边界重新界定的基础上，叙事主体的主动地位、思想动机、工作方式与价值目标被日益突显出来。

以西方文化的历史发展过程为例，古希腊史诗被西方人视为史诗中的杰作，现代读者可轻易发现，不管史诗的作者是否有意，这些史诗的文本内容几乎都是以宏大叙事的方式在赞美诸神之时也倾心于对俗世伟绩的歌颂，神圣世界与生活世界这两种叙事主题在虚幻的叙事逻辑中展开。如赫西俄德的《神谱》在序曲中所说的，"写诗是为了歌咏永生的神灵"，在此长诗中，尽管有值得赞颂的歌声甜美的缪斯以及神盾持有者宙斯的女儿们，但隐于长诗中的叙事主体还是迫不及待地吁求"请你们歌唱一群凡间的妇女吧"。不仅如此，叙事主体所表达的意向也非常明确，神圣世界的价值秩序实质上也是人们生活世界的理想与追求，亦如其中的诗句所描绘："她们为我从开花的月桂摘下美好的枝杖，并把神妙之音吹进我心，使我能够传颂将来和过去。"②

再以荷马史诗的叙事结构分析为例，虽然荷马史诗的叙事主题是神圣世界的内容，但叙事情节中的诸神已经降格而具有凡人的品性，至少已不完全同于原始宗教中的神明那样至高无上或不染红尘。此外，虽然荷马史诗的叙事逻辑是神话的而非理性的，但诗的叙事情节已经具有某种程度的逻辑化，不再完全天马

---

①黑格尔：《历史哲学》，王造时译，生活·读书·新知三联书店，1956，第113页。
②赫西俄德：《神谱》，王绍辉译，上海人民出版社，2010，第30－33行。

行空而无章可循。"荷马史诗世界里不存在'盲目''偶然'或和事态的正常及一般状态对比而言的'偶发现象'。自然界和人世间的一切事端和现象,如果不是人为的,便是神的手笔。"①将历史事件的发生看作人或人格神的行为所致,这便意味着人类历史的进展已经从蒙昧之神的全面控制中获得了另一种认知方式,由此也就获得了部分的自由,人的主体性得到初步的发展。行吟诗人通过"创作"史诗为凡人在情感、理智与信念上树立了榜样。②

如果说史诗的神话情节使其时代的社会成员获得社会认同并认知传统与历史,那么史诗叙事意向更在于以此为基础劝导人们尊崇创造世界的英雄并号召人们模仿英雄创造传统与历史的行为。前者使人完全依赖于神话的传统与历史,后者为人提供创制传统与历史的典范与法则。在这一意义上,史诗的叙事方式成为其后历史叙事因袭的原型。史诗以特别的话语方式,唤醒尚未自觉的历史意识,使社会成员在"预言""神示""格言""劝告"类的特殊话语内激发敬仰先辈、效仿英雄的行为理念,这种价值导向是其后历史叙事结构中不可或缺的部分,读者也经常能够从历史叙事的大作中感受到这类叙事的导向功能,甚至作为叙事主体的史家有时会迫不及待地从叙事情节中跳出,使用"太史公曰""臣光曰"之类的第一人称进行价值训诫。

史诗中彰显的历史意识使其叙事话语从过去走进现实,使人们的兴趣不再局限于过去的发生,而是将过去与现实联系为一个谱系。在此意义上,赫西俄德的《神谱》中的"神谱"亦为"人谱",史诗的这种话语模式影响深远。另如在《伯罗奔尼撒战争史》中,当一个历史人物将要出场时,修昔底德都会特别提示他是谁的后代,并在叙述时非常注意历史人物谱系的明晰性。对谱系的重视已经说明当时的人们能够认识到先人的历史并非与现实无关,过去可以昭示现

---

① 荷马:《伊利亚特》,陈中梅译,花城出版社,1994,前言第17页。
② 关于行吟诗人与史诗创作的历史,今人依然知之甚少,在马克思主义史学视野下,史诗被确认为生产劳动与生活过程的产物,是全民族智慧的结晶,史诗的创造往往受制于叙述者所属的社会阶层与意识形态,其中,社会阶层的分化使历史叙述的动机更为复杂,比如,叙述者常常是作为一定社会阶层的代言人,将史诗中的人物创造为社会成员的行为标本。

在，前人可以给后人带来荣耀，当然也可能是耻辱。因此，那些在历史中能说明其谱系的人，更能得到社会的认可和尊重。现代史学撰述工作中也会沿袭这一方法，美国研究古希腊的学者高利·纳吉就是这一意见的鼎立支持者，在他看来，在史诗的诗性话语与历史话语之间存在着相似的关联，我们可以借助一些特定的主题来沟通，比如，"光荣"便是其中一个普遍的主题。他继续指出，在行吟诗人和希腊文中所言的"学者"几乎是可以互换的两种称呼，两种人都是在公共场所颂扬"光荣"的人，诗人使用的是诗句，"学者"则使用"散文体"，而使用历史话语的希罗多德就属于后者中的一员：当史诗选择一个片段的时候就尤其如此，而只是在"学者"决定使用知识来衡量的时候，他们才改变游戏规则——虽然实际的历史过程仍有许多未知或者并非如此，但我们也可以借此认为，行吟诗人的身份转换为历史学家。

由此可见，后发的历史叙事的诸多显著特征几乎可以从对史诗结构的解读中找到原型。因此，当代研究希罗多德的法国年鉴学派、"新史学"的代表人物弗朗索瓦在评价史诗与古希腊人的文化时说："史诗不仅是一种文体，它和葬礼一样，处在一条线上，是希腊人为了回答死亡的问题，为了使死亡适应新环境中的文化而定制的一种体制。"[1]

在对史诗文本结构与话语风格的研究中还发现，话语主体历经了一个从主动显现到有意隐退的变化过程，这种联系使很多现代研究者将史诗作为历史叙事谱系结构一个始点的重要依据，并赋予史诗在历史叙事实践发生与发展中以重要地位。在史诗的叙事情节中，出于对"预言""神示""格言""劝告"的可信性，叙事主体在意识到历史认识主客体结构之后，主动寻求回避叙事主体的意识形态随之成为一种朴素的意见，因而叙事话语的第一人称结构被逐步取代，这也成为一个在作者与听众之间容易达成的解决方案。当"学者"追求对过去再现的客观真实性的时候，这种变化实质上在历史叙事的话语结构已经发生，只是历史叙事以批判的名义重置了话语逻辑。在荷马史诗中，诗神缪斯以直接引

---

[1] 弗朗索瓦：《希罗多德的镜子》，闫素伟译，中信出版集团，2020，第19页。

语的形式占据第一人称的位置,没有第一人称的时候,诗神也仍然在场,掌握着知识和启示。 在史诗推动历史意识的发展中,第一人称和第二人称的二元结构经常被打破,让位给第三人称。① 而在重置话语逻辑的历史叙事话语中,幻化无定的诗神缪斯完全不见踪影,可以理解的人的历史活动替代了让人匪夷所思的神的无常行踪。 在"学者"的名义下,一种新的话语结构和新的权威体制随之而出现了,话语主体隐退至结构底层之后,讲话的人只是从事"调查"的人,如果要说,也只是这样说:"他们说……""有人说……"最明确的表达话语主体身份的文本语言也只不过是像希罗多德这样说:"戴尔波伊人那里所听到的事情就是这些,后面的事是米利都人添上去的……根据有学识的波斯人的说法,最初引起了争端的是腓尼基人……"②让人们肃然起敬的是——这也是"历史之父"头衔的分量,这里"他们""有人""戴尔波伊人""米利都人",等等,都是"调查者"进行"调查"的对象。

不过,在希罗多德的"调查"代替诗神的"言谈"之中,"在第一人称和第三人称之间有些迟疑,或者两种人称之间有些摇摆不定"③。 而到了修昔底德的历史文本中,进一步消除了第一人称的标记,同时将"见证"的视角界定为使历史叙事成为可能的标准。 但历史叙事实践在其后的发展表明,无论叙事主体如何隐身,其身份标记却始终可察,叙事主体不可避免地始终参与叙事的全过程,时过境迁,到了现代历史叙事学的理论中,历史再现几乎完全成为叙事主体的一种语言结构,成为被话语完全遮蔽的内容。

虽然当代历史叙事实践已经能够接受,想象力是历史话语不可或缺的内容,诗意的话语风格也更容易被当代读者所接受,但历史叙事如何使一种诗性的叙事文本传达适切的历史认知仍然是当前史学叙事实践尝试的主要工作,诸如《中国人史纲》《大历史:虚万物与万物之间》《极简人类史:宇宙大爆炸到21世纪》《人类简史·从动物到上帝》《采集者·农夫·大工业时代》等当代新型叙

---

① 参见弗朗索瓦:《希罗多德的镜子》,闫素伟译,中信出版集团,2020,第29-35页。
② 希罗多德:《历史》,王以铸译,商务出版社,1997,第1-9页。
③ 弗朗索瓦:《希罗多德的镜子》,闫素伟译,中信出版集团,2020,第33页。

事文本，都是呼应这一时代任务的典型之作。其浪漫语言风格与诗性话语逻辑呈现了表现历史的多样性与"多面的历史"，同时也说明了这种"多样性"与"多面性"的尝试正是破解历史叙事结构性矛盾的实践基础。

四、诗性历史叙事话语的结构与特征

意大利学者维柯的《新科学》是一部涉猎人类学、法学、语言学、神话学、文艺学、伦理学等多个现代学科的宏大巨著。在历史研究领域，因为《新科学》也是关于人类历史起源和发展的探究，所以它也被视为一部历史研究的杰出文献。维柯在此研究中把以往社会历史划分为三个阶段，即"神的时代""英雄的时代"和"人的时代"，而三个时代对应着三种语言，即"象形符号的语言""象征的或比喻的语言""书写或凡俗的语言"。维科认为，语言的特点直接指示着思维的特点，因而人类历史起初阶段必然是诗性的历史，人类文明最初的智慧也一定是"诗性智慧"。[①] 维科的这一见解在世界历史发展中的确具有一定的适应性，每一个独立发展的民族在前期发展阶段，对其历史的追述常常是采用诗、歌、乐、舞等诗性艺术形式。尽管诗、歌、乐、舞等诗性艺术起初是融为一体的，但它们的表现形式却差异很大。因诗、歌相和，易为口口相传，而乐声、舞容等艺术形式因为其表现形式的特殊性而很难在当时的历史条件下再现与传播，以致这些早期历史上的艺术形式在今天几乎湮没无闻。只有这些口口相传的古代诗歌在文字文明之后又通过文字文本的形式固化下来，但符号文字无法恢复原本诗、歌、乐、舞一体的原始形态，符号文字所固定下来的只能称作诗歌的一个片段或碎片，所以，流传至今寥寥无几的远古诗歌，只剩下作为文字文本的"诗"的部分。

尽管如此，这些"诗"的创作主题与其时代历史相关，因而成为直接意义上"亦诗亦歌亦史"的史诗，这种流传至今的文献资源对于理解人类文化起源与发展的早期历史弥足珍贵。所以，西方引以为豪的《荷马史诗》不仅为西方文明

[①] 参见维科：《新科学》，朱光潜译，商务出版社，1989，第171页。

提供诗歌艺术的蓝本,也是西方人追溯自身历史渊源的路标。当然,这一现象在中国文化发展史中也不例外,源远流长的中国文化在其早期发展中,也曾创造出无数绚烂夺目的诗性艺术,展示了华夏文明的辉煌篇章。例如,《诗经》便是这类诗性艺术的杰出篇章,通过亦诗亦歌亦史的形式展示了中国远古时期特定的历史实践与文化内容,表现了中国远古先民诗性语言与诗性思维的特征。无论是从时间上还是在空间上,《诗经》都以其始源性、创造性与典范性的话语方式而成为中国历史文化发展中的一部重要文献。

在介入中西史诗叙事话语比较之前,这里需要先行讨论一个中国历史文化中流传已久的观念,即"诗言志"。关于"诗言志"的观念源远流长,如《尚书·尧典》内称"诗言志"、《左传·襄公二十七年》内有"诗以言志"、《庄子·天下篇》内载"诗以道志"、《荀子·儒效》亦现"诗言是其志也"。那么,"诗言志"究竟意味着什么?对古典文献多有研究的闻一多先生在《歌与诗》中对此所做的阐释拓宽了问题的视野:在卜辞语义中,"志"字是从一个象形文字,其本义是停止、止于心,即藏在心里。① 这一理解与《荀子·解蔽》中"志者,藏(臧)也"蕴意相符。另外,《礼记·哀公问篇》内载"子志之于心也",《国语·楚语》也可见"闻一二之言,必诵志而纳之以训导我"。闻一多先生认为,一切记载既皆谓之"志",又缘于人类文化初始发展阶段感性认识的优先地位,使得韵文产生早于散文,所以,最初的"志"无一不是诗性话语。由此表明,"诗"的最初内涵非常广泛。一代文化大师钱钟书先生曾对"诗"与"史"的历史关系有过这样的研读:"诗者,文之一体,而其用则不胜数。先民草昧,词章未有专门。于是声歌雅颂,施之于祭祀、军旅、昏媾、宴会,以收兴观群怨之效。记事传人,特其一端,且成文每在抒情言志之后……然诗体而具纪事作用,谓古诗即史,史之本质即是诗,亦何不可。"②所以,在文化发展史中清晰可见,"诗"与"史"在起源上同根共生,在主题上内容互通,在表现

---

① 参见闻一多:《神话与诗》,古籍出版社,1956,第185页。
② 钱钟书:《谈艺录》,中华书局,1984,第37-38页。

上身份同一。

　　这种同根共生、内容互通与身份同一，不仅是中国文化发展中显示出的脉络，在世界历史发展中也具有一定的普遍性，而各个民族在其发展过程中创造的史诗就是解读"诗""史"特殊关系的文本形式。但由于中西文化发展的历史空间有别，思想起点与思维逻辑的不同，中西史诗的发展样态，尤其是对史诗的解读不可避免地出现诸多差异。对史诗的解读，不能限定在唯一的东方或西方的视角下，否则就无法完整地理解这一具有世界历史性的文化现象。比如，若以西方的思想观念为标准，"中国的历史从本质上看是没有历史的"①，没有历史也就谈不上有史诗之说。再若以《伊利亚特》与《奥德赛》的宏大模式为尺度，如《诗经》之类篇幅精湛而非鸿篇巨制、情节单一而非蜿蜒逶迤的内容也不符合这种史诗的标准，难怪黑格尔在其《美学》中曾论述道："中国人却没有民族史诗，因为他们的关照方式基本上是散文式的，从有史以来最早的时期起形成一种以散文形式安排的井井有条的历史实际情况，他们的宗教观点也不适宜于艺术表现，这对史诗的发展也是一大障碍。"②黑格尔虽然号称真理是整体的、是历史的，但在这个问题上，只能表明黑格尔没有完全践行他的真理标准，其意见只是寓于一种视角、顺延一条线索来理解中国文化的发展模式，而本质主义的思维方式注定黑格尔的判断并非公允。当然，我们也更有理由认为，这只是西方中心主义思想方式的一种自然流露。

　　不过，在中国文化圈内，倒有一些学者在中西文化比较视角下试图理解中华民族史诗的"中国特色"形成原因。例如，有一种观点认为，中国以汉族为主体的族群结构具有广泛的多元性，其形成和发展不是单一文化的族群单纯在数量上的扩张，而是众多不同族群长期互动与融合的结果，这就导致族群记忆的多元化、零散化、多面化，难以形成指向族群最初历史的宏大而神圣的叙事，至少没有如《荷马史诗》一般的长篇史诗，所以，中国的上古神话尽管内容非常丰

---

①黑格尔：《法哲学原理》，张企泰、范扬译，商务印书馆，1979，第197页。
②黑格尔：《美学》（第三卷下册），商务出版社，1981，第170页。

富，但大都是零散的、片段的，这与族群记忆的多元化与多民族融合性特征相吻合。还有一种观点认为，由于中国文化是一种早熟的文化，也包括与中国的文字与中国历史进程相比，产生相对较早，而史诗，尤其是西方类型的史诗初始是一种口头艺术传统，其延续的时间漫长，虽然其后同样产生了文字文本，但文字书写之前的空白下，史诗的口传形式能够更有效促动有声语言文本的繁荣，推动该族群以有利于记忆和发声的诗律，如灵活运用音韵、音步、音节等方式来表达。只是中国文字相比于中国文明发展时段而言出现的较早，以此造就了族群早熟的理性意识和抽象能力，从而抑制了宏大场景的长篇史诗的产生。

在历史叙事视野下，《诗经》就是一部表现中国远古社会实践内容的诗性艺术的作品，是中国人追溯自身历史与文化渊源的蓝本。和早期阶段所产生的其他诗性艺术一般，它在形式上亦诗亦史亦歌，但今天我们只能从中提取其文字文本的内容而丢失很多感性艺术环节。因此，《诗经》并不是普通的诗集，而是与中国早期社会生活息息相关的史诗，是记录民族发展之宏大历史叙事过程的史诗经典。因此，在中西史诗的比较研究中不能直线比附、曲意逢迎，在此条件下才可以比较中西史诗共通的世界性元素，以发现中西互为不同的民族性元素与不同的历史发展道路。在当前的学术研究中必须规避将西方的研究模式或思想方法套用在中国文化史的研究中，用适合于西方模式的分类标准来给中国诗歌分类，这无异于削足适履。[1]

但在中国文化与历史实践结构中，《诗经》首先并不是作为"诗"之用，而是作为"经"之用，清代训诂学大师段玉裁在《说文解字注》中对"经"字的注释为，"织之从丝谓之经，必先有经而后有纬，是故三纲五常六艺，谓之天地之常经"。因而，我们现在所说的经书的"经"字，其本意为"常"，即恒久不变，因为瞬息万变、变化莫测的东西并不长久，所以恒久不变才是可循之道，古人认为经书所言的道理是永久不变，是经天纬地之法，故称之为经书。在《论语》中有多处记载孔子以《诗》《书》教导弟子，主张不学《诗》无以言，不学

---

[1] 参见程相占：《中国古代叙事诗研究》，广西师范大学出版社，2002，第26页。

《礼》无以立。在"泰伯篇"中进一步指出,"兴于《诗》""立于《礼》""成于《乐》"。因此,《诗经》在中国历史文化传承中不可避免地被主流文化不断演绎,尤其是在儒家思想成为政治意识形态的主流下,对《诗经》的诠释多被限于"尊尊""亲亲""忠恕""仁爱"的伦理纲常内,从而使《诗经》成为其时代的功用之"经"。

尽管如此,《诗经》作为"史"的一面在中国文化发展中一直被重视。如果如所谓的"六经皆史",《诗经》当然也不会例外。"六经皆史"为清代史论家章学诚在其史学理论巨著《文史通义》内所主张,而在其先,有明代经学家王阳明有如是说法,同时代的史学家李贽亦执此论。在概念上,"经"与"史"是有区别的,如上文所论,"经"是恒久不变之理,而"史"是时时经历之事。但是这种仅限于概念上的理解忽略了"经"的历史形成过程,中国历史文化发展中的"经"在实质上并不是恒久不变的,而只是被视为恒久不变而已。中国的"经"和"经学"是同步的,也是与时俱进的,如《易》之"三易","易简、变易、不易"。换言之,只有变才是不变的。中国经学在"六经注我"与"我注六经"中源远流长,人与事的瞬息万变、时与空沧海桑田,以史为鉴之"经"亦当移步换景,"经"是时代之"经","经"亦反映时代。而正是其形成过程,才使得诸"经"成为记载中国古代历史实践与历史思想的文本载体,因而,"六经皆史"在此具有特别的内涵。当然,在作为史料的意义上,"六经皆史"也是在现实研究中已被广泛接受的事实,比如,《诗经》就是研究中国文化史的经典文本,因为其产生的时代特点使其蕴含的历史信息十分丰富,后世的哲学、文学、史学、政治、宗教、艺术等研究门类尽可以从中获取可能的历史信息。[1]

在一般辞书文献对《诗经》这一词条的解释中,通常将其描述为中国古代诗歌开端,是最早的一部诗歌总集,收集了西周初年至周晚期,即约公元前十一世纪至公元前六世纪之间的诗歌,在内容上反映了周初至周晚期约五百年间的社

---

[1]参见屈万里:《屈万里全集·屈万里先生文存》(第一册),联经出版事业公司,1985,第9页。

会历史面貌，其作者尚无一致认可的考证结果，只是相传为尹吉甫采集、孔子曾编订。《诗经》在先秦时期称为《诗》，或取其整数称《诗三百》。西汉时被尊为儒家经典，始称《诗经》，并沿用至今。在文本风格上，诗经依其不同的语言形式而区分为《风》《雅》《颂》三个部分，《风》是周代各地的歌谣，《雅》是周人的正声雅乐，有《小雅》《大雅》，《颂》是周王室和贵族宗庙祭祀的乐歌，有《周颂》《鲁颂》《商颂》等。

而作为一种中国文化类型的史诗，《诗经》就是一部表现中国历史与中华民族文化渊源的根谱，显示了中国历史特定阶段的诗性语言与诗性思维，也呈现了这个特定历史阶段中社会面貌与历史意识的发展情状。《诗经》作为民族史诗，其规模并不以鸿篇巨制见长，甚至一些篇幅仅仅只有数十行，其构建并非典型，叙事情节也并非极尽绵延曲折。这些因素曾导致在中国近代学术界享有盛誉的王国维先生将中国史诗发展情状判断为"尚在幼稚的时代"的论调①，即使如此，这也并不妨碍《诗经》作为族群集体记忆的历史文化基因的重任。比如，《诗经》中《生民》《公刘》《绵》《皇矣》《大明》等篇章，皆被视为典型的周民族史诗作品。② 在中华民族不断融合发展的过程中，这些史诗实际上早已成为人们心目中笃信不疑的族群记忆，激起了中国历史中世世代代的人们对共同历经内容的回想和感知。

尽管不能以西方既定的史诗概念套用于中国史诗，但中西史诗之间在很多方面还是有许多可比性，通过不同方面的比较，不仅能够使我们发现民族和异域文化脉络发展的一致性，另一方面也能够让我们体认到文化的民族性是一种文明的身份与特色所在。而仅通过语言层面的比较即可看出，中国史诗并不匮乏语言的瑰丽与诗性的魅力。在叙事结构的深层比较中也不例外，以《诗经》为代表，中国史诗具有其独特的历史基因与叙事方式，这也是中国史诗虽然横越千年而能在今天依然绚烂夺目的原因。

---

① 参见王国维：《王国维文集》，燕山出版社，1997，第235页。
② 陆侃如，冯沅君：《中国诗史》，百花文艺出版社，1999，第41页。

首先,《诗经》在叙事结构上自然地拥有"诗史一体"的性质。《诗经》是史诗发展的世界历史中以中国地域与中华民族及其特殊历史时代为背景、体现独特地域性与民族性的历史文化内容,显示了历史意识从自发到自觉的发展脉络。甚至也可认为,《诗经》是以诗性语言而开启了对后世影响深远的一种叙事话语模式,前文通过对"诗言志"概念的梳理已经说明《诗经》的亦诗亦史功能的贡献。最早将叙事作为一种形式来探讨的唐代史论家刘知几曾强调:"国史之美者,以叙事为功;而叙事之功者,以简要为主。简之时义大矣哉!……史之称美者,以叙事为先。"[1]这就是说,一部优良精美的史册所记载内容,应符合叙事简要省约,且又最能表达深广内涵,因而叙事语言之要在于能简尽简,便方能达其功效。今以刘氏论点观之,《诗经》在叙事语言与文本形式上似乎已经完全做到了。

其次,作为代表独特地域性与民族性历史文化内容的《诗经》在叙事结构上具有不同的宏大叙事模式。《诗经》的宏大叙事并非如《荷马史诗》那样的宏大篇幅,但一样能够展现中国早期社会民族发展历史的图景,其细腻与动人的程度丝毫不亚于那些鸿篇巨制的一类。作为史诗的《诗经》在篇幅布置上并不是从始至终的专题式叙事方式,其主题是多样的,诸如戍边兵卒的痛苦、统治者的德政与暴政、农耕狩猎情况、贵族歌宴欢乐与穷苦百姓的呻吟、男女思恋之情、祭祀天地与祖先的颂辞,等等。比较而言,西方史诗《伊利亚特》讲述的是特洛伊战争第十年发生的内容,其专题性比较清晰,史诗开头就点出了"阿喀琉斯的愤怒是我的主题"。《史诗》的题材广泛,涉猎的历史场域相当广泛,只是由于每一个主题的叙述篇幅相对较短,与其他篇幅绵长、人物众多、情节复杂的起源史诗相比不够"宏大"。《诗经》叙事结构完整,在《诗经》所讲述的每一个主题内,并不缺乏史诗对宏大叙事所要求的多重元素。如《诗经·玄鸟》云:"天命玄鸟,降而生商。"这是关于商朝历史的宏大叙事,讲述了商朝建国与拓疆的历史情景;《诗经·桓》云:"绥万邦,娄丰年,天命匪解。桓桓武

---

[1] 刘知几撰、浦起龙释:《史通通释·叙事》,上海古籍出版社,1978,第168页。

王，保有厥士，于以四方，克定厥家。於昭于天，皇以间之。"这是对周王克殷历史的宏大场景讲述。这些宏大叙事建构的历史场景即使在今天亦能够引发人民联翩的浮想，仿佛又使过去的一切再现眼前：万国和睦，丰收连年，福祥天降，幸哉我邦，英勇兵将，戍防四方，民丁兴旺，功德昭彰！由此可见《诗经》叙事架构手法的时空超越性。

再次，《诗经》在叙事结构中融入了直接的人文关怀与个体体验。史诗是人间之诗，亦视为人世之史，人文思想与人间关怀是史诗的自然内容，但在表达上因中西方叙事话语方式的不同而有所差异。西方史诗表达其人文思想与人间关怀的方式往往是间接的，常常借助神的视角或因神的慈悲。例如，在《荷马史诗》中，泰坦族的普罗米修斯因为体验到没有火的人类生活之痛苦而大发慈悲，为人类盗取火种又受罚，被缚在高加索山的悬崖上活受罪，由此展开一系列启迪后人的动人故事。而在《诗经》的叙事结构中，由于叙事主题与生活主题息息相关，使《诗经》的叙事语言能够直接传达叙事主体在生活世界的体验，因此，其叙事话语不可避免地蕴含浓烈的情感体验内容，或者说，《史诗》本身就是激情的产物。如《诗经·汝坟》所云："遵彼汝坟，伐其条枚。未见君子，惄如调饥。遵彼汝坟，伐其条肄。既见君子，不我遐弃。鲂鱼赪尾，王室如毁。虽则如毁，父母孔迩。"浓烈的情感体验与人文关怀不仅仅在于个体生活层面，也体现在国家历史层面，如《诗经·昊天有成命》所云："昊天有成命，二后受之。成王不敢康，夙夜基命宥密。於缉熙！单厥心，肆其靖之。"这种浓烈的人间情怀使《诗经》显示出独特魅力，这也是《诗经》能够流传后世的原因，因为在文字还没有出现的口口相传年代，浓烈的思想情感是史诗产生的驱动力及其能顺利传播的纽带。

最后，《诗经》多变的叙事视角使其作为史诗的叙事结构更为细腻与厚实。当代叙事理论认为，叙事需要具备三种基本元素，即"谁来叙述""叙述什么""如何叙述"。叙述主体是叙事策略首先遇到的问题，叙述主体的观察点就是其叙述内容的出发点，将必然体现叙述主体与叙述对象的关系。《诗经》叙事结构中的主体视角是多元的、变化的，而非单一的、固定的。相形之下，《荷马史诗》的视角基本上是单一的,现代研究倾向认为,《荷马史诗》是行吟诗人的口诵之作,讲述者在娓娓讲述发生在其生前数百年前的故事,虽然讲述者不曾经历,但其讲述的话语方式却是一种俯瞰视角,要么是全职全能缪斯诗神的声音,要么是俨然已站在"上帝的视角"下的讲述者的声音。正如法国小说家罗布·格里耶曾说:"这位无所不知、无所不在的叙事者又是谁? 他同时出现在一切地方,同时看到事物的正反两面,同时掌握着人的面部表情和他的内心意识的变化,他既了解一切事件的现在,又知道过去和未来。这只能是上帝。"①因此,也可以戏谑地说:"凡是这个观察者不知道的事情可以很方便地让读者纳闷去。"②尽管如此,《荷马史诗》为西方世界创造了一种叙事的典型范例:叙事主体立身事外,统观全局,讲述着故事的全部,将事件的来龙去脉、广阔的战争场景与细微的生活情节娓娓道来而又有条不紊,形成一个庞大的话语系统,这在听众世界赢得了一致的情感共鸣的同时,也以神圣的方式创造了一种以规则与信仰为基础的文化认同。而《诗经》在叙事视角上的多元性为其赢得了巨大的成功,不仅弥补了在篇幅上不够"宏大"的叙事文本,同时也在中国历史文化发展中创造了族群的历史习惯与文化认同,在中国古代的听众世界赢得了普遍的情感共鸣,也取得了与荷马史诗一样的社会效应。回到《诗经》的叙事文本可以发现,叙事主体既可以站在"王"的视角,为"王"歌功颂德,如《诗经·荡》内云:"荡荡上帝,下民之辟。疾威上帝,其命多辟。天生烝民,其命匪谌。"但同样也能切换视角,站在"民"的一方,为民众呐喊疾呼,如《诗经·召旻》内云:"旻天疾威,天笃降丧,瘨我饥馑,民卒流亡。我居圉卒荒。天降罪罟,蟊贼内讧。昏椓靡共,溃溃回遹,实靖夷我邦。"讲述者的视角因讲述主题的需要而急切转换,这在荷马史诗中并不多见。

总之,远古史诗是人类文化早期发展阶段的产物,但这并不意味着这些远古史诗只停留于那个遥远时代,在一定意义上,这些远古史诗已经潜移默化地成为

---

① 转引徐岱:《小说叙事学》,商务印书馆,2010,第 137 页。
② 毛姆、周煦良:《论小说写作》,《世界文学》1981 年第 3 期,第 229 页。

后世文化发展的摹本，深深地印刻在人类思想文化的基因之中，成为理解一个民族文化起源与发展的重要通道。对此，借用马克思在《〈政治经济学批判〉导言》内的评论则更为经典："阿基利斯能同火药和弹丸并存吗？或者，《伊利亚特》能够同活字盘，甚至印刷机并存吗？随着印刷机的出现，歌谣、传说和诗神缪斯岂不是必然要绝迹？因而史诗的必要条件岂不是要消失吗？但是，困难不在于理解希腊艺术和史诗同一定社会发展形式结合在一起。困难的是，它们何以仍然能够给我们以艺术享受，而且就某方面说，还是一种规范和高不可及的范本。"①

第三节
先秦乐舞与礼乐文明的诗性叙事演化

在历史与逻辑内在统一的意义上，中国先秦时期的乐舞文化是礼乐文明时期历史发展的内容，也是推动其历史发展的一种特殊逻辑，先秦乐舞以诗性逻辑方式不仅发生在文字产生以前的历史中，也贯穿于文字出现之后很长一段时间里，并且因为文字文本的出现而变得更加复杂多样、丰富多彩。对先秦时期乐舞形式的诗性叙事研究，是从源头上理解历史理性发展与历史叙事问题的一个重要环节。

一、先秦乐舞的诗性特征与原始历史叙事功能

先秦乐舞是中国古代文化发展源头的一个重要构成内容，在其漫长而复杂的历史发展演化过程中，先秦乐舞从依附于原始宗教的从属身份逐渐转化为独立的文化功能，并在先秦时期的礼乐实践中，推动了先秦文化从"礼仪"到"礼

---

①中央编译局：《马克思恩格斯选集》第2卷，人民出版社，1995，第114页。

制"的跃迁,在"礼崩乐废"之后,先秦乐舞又成为儒家创造礼文化的思想灵感。经过儒家思想改造之后,礼乐实践结构中先秦乐舞的原始观念与感性形式被扬弃,礼乐实践的思想性内容得以引入礼文化系统,并在儒家的思想探索中形成礼文化的独特形式与鲜明风格,从而使先秦乐舞融入中国古代文化的基因之中,成就了中国古代历史特殊的文明样态与特有的文化形式。先秦乐舞为中国古代文化发展做出巨大贡献,研究先秦乐舞在中国古代文化发展中的历史角色与社会功能,对于理解中国文化的发展始源与社会形制的演化脉络是非常关键的一环。

一般而言,"先秦"一词是特指中国历史文化发展阶段上秦代以前的时期,主要包括已跋涉出文化蛮荒的夏代、初创青铜文化且熟练运用文字的商代以及礼乐文化繁荣的周代。先秦时期对中国历史文化生态与其基本理念的建构影响是决定性的,被视为先秦文化构成要素的乐舞也正是在这一时期内发生、发展并繁荣起来的。从久远的原始文化开始,直至周时期礼制社会的成熟,乐舞内容一直贯穿于先秦文化发展过程中并担当关键性的建构功能。

在人类文化史研究中,"乐"与"舞"是原始文化的产物,虽然"乐"与"舞"在现代文化中是两个完全不同的艺术类别,但在原始文化的发展结构中,"乐"与"舞"具有历史同源性与文化同构性。原始的"乐"与"舞"发源于早期人类的原始宗教行为,这在远古岩画艺术、甲骨卜辞以及中国古代文献中有相当翔实的佐证,并且有"乐"必有"舞"、有"舞"必有"乐"。[①] 因此,在历史起源与文化功能层面上,"乐"与"舞"可以合并为同类研究对象。夏商乐舞无疑也是从原始乐舞发展而来,并且先秦乐舞发展到夏商阶段,其形式与内容已经相当完备与成熟。

对原始乐舞的现代研究文献非常丰富,虽然原始乐舞常常被视为原始宗教活动的产物,但毕竟原始宗教本身也需要给予一定的说明,所以,在唯物史观

---

① 参见鲁迅在《汉文学史纲要》、王国维在《观堂集林》的"释礼"篇,传统研究一般认为"舞""乐"同源;另有新近发现的、源于东周时期的"清华简",《周公之琴舞》《耆夜》《芮良夫毖》等篇章的文本内容显示"舞""乐"同源现象具有合理的历史逻辑。

中，乐舞最终被解释为社会生产活动的产物。这是因为，在远古社会中，社会生产活动和宗教活动往往是密不可分的，唯物史观从社会生产状况的分析出发，相对可以获得一个比较明晰的视角。虽然如此，对于远古社会人类活动的具体情形，目前仍然知之甚少。我们能够确切把握的是，原始乐舞发展到夏代已经相当成熟，这在诸多历史典籍中皆有体现。其中，《大夏》是夏代历史的标志性乐舞，相传为夏禹所作。《吕氏春秋·古乐篇》内记载："禹立，勤劳天下，日夜不懈……于是命皋陶为《夏龠》九成，以昭其功。"①据此可悉，先秦文献中多有以"夏"为名的乐舞，如《夏舞》《大夏》《夏龠》《夏》《九夏》，据考为同一内容。《大夏》在形式上乐舞兼备，舞者闻声而起、循乐而蹈。其乐律与舞容虽然在今天已极难考证，但其流行情况却有详细的文献记载："钟师掌金奏，凡乐事，以钟鼓奏九夏：《王夏》《肆夏》《昭夏》《纳夏》《章夏》《齐夏》《族夏》《祴夏》《骜夏》。"②这表明夏代时期的乐舞已经遵循成熟的章法："王出入奏《王夏》，尸出入奏《肆夏》，牲出入奏《昭夏》，四方宾来奏《纳夏》，臣有功奏《章夏》，夫人祭奏《齐夏》，族人侍奏《族夏》，客醉而出奏《祴夏》，公出入奏《骜夏》。"③

除此之外，《九招》是这一时期内较为流行的另一乐舞，也称之为《韶》。因为整个乐舞过程有九次变化，故又称之为《九辩》。《山海经·大西荒经》言其创作经过："西南海之外，赤水之南，流沙之西，有人珥两青蛇，乘两龙，名曰夏后开（启）。开上三嫔于天，得《九辩》与《九歌》以下。此天穆之野，高二千仞，开焉得始歌《九招》。"④《吕氏春秋》"古乐篇"内又记载："帝喾命咸墨作为声歌：《九招》《六列》《六英》。"所以，无论其始创者为何人，这些从原始乐舞发展而来的乐舞此时已经初具一些基本的社会功能，并与先秦时期的社会生活情景息息相关。现代文化史研究结果表明，原始乐舞的产

---

①刘生良评注：《吕氏春秋》，商务印书馆，2015，第114页。
②王国维：《观堂集林》，中华书局，1959，第84页。
③郑玄注，贾公彦疏，赵伯雄整理，李学勤主编：《周礼注疏》，台湾古籍出版公司，2001，第625页。
④刘歆：《山海经》，钟雷主编，哈尔滨出版社，2004，第204页。

生、发展与演化与宗教活动关联密切,许多文献解析与词源研究都一致显示"舞""巫""舞"三者存在相当的关联。①

夏代之后,商代的乐舞有了很大的发展,且内容与形式更加丰富多样,已经形成相对发达的乐舞文明,存在于甲骨卜辞、殷商铜器中的直接证据已比较丰富,更有古代文献为佐证。就"乐"而言,已发展出多种器具,仅记录在甲骨文中的乐器名称就有十多种。宫、商、角、徵、羽的五声音阶在乐律上已娴熟运用,而所谓的"八音"(金、石、丝、竹、匏、土、革、木),在这一时期已经发展相当完备。②例如,《大夏》《大濩》可视为两部殷商乐舞的代表性成就,其创作起源在历史文献的记载中有很多相似之处,它们都被视为一类缅怀先人恩德、颂扬历史伟绩的乐舞:"殷汤继位,夏为无道,暴虐万民,侵削诸侯,不用轨度,天下患之,汤于是率六州以讨桀之罪。功名大成,黔首安宁。汤乃命伊尹作为《大濩》。"③有关商时期的乐舞发展情况,在《诗经》《尚书》等古代典籍中都有记载。《诗经》的"商颂"五篇,通常被视为研究商代乐舞发展情况的重要文献,"商颂"五篇包括《那》《烈祖》《玄鸟》《长发》《殷武》。"商颂"五篇是颂扬商王们丰功伟绩的乐舞,可以代表商时期乐舞发展的样貌,它们皆极具史诗因素,富有较强的声色韵律,与富有想象力的叙事情节一起,追述了商代社会中诸多类似于"天命玄鸟、降而生商"的神圣历史,并潜移默化地成为先秦时期一种文化认同的重要路径。在解译出的甲骨卜辞中,关于乐舞的记述占有相当内容,《殷墟甲骨刻辞类纂》收录甲骨文"乐"字9条、"舞"字161条。④由此可见乐舞文化在殷商时期盛行的规模与程度。

虽然夏商的乐舞取得很大的发展,但这一时期的乐舞在文化功能上并不具备独立的身份,而是与原始宗教或神秘仪式相关的文化行为,尤其是与祭祀、祈

---

① 杨荫浏:《中国古代音乐史稿》,人民音乐出版社,1981,第20页。
② 修海林:《远古至西周四声观念的形成及其历史地位》,《中央音乐学院学报》1991年第3期,第82页。
③ 参见《吕氏春秋·仲夏纪》之"古乐篇""大乐篇""适音篇",该部分对音乐的文化起源于社会功能有详细的论述。
④ 参见姚孝遂:《殷墟甲骨刻辞类纂》,中华书局,1989,第1228-1299页、第98-99页。

福、献礼、御敌、狩猎等重大生产生活仪式融为一体，而这类社会活动在夏商时期的日常生活中占有非常重要的地位。夏商顺天行事的观念成为时代流行文化的内容，人们通过乐舞这一集体性活动方式赋予了个人或群体行动的合理性。如果放在当代文化结构中来解读，这种与重大生产生活情节相关、具有原始宗教性质的夏商乐舞，则被诠释为人类实践活动对象化过程中一种原始想象力的折射。例如，《礼记·表记》中记载："殷人尊神，率民以事神，先鬼而后礼。"这一表述充分说明，商代的乐舞曾作为一项重大内容出现在此时的政治、经济、军事、文化等舞台上，显示着夏商乐舞正在向礼乐文化的进程迈进。夏商乐舞已经成为一种特殊的文化形式，渗透在这一时期的社会活动之中。受制于较低的生产力发展水平，在自然崇拜的原始宗教文化形态中，人们日常生活的重大决断，尤其是关系到国家与族群的重大行动，都需要借助这种原始文化形式来获取力量，而夏商乐舞为这种原始文化形式提供了心理上、精神上，尤其是美学层面上的支撑。恰如祭祀时的贡品是否丰盛一样，"事神"的虔诚程度亦在于乐舞的形式是否尽善尽美——这一过程既是天之道，也是人之理。借助乐舞的表达形式，人们的行为活动便可以获得自身合理性的根据，这是夏商乐舞在其时代的重大使命与社会功能。其时，夏商乐舞是依附于这类原始文化内容的，是原始文化的形式因素，而不具备独立的娱乐功能，至于夏康"娱以自纵"，"奏《九歌》而舞《韶》兮，聊假日以偷乐"，[1]这并非能说明夏商乐舞在当时就已经具备纯粹独立的娱乐功能。相反，正是警惕于"自纵"的娱乐性，其后才提出了向"雅歌""雅舞"迈进的标准。

从夏到商，再到礼乐实践盛行的西周，乐舞的功能一直处于一种转变的历程中，这种转变也显示着原始乐舞从文化功能向社会功能自觉转化的历程。《山海经·海外西经》中记载："大运山高三百人仞，在灭蒙鸟北。大乐之野，夏后启于此儛九代。"[2]这里的"九代"之舞就已经开始含有向社会功能转化的趋

---

[1] 朱熹：《楚辞集注》，上海古籍出版社，1979，第25页。
[2] 刘歆：《山海经》，钟雷编，哈尔滨出版社，2004，第125页。

向。因为,据《礼记》对其舞容的分析,《九代》之舞中,"一击一刺为一代",这说明,夏商乐舞正在历经从"巫"向"武"的内容转变,[1]即从蒙昧的宗教性活动向理性化的社会功能转变。

二、先秦乐舞的诗性叙事功能演化与文化角色转换

虽然人类文明的初始阶段缺乏清晰的文化类型观念,但斑斓多姿的乐舞与幻化绮丽的诗歌往往联袂出现在同一历史舞台,成为人类早期文明的重要显现。作为一种重要的文化传承方式,先秦乐舞以丰富的感性形式融入特定历史的生产生活实践中,承担了一种特殊社会功能,使其成为先秦时期人文教育中独特的部分,强化了先秦时期"礼"文化进程中的社会教化的效果。

若从先秦礼乐文化发展的整个历史看,夏商乐舞可视为先秦"礼乐"建设进程中的重大前提与要素,是从"礼仪"到"礼制"跨越的必要历史环节,是社会教化的有效方式,在德性化育与审美功能上更体现出其特殊的效用。先秦乐舞在礼乐文化实践中的有效特质在于:基于丰富直观的感性印象,在贴近生活氛围的情境下,如祭祀乐舞、献礼乐舞、狩猎乐舞、御敌乐舞、丰收乐舞等,引导出一套富有意义的生活方式、行为规则、价值理念,而非单一地向社会成员提供抽象的道德说教或晦涩而生硬的清规戒律。

根据《周易》"豫卦"记载的内容:"先王以作乐崇德,殷荐之上帝,以配祖考。"这说明,乐舞在其时已经有意识地被赋予道德训诫的功能,而且目的更加明确。另外,《吕氏春秋·古乐》篇中也有对乐舞功能转变的记载:"汤乃命伊尹作为《大护》,歌《晨露》,修《九招》《六列》以见其善。"《大护》是一部对历史伟绩赞颂的乐舞,同时也是对建功立业之人具有警醒作用的座右铭。再如,在先秦诸多文献中多有记载的"桑林祷雨",这一历史情节既是一种"天人交流"的重大仪式,也是一种盛大的乐舞活动,其乐声与舞容虽然已湮灭无闻而不可考证,但作为一种乐舞形式的"桑林祷雨",在商代的历史活动中展现了

---

[1] 宋镇豪:《夏商社会生活史》,中国社会科学出版社,1994,第32页。

特殊的社会功能。相传,在成汤当政时期,天旱少雨,成汤反思过而作《桑林祷雨辞》,在宣誓自身政治清明、爱民如子的同时,也向上天表示自己真诚的反省:"政不节欤? 民失职欤? 宫室崇欤? 女谒盛欤? 苞苴行欤? 谗夫昌欤?"① "祈雨辞"在声色幻化的乐舞协和下,不仅强化了仪式的严肃性与忠诚度,也从另一方面教化感染了参与这一集体活动的每一位个体,从道德训诫上影响了全体社会成员。这种关爱民生、体察民情、为民请命的道德操守对社会历史发展而言无疑具有恒久价值。当然我们也可以消极地说,这是执政者维护自身统治需要的表演,但这种深度参与的表现,本身就是一种高贵德行与品质的体现,这样的投入与思虑却并非历史上所有执政者所必备。

　　这类乐舞编排的逻辑与先秦时期似乎如出一辙(如商汤祈雨的乐舞仪式尚未结束,上天就普降甘霖),然而对于特定历史时期而言,其意义非同寻常。先秦乐舞在其后的发展中逐渐突破了原始性的事神仪式,而变身为一个内在的、所有社会成员都需遵守的道德训诫与生活信念,亦可视为一种社会生活教化的特设环节。先秦乐舞富于得天独厚的诗性审美意蕴,在其传播的过程中,不仅具有直观感性的音质与舞容,更具渗透心理、化育德性的魅力。对于参与其中的各种社会角色而言,先秦乐舞的生动性与美学气质并不是特意运用的表现手法,而是一种朴素观念的自然表达。这种美学意蕴存在于乐舞的情节编排活动中,并与现实的社会行为相关联,凸显了乐舞的形式与内容以情动人的魅力。朴素的审美观念与原始想象力在先秦特定的时空下结合,情感世界中的喜怒哀乐在参与者的身上被充分调动,在乐声与舞容中得以升华而凝为心灵的静寂之美。

　　先秦乐舞从原始文化的发展而来,这使其极富诗性的气质,具有先天的审美意蕴。这种审美感受的体验与获得是文学教育的中心内容与重要媒介。《九招》据传是五帝时期便流传的乐舞,后经伊尹的改编,是一种具有古老渊源的乐式。周时期的《韶》就是由《九招》发展而来,《九招》乐舞以"九"为制,故

---

① "桑林祷雨"在《吕氏春秋·季秋纪·顺民篇》《墨子》《荀子》《国语》《说苑》等文献中均有记载。

也称之为《九韶》。其韵律之美,被形容如云起雪飞,余音绕梁,闻者醉而忘归;即使是在礼乐实践行将崩溃的周后期,乐舞这一特殊形式在德性化育与审美体验上的感染力依然不衰。公元前517年,孔子至齐闻《韶》,陶醉不已,竟"三月不知肉味"。《论语·八佾》载其言:"《韶》,尽美矣,又尽善也。"因而,"尽善尽美"便成为德育与审美的理想追求与终极标准。再如,《左传·襄公二十九年》内记载吴季札于鲁地观礼时的情形:"见舞《象箾》《南籥》者,曰:'美哉!犹有憾。'见舞《大武》者,曰:'美哉!周之盛也,其若此乎!'见舞《韶濩》者,曰:'圣人之弘也,而犹有惭德,圣人之难也。'见舞《大夏》者,曰:'美哉!勤而不德,非禹其谁能修之?'见舞《韶箾》者,曰:'德至矣哉!大矣!如天之无不帱也,如地之无不载也,虽甚盛德,其蔑以加于此矣。观止矣!若有他乐,吾不敢请已!'"①由此可见,乐舞在先秦时期所蕴含的强大社会教化功能与恒久效果,这种"乐人以德""舞人以美"的礼乐教化与浓墨重彩的情感渲染融为一体,在先秦时期的历史文化传承与社会生活秩序的塑造过程中所承担的角色显然是无可替代的。

先秦乐舞具有一种天然的艺术禀赋,在世代相传中逐渐被赋予多重社会历史功能,因而视其为一种特殊历史时期的群体精神和共同意愿的表达。在这个特殊的历史阶段下,人们的抽象观念和形象思维紧密相连,自然的人化与人的神化成为这一时期的一种普遍的现象。如盘古开天、羲和驭日、夏启登九天而得《九韶》之妙,皆是这种思维方式的产物。原始的想象力与现实的社会生活元素相互交织,使山水有灵、花草有情,这种充满着象征与诗意的画卷蕴含着神圣而厚重的美感,正如黑格尔对原始美学的理解一样,"古人在创造神话的时代,就生活在诗的气氛里"②。因此,对于承载先秦乐舞发生发展的这一时期,可以说,它是容纳诗意审美的一个时代,是一个富有生活气息与想象的时代。

夏商乐舞被纳入礼文化实践的内容是西周建立后谋求社会大治的重要决

---

① 刘利:《左传》,纪凌云译注,中华书局,2007,第231页。
② 黑格尔:《美学(第二卷)》,朱光潜译,商务印书馆,1979,第18页。

策。在以血缘关系为纽带的宗法体制下，分封制度持久运作的现实需要，使得这一时期选择了礼乐文化构建作为社会实践的目标与任务。因"周因于殷礼"①，所以夏商乐舞在周时期得以进一步演化，尤其以西周时期为典型。在这一典型的历史时段中，乐舞元素在西周"礼"文化实践中承担了重大任务，与此同时，先秦乐舞也实现了从"礼仪"到"礼制"的根本转变。

西周乐舞取得空前繁荣，乐舞与其他文化因素之间的整合更加规范化与多样化，由此共同成为西周礼乐文明的重要构建因素。《礼记·乐记》中对乐舞的角色与功能有相关的记载："诗言其志也，歌咏其声也，舞动其容也，三者本于心，然后乐其从之。"②乐舞综合了多种艺术，不仅是社会成员身心修养的内容，也是政治伦理的目标，所谓"乐者，通伦理者也"。因此，西周"乐舞致用"的目的性是其发展繁荣的中心动力。

随着王权的集中，西周乐舞上升为官方的制度性活动。"大司乐"是作为一种官方的乐舞机构而出现的，其职能在于裁定传统文化的"雅"与"俗"，区别并传授"雅乐""雅歌""雅诗""雅舞"等。根据《周礼·春官》中所记载内容，在周王室设置的礼乐管理机构中，从事舞蹈与奏乐类的人员逾千人之众。此外，西周的乐器、乐律、乐理亦取得巨大的发展。可见这一时期的乐舞规模之盛、范围之大、流行之广、影响之深。在承继历史传统的基础上，西周流行的乐舞项目包括"六大舞""六小舞"等。其中"六大舞"分别为《云门》《大咸》《大夏》《大韶》《大濩》《大武》；而"六小舞"指的是《帗舞》《羽舞》《皇舞》《旄舞》《干舞》《人舞》。③在《周礼·大司乐》的记载中可进一步了解这一时期对乐舞内容的诸多详细规定。

乐舞循礼而兴，规制森严。从孔子与宾牟贾对《大武》的对话讨论中可知，乐舞不仅仅是被赋予象征意义，即"夫乐者，象成者也"，更是在礼乐文化的意义上被赋予多种社会性功能。如《礼记·仲尼燕居》中所载："两君相

---

① 阮元校刻：《十三经注疏》，中华书局，1980，第2463页。
② 胡平生，张萌译注：《礼记》，中华书局，2017，第754页。
③ 蔡先金：《西周官学之乐教分科》，《孔子研究》2009年第1期，第88页。

见,揖让而入,入门而悬兴。 揖让而升堂,升堂而乐阕。 下管《象》舞,夏钥序兴。 陈其荐俎,序其礼乐,备其百官。 如此而后君子知仁焉。 行中规,旋中矩,銮和中《采荠》。 客出以《雍》,彻以《振羽》。 是故君子无物而不在于礼焉。 入门而金作,示情也;升歌《清庙》,示德也;下管象舞,示事也。"[1]所以,在乐舞成为社会礼制与政治文化要素的周时期,"凡制度在礼","礼"则借乐舞而制度化。 即使是在后来的礼乐实践凋落的春秋时期,孔子仍寄予礼乐实践以厚望,"苟知此矣,虽在畎亩之中,事之,圣人矣。"[2]西周乐舞的繁荣既是文化繁荣的体现,也是礼乐政治需要。 使乐舞的礼仪性内容融合并渐变为礼制性的内容,渗入人际关系、社会规范以至政治制度之内,成为周初期上层建筑建设的目标与理想,传统乐舞内容成为西周时期礼文化结构中的一个重要元素,"礼别异、乐合同"成为这一崭新历史实践的基本理念,而这些基本理念在《周礼》这部典制性著作中以文字的形式保留下来。 《周礼》较为全面地记载了周代重大社会生活场景的各个方面,如祭祀、封国、朝觐、丧葬、迁徙、巡狩等礼乐的内容,乐舞作为其中一项重要内容,《周礼》对历史舞乐与社会礼制进行系统性、创造性的整合,从而在其时代上创建了一种规制完备而又可切实可行的礼乐文化形制。 如行政上周王室在分封制下完成了对众诸侯的统一,《周礼》在文化上完成了周天下的统一。 所以,孔子一直对此欣赏有余,《论语·八佾》内曾记载孔子对西周时期礼乐实践盛况的感叹:"郁郁乎文哉! 吾从周。"

至此,西周的乐舞在功能上已经与夏商的乐舞有明显的不同。 首先,西周乐舞脱离了原始宗教性质的礼仪,而其功能转变为"惟王建国"需要的礼制内容。 其次,西周乐舞更加彰显一种作为行为模式的特性,有意于为社会提供一套可供遵循的规则,如《礼记·乐记》所载:"乐者,通伦理者也。"所以,西周时期的礼乐实践范围得到了进一步延展,已经涵盖了宗法关系、政治

---

[1] 胡平生、张萌译注:《礼记》,中华书局,2017,第883页。
[2] 王国轩、王秀梅译注:《孔子家语》,中华书局,2009,第221页。

制度、道德规范和社会礼仪等多重层面。在耕作、收获、狩猎、祭天、侍神、驱魔、御敌等活动中作为依附性的夏商乐舞，至西周时期完成了重大转型，成为功能独立的文化单元。因而，在夏商之后，乐舞被系统地固化为一种伦理规范与生活法则，成为日常活动中全体社会成员必须遵守的律例。由此，乐舞既是"礼"的必要形式，也是成为"礼"的必然内容，《周礼·春官·大宗伯》内记载了周礼的不同内容，比如，祭祀天地的"吉礼"、亲近邦国的"宾礼"、规范日常生活法则的"嘉礼"等，而对不同"礼"的区分，实际上就是对不同乐舞的区分。

西周选择乐舞作为礼文化实践的构成因素，若从词源学的角度考察，意蕴则更为醇厚。比如，汉字"礼"的词源学解读内容与先秦乐舞具有不可割舍的历史渊源，只有理解这种历史渊源，才能更好地理解与贯通先秦乐舞从"礼仪"到"礼制"的历史发展脉络。"礼"作为一个会意字，在其左右结构中，由部首"豊"与偏旁"示"组成，而在汉字演化过程中，"禮"的偏旁与部首的演化历史基本如下图所示：

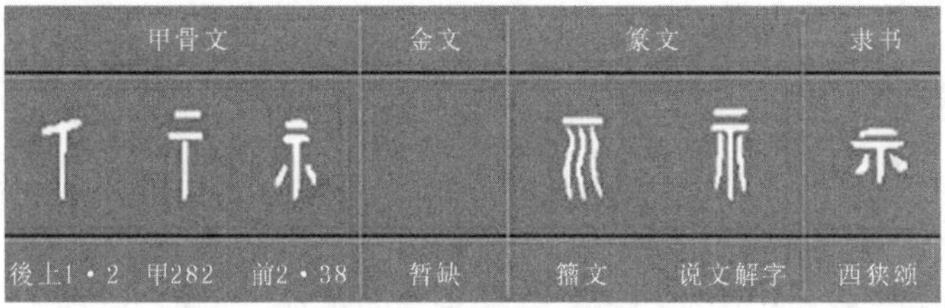

（图一）"示"的汉字演化

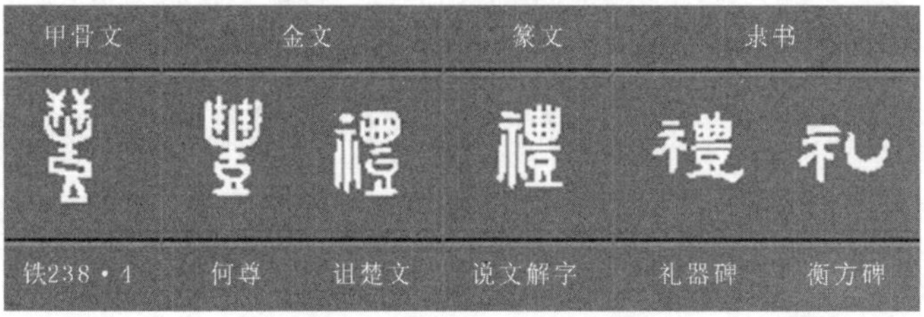

（图二）"礼"的汉字演化

如果按照汉字的形成与演化历史来释译，在这个由偏旁"示"与部首"豊"构成的"禮"字内蕴含了礼乐文化演化的历史踪迹。进一步分析可以发现，偏旁"示"俗称为"神示旁"，其现代书写形式为"礻"。而"示"字在汉字构成中首先是一个象形字，然后才是一个会意字，这可以从该字的历史源头中找到理解的线索。在甲骨文中，"示"字的上下结构中，上部结构为一横，下部结构为一横一竖，如图一所示。作为一个在象形字，下部结构中的一横一竖构成一个台面的形状，因而"示"字的意义本源是一种日常生活用品的象形，继而，在这一象形结构的上面添加了一横，于是，"示"字就是一个上下结构的会意字，二横一竖可以会意为台面上放置一物，其意义重心转移到台面上所放置的这一物品中，其要表面的含义是"展示""显示""呈现""表达"之意。"示"字在后来汉字演化中意义更加丰富，许慎在《说文解字》中说，"示，现也"，从"二"，意为上天；"示"字下半部分表示"三垂"，也就是日、月、星。而"示"作为另一个会意字"礼"的偏旁，它充当了一个动宾结构会意字中的动词，即部首"豊"是"示"所"展示""显示""呈现""表达"的对象。

作为宾词的"豊"在甲骨文中的写法为"𧯮"，它是由"𦥑"和"𠷎"这两个结构的组合而成，在上部结构中，"𖢻"是绳结的象形，"丰"是玉串的象形，"𦥑"的意思是打着绳结的玉串，而在下部结构中，"𠷎"即壴，这是古代礼器中一种带有脚架的鼓，所以，"豊"的意思就是击鼓献玉。在先秦时期，鼓与玉皆是表达特殊形制的礼器，所以，击鼓献玉必定是一种不同寻常的行动，因而可以推断，"禮"字的最基本含义乃是一种特殊行为方式的表达。那么，是什么样的历史情景值得人们为之击鼓且献玉呢？历史文献研究显示，先秦时期，在诸如祭祀、献礼、狩猎、御敌、祈福等重大历史情景下，才会使用这些特殊的礼器。由此可知，"礼"字的基本意义是通过一种严肃形式来表达特定内容的特殊行为方式，因为只有使用这种特殊行为方式才能表达特殊的社会价值。因而《说文》解说道："禮，履也。"理解该字的历史结构就能领会，"礼"即"履"，而"履"即脚步之意，但这并不是日常中的步法，而是一种特殊的步法与步态，这就是"礼"的真正内涵。因而，"礼"在历史中是一种"法"，需要用特定的语言来表达，或者，在一些场合，还必须以特定的行为方式来表达，如在祭祀、献礼、狩猎、御敌、祈福等重大场合，走向祭坛的步姿、步法、步态、步长都必须遵循特定的规制，以此来表达人们对特定对象的敬畏与对特定活动的虔诚。因此，在汉语语境中，"礼"与"敬"的内涵是一致的，这在《诗》《书》《左传》《国语》等古代文献中有详尽记载，而那些被"雅正"了的乐舞此时便被拣选为担当这一特殊表达方式的媒介，这是周代礼乐文化实践的思想根基。

在礼乐实践中，先秦乐舞从一种感性范畴上升到理性的社会伦理规范水平，进而在全社会范围内确立了一种普遍的行为方式，这种做法对其后的社会文化发展影响深远。从礼乐实践的表现方式与现实意义来看，在先秦乐舞逐步"礼性化"（即理性化）的过程中，这种以具体的感性内容来表达抽象生活观念的方法对历史的贡献是有目共睹的，这也是现代文化传播应该潜心关注的方面。相反，生活在与先秦时期大致相当时段的希腊人，却试图以抽象的"逻各斯"的方式捍卫生活世界的合理性，从巴门尼德的"存在论"到柏拉图的"相论"，再到亚里士多德的"实体论"，西方人的思考内容几乎没有例外地驰骋于概念的形而上学世界，处处彰显着"逻各斯中心主义"的气质，由此可见，虽然东西文化在其思想根基上有殊途同归之处，但其在历史发展模式上，从其源头开始，就已经分道扬镳、各趋其趣了。

三、先秦乐舞的历史角色完成及其对传统礼文化的影响

从原始文化演进而来的先秦乐舞在夏商周时期的礼乐文化建构中担当了不可替代的历史功用。随着社会历史的发展演进，先秦乐舞从作为感性形式的"礼仪"逐步向作为观念形式的"礼制"内容转化，这在西周时期到达了巅峰，正所谓"经礼三百、曲礼三千"[1]，从而奠定了西周礼乐文化的鼎盛时代。其后，随着"礼崩乐坏"局面的出现，礼乐文化继而又从形而下的"礼""乐"合

---

[1] 参见郑玄注疏：《礼记·礼器》，"经礼"谓《周礼》，"曲礼"即《仪礼》。

一内容逐步转化为形而上的礼文化内容，尤其是经过儒家思想改造之后，礼文化成为体现儒家精神的主题元素，因而儒学又称为"礼学"或"礼教"。在儒学主导中国古代思想文化的主流中，由此而来的这种礼文化遂成为中国传统文化的独特形式与鲜明风格。在此过程中，先秦乐舞结构中的原始观念与感性形式被逐步扬弃，而其形而上的精神内容却完全融入了中国古代礼文化的基因之中。如果从中国古代文化历史发展逻辑的视角上观察，可以更清晰地发现，先秦乐舞不仅是中国古代文化发展源头中的一个重要文化起源，也是作为中国古代主流文化的儒家思想之创生的原始基因。在历经春秋战国时期的社会混乱与理论探索之后，最终形成以儒家礼文化为核心的文明样态与文化形式。

在"礼""乐"融合为一的西周礼乐实践鼎盛时期，以"乐"为表现内容的"礼"被仪式化、制度化、系统化之后，成为社会运作所遵行的一系列社会礼仪、行为规范、宗法典章、国家制度。即《礼记·乐记》所谓"礼以道其志，乐以和其声，政以一其行，刑以防其奸。礼乐刑政，其极一也，所以同民心而出治道也"①。在这种礼乐文化系统内，一方面，"乐"是增强"礼"的表现形式，"礼"借助富有感染力的歌声舞容之"乐"而增强仪式性与说服力。《礼记·乐记》篇对这一点详加解释："凡音之起，由人心生也。人心之动，物使之然也。感于物而动，故形于声。声相应，故生变；变成方，谓之音；比音而乐之，及干戚羽旄，谓之乐。乐者，音之所由生也，其本在人心之感于物也。"②这种关于"乐"对于人的精神面貌与心理机制影响的理解，虽然不能与现代认知理论相提并论，但现代艺术实践依然坚持艺术形式之于人的影响力观念，而在先秦的礼乐实践中，这种看似原始的思维却能够准确地发现这一点，以至让今人也不得不由衷地叹服其真知灼见，这一时代的朴素思维与洞察力甚至已经成为当代文化发展的灵感与精神家园探索的方法论启迪。另一方面，当"乐"成为表达、丰富、强化"礼"之无处不在的表现形式时，"乐"即成为

---

① 黄侃：《黄侃手批白文十三经》，上海古籍出版社，1983，第131页。
② 黄侃：《黄侃手批白文十三经》，上海古籍出版社，1983，第131页。

"礼"本身,"乐"就是"经国家、定社稷、序民人"①的必备法则,也就自然而然成为社会秩序合理性的根据。因而,西周的礼乐文化是时代条件下"礼"与"乐"融合的完备形式,即其时代之"乐"在表现其时代之"礼"中已经达到了极致,换言之,"乐"的时代角色在此时已经完成。其后,"乐坏"则"礼崩",反之亦然,"礼崩"则"乐坏"。

先秦乐舞的历史角色完成,意味着其时之"乐"无法在更高的社会生产力发展水平上维持更加复杂的社会政治经济关系。从历史唯物主义的视角出发,"礼崩乐坏"并非是由单纯"礼崩"而导致的"乐坏",亦非是由单纯"乐坏"而导致的"礼崩"。"礼崩乐坏"代表着一个时代的结束,而这个礼乐实践时代的结束有其具体的历史原因。

从国家政治运作层面看,周代施行"分土而治"的政治体系,周天子将土地分封给诸侯,使其各自建立侯国,各国诸侯保持其相对独立性。能够把中央与地方强有力地联系于一体的重要通道之一就是这一时代所倡导的礼乐文化,而共通的礼乐文化一旦削弱,如同周室军事力量削弱一样,必然形成诸侯割据四方的局面。在春秋战国时期,由于生产力水平比西周时期已经大大提高,周代初期所施行分封建制的政治上层建筑已经无法在其后期驾驭其日益膨胀的经济基础。比如,周代后期生产力的发展,使得青铜器的冶炼与铸造技术与效率得到进一步提高,从而使原先只有权力中心与少数高级贵族所支配的青铜礼器在全社会范围内扩散,用礼阶层的扩大与混乱改变了从前礼乐文化的政治结构。以"乐"来形成政治凝聚力的周室,必然在政治合法性上不可避免地遭遇到空前的危机。如《史记·儒林传》所言:"夫周室衰而《关雎》作,幽、厉微而礼乐坏,诸侯恣行,政由强国。"②从社会经济运行层面看,西周社会生产力所依赖的井田制度,无法容纳春秋战国时期的经济发展规模。生产工具的一个明显的变化就是铁器的广泛应用,现代考古研究显示,铁器此时已经被应用到社会生产

---

①阮元校刻:《十三经注疏》,中华书局,1980,第1736页。
②司马迁:《史记》,中华书局,1959,第3115页。

和生活的各个方面,并在农业、手工业生产部门中占据主要地位,甚至铁制武器也成为楚、燕等地区的军队装备。古代文明研究普遍认为,铁器的广泛应用是开启历史新纪元的一个特别重要因素,恩格斯在历史唯物主义创立过程中比较欣赏的古代文明研究者摩尔根也曾断言:"就其关系到人类发展的高度而言,必须看作是人类经验中最伟大的事迹……我们可以说,文明的基础就是建立在铁这种金属之上的。"①在生产力层面上,铁器推动生产的发展与进步,而在生产关系层面上,铁器将必然摧毁旧的生产关系,这是春秋战国时期"铁器井田"辩证发展的历史情景。② 作为周代根本经济运行方式的井田制度走向瓦解,本是"溥天之下""田里不鬻"的王权所有制在"初税亩"的新型经济关系推行下岌岌可危,虽然"初税亩"并非在"公田"中施行,但其影响最终导致"废井田、开阡陌"历史阶段的发生,从此,井田制度走向瓦解。故《左传·宣公十五年》云:"初税亩,非礼也。"从社会伦理演化层面上看,宗法制度是西周社会的政治、经济、文化繁荣的根基,西周沿用了殷商氏族组织衍生而来的宗族组织秩序,这种宗法秩序不仅是一种血缘组织秩序,也是一种政治经济组织秩序,西周多重社会秩序在宗法关系中合而为一,为礼乐实践的历史繁荣做出巨大贡献。在殷商至周代初期生产力发展水平低下的历史阶段,社会制度就在更大的程度上受到原始血缘关系的限制,天然的血缘关系可以在社会组织中发挥基本纽带作用。③ 随着社会生产力的提高,基于血缘关系的西周宗法秩序开始逐渐被基于生产力发展而形成的新的生产关系所触动。由于周时期的宗法制度与社会政治经济制度的渗透融合关系,宗法制度的失序必然导致整个社会系统性的结构变化。这种系统性的社会结构变化,在主张礼乐实践建基社会秩序与文化理念的视角下,自然以"礼崩""乐坏"的方式表现出来。

春秋战国时期的"礼崩乐坏"既标志着西周推行的礼乐实践正在退出历史舞台,也标志着巨大历史转变的发生,如《史记·礼书》载:"周衰,礼废乐坏,

---

① 摩尔根:《古代社会》,杨东莼译,商务印书馆,1977,第38页。
② 参见郭沫若:《中国古代社会研究》,上海联合书店,1930,第13页。
③ 参见中央编译局:《马克思恩格斯选集》第四卷,人民出版社,1972,第1-4页。

大小相踰"。① 由于"礼"与"乐"在文化内涵上相互贯通,因此"大小相踰"的社会乱象既是一种僭礼,也是一种僭乐,类似鲁国大夫季孙氏"八佾舞于庭"的僭乐乱礼行为此时已经无力挽回。"佾"是西周礼乐实践繁荣时期所典定的乐舞之礼中一种标准队列,八人一行的乐舞称为一"佾"。按"礼"制规定,天子舞八佾,诸侯舞六佾,大夫舞四佾,士舞二佾,卿大夫级别的季孙氏显然僭越典定的"礼"与"乐",是明显的崩"礼"坏"乐"之举。此时,"乐"的使用不再严格拘于"礼"的限定,《左传·成公二年》载:"既,卫人赏之以邑,辞。请曲县、繁缨以朝,许之。"②按照西周的"乐悬"之制,天子乐器悬于四面;诸侯仅悬三面,即"曲悬";大夫乐器应为"判悬",即左右两面悬挂,而非"曲悬"。乐器悬挂排列就是"礼"的秩序,仲叔于奚身为大夫而请求以诸侯之礼乐相待,可见"乐坏"之至。

"礼废"是导致"乐坏"的直接原因,不过,仅就"乐坏"而言,还有更多复杂的历史因素。在周王室失去对诸侯的约束力之后,原本统一的社会体系出现混乱,周室的政治秩序与文化根基开始动摇,这自然导致了礼典遗失、乐典流散、乐舞生疏、乐工停滞。传统典籍对此多有记载:"周衰,礼多亡失"③,"暨夫周室道衰,纪纲散乱,国异政,家殊俗,褒贬失实,隳素旧章"④。"乐"与"礼"的匹配应该是在不断发展变化的历史中实时更新的,时代日新月异,必然要求与时俱进的时代之"礼",亦必然要求与时俱进的时代之"乐",周后期无力创作与推展新"乐",也就无法推展凝聚社会向心力的新"礼"。由此而导致的一个结果就是,地方音乐获得发展,夷乐和俗乐不断融入"礼""乐"之中,虽然文化融合在历史发展的大时段上被视为一种历史的进步,但对于礼乐时代而言,夷乐则异族,夷乐是对周"礼"的进一步破坏,如《春秋》所

---

① 司马迁:《史记》,中华书局,1959,第1159页。
② 杨伯峻:《春秋左传注》,中华书局,2016,第788页。
③ 杜佑:《通典》,中华书局,1988,第2100页。
④ 魏徵:《隋书》,中华书局,1973,第904页。

言:"夷狄者,与中国绝域异俗,非中和气所生,非礼义所能化。"①

"礼废乐坏"代表着一个时代的结束,但同时也预示着另一个时代的开始,巨大的社会离乱与历史变迁更加激发人们从政治、经济、文化、军事等方面寻求解救社会的良方,成就了春秋战国时期百家争鸣的局面,其激进思想革命有之,徐图循进者有之,继往开来者有之。而崇尚以"乐"表"礼"、"乐""礼"合一的儒家决心"克己复礼",由此形成中国古代"礼文化"的传统。历史表明,这一文化传统在古代中国人精神家园的探索中"冠绝时辈"。

在孔子思想体系中,孔子"复礼"但并不抱残守缺,他赞同根据时代发展与历史变迁对周礼的损益,并将其灌注在儒家的"仁学"思想体系之内,经过"仁学"的思想创造,孔子在扬弃周礼的同时又赋予周礼以新的价值蕴含和文化形态。比较而言,周礼主要体现为一套模式化的国家秩序、政治制度与社会规范,孔子是将"礼"由典章制度的形式层面擢升至精神层面,使其具备意识形态的文化内涵。与先秦乐舞相联系,在礼文化视域内,可以借乐舞增强礼文化的效果,但乐舞只是礼文化的一种表现形式而不再是礼文化本身,这与"礼""乐"合一的礼乐实践观念已完全不同。从继往的方面说,孔子"复礼"是对周礼思想的承继与创造,而从开来的方面而言,孔子使"礼"正式成为与从前完全不同的"礼学"。在孔子的"礼学"或称"仁学"内,"仁"是一种最高原则或思想境界,"礼"是"仁"的表现形式且又不完全为其形式,"礼"亦具备内在的精神蕴意,通过"礼"才能认识与通达"仁",此所谓孔子所言的"克己复礼为仁"(《论语·颜渊》)。人们的社会行为应遵循的是"礼"的内在精神,而不仅仅是外在的形式,这就是《礼记·郊特牲》中"礼之所尊,尊其义也"所言之意。《礼记·檀弓》内引用具体的事例以说明其意,"丧礼,与其哀不足而礼有余也,不若礼不足而哀有余也。祭礼,与其敬不足而礼有余也,不若礼不足而敬有余也"。

从夏商乐舞发展到西周的礼乐文化,再经历春秋战国时期社会历史剧变的

---

① 参见班固:《白虎通德论》(四部丛刊本)卷六,"王者不臣"篇。

涤荡，最终形成在中国传统文化中独具风格的礼文化，并在儒家"礼学"为代表的思想探索中成为影响中国逾两千年之久的文化潮流。儒家"礼学"思想从此在中国的土地上生根生长，遍布华夏大地的每一片乡土之中，持续影响着中国人社会生活的方方面面，直至今日。从中国古代文化的发展阶段与历史跃迁的角度看，先秦乐舞无疑为中国历史文化的发展、演进与繁荣做出了重大贡献。以辩证的历史思维窥之，"礼崩乐坏"也并非完全只有消极的意义，以春秋战国时期的"礼崩乐坏"为例，它同时也意味着一种历史变局的开启，并揭示了单纯的、形式上的"复礼""兴乐"并非开辟历史未来与解决社会问题之路。回顾时下，当今世界亦正处于"百年未有之大变局"中，在深层意义上，"礼崩乐坏"的社会问题仍然是现代社会的困扰，比如，后现代思潮就是现代文化的"礼崩乐坏"。因此，现代世界对于其精神家园的寻求依然在路上，而现代文明理应在借鉴传统文化的历史更新中汲取更高的智慧。

第二章

历史的实体思维与思辨逻辑

以一定目的将历史认知内容通过可理解的方式讲述或书写出来，即最朴素意义上的历史叙事。不过，当前学术界对"叙事"一词的使用语境较为宽泛，赋予其含义也不尽相同，虽然"叙事"的观念并非历史领域所独有，但在历史领域却具有特别的意蕴与要求。比如，在文学领域内，文学叙事通常理解为通过散文、诗歌、小说等文本形式，以表现能够打动心灵的事件，其中，人物、情节、意义及视角是其基本的元素，而表现的手段对于叙事本身非常重要，它必须把相关事件在文学话语方式内组织成一个能够唤醒人们共通情感的合理序列。与历史叙事有别，文学所叙之事可以不必追究其"事"之"实"与否，其重心不在于"事"，而在于"叙"。而历史叙事不仅要求"叙"的合理性，亦要求"事"之客观性，即必须以合理的叙事逻辑建构意义可靠的历史本体。回顾历史叙事实践的坎坷历程可以发现，这一任务在实际操作过程中成为历史叙事主体异常沉重的负担。在实体本体论思维下，历史本体曾经一度架构在形而上学的根基之上。然而，一旦这一永恒的实体观念坍塌，历史的理解便陷入无以为继的虚无之境。

第一节
实体思维的历史观念缘起与诉求

无论是人们历史活动本身还是人们对自身历史活动反映的历史认知,都是以具体的感性经验内容为基础的,正如马克思所言,"历史不过是追求着自己目的的人的活动而已"[1]。 然而,黑格尔却说,历史是"精神在时间里的展开"[2],历史的实体思维将感性的、具体的人们生活于其中的历史剥削为线性的、抽象的形而上学的历史。

一、历史理解的不同维度:从现象的历史到本质的历史

亚里士多德曾在《诗学》中把历史撰述与诗歌创作相提并论,并在比较后得出的结论是,"写诗这种活动是比写历史更富于哲学意味,更被严肃的对待;因为诗所描述的事带有普遍性,历史则叙述个别的事。"[3]原因是诗是一种比历史更富哲学性、更严肃的艺术,因为诗倾向于表现普遍性的事,而历史却倾向于记载具体事件。 由此可以看出,追求经验世界之后的永恒实在是传统理性主义的特有思想方式,这种逻各斯中心主义的认知结构过滤了历史的具体内容,而只剩下一个实体的历史骷髅,亚里士多德的实体论思想影响西方两千多年之久,以致西方人在思考历史的时候无法摆脱实体论的窠臼。

然而,从思维自身发展的历史来看,实体论思维是历史认识的一个朴素阶段。 因为,在朴素的意识里,当人们追问"历史是什么"的时候,首先呈现的应该是历史的具体内容。但这些具体的内容不仅有着时空的二维性,也存在着

---

[1] 中央编译局:《马克思恩格斯全集》第 2 卷,人民出版社,1972,第 118 – 119 页。
[2] 黑格尔:《历史哲学》,王造时译,生活·读书·新知三联书店,1956,第 113 页。
[3] 亚里士多德:《诗学》,罗念生译,人民文学出版社,1982,第 28 页。

认识的主客结构性。认识的矛盾性随着认识能力的发展并没有得到消解，相反却使这些矛盾更加尖锐。历史学家只是直观地描述历史的感性内容，通过对过去事件的描述来达成一定的史学目的，正如希罗多德所做的那样，他的《历史》介绍了东方诸国的自然地理情况、人们的风俗习惯和民间的奇闻佚事，描述了希腊人与波斯人之间的绵延数十年的战争烽火，其目的"是为了对往事的记忆不至于随时光的流逝而从人们头脑中抹杀，以便希腊人及外邦人所做的伟大而光辉的业绩，特别是他们彼此战争的理由，不至于失去荣誉"①，希罗多德力图从对过去的回忆中寻找原因、评价是非，他赋予历史的三重任务就是记忆、寻因和评价。

这项具体工作看起来历史学家已经完全可以胜任了，并不需要哲学家的参与。然而在实际的情形中却发现，许多哲学家尽其所能地参与其中。这是因为，在哲学家看来，作为描述经验顺序的历史学所反映的历史不过是一连串毫无联系的、杂乱无章的事件，它所做的并不能超出实际发生的事情，因而不能窥视到那些隐蔽在历史现象世界之后的隐秘"计划"，而历史学不能揭示出历史的基本格局，也不能发现历史发展的原因、目的与意义所在。从前的历史都是未加批判的，因此，历史知识是有缺陷的。即使是近代的笛卡儿也持有相同的见解，他在《论方法》的第一部分中指出："甚至最精确的历史，它们虽不改变和夸大事件的重要性，以使其更值得读，但无论如何，几乎总省略价值较少的，不太著名的事件，结果使别的事件失去了真实的原貌……"②

这种实体思维后来在黑格尔的历史哲学中被推至顶峰，黑格尔道出了人们为什么执念于从历史的幕后去寻求普遍本质与必然的原因："我将对世界历史哲学的构成做出一般性的介绍。在铭记这一目标的同时，我首先将会向大家列举和描述其他处理历史问题的方法，并将它们和我自己采用的哲学方法进行比较。我将历史写作分成三种类型：原本的历史、反思的历史和哲学的历史。"③黑格

---

① 转引格鲁内尔:《历史哲学——批判的论文》,隗仁莲译,广西师范大学出版社,2003,第157页。
② 何兆武:《历史理论与史学理论》,商务印书馆,1999,第26页。
③ 黑格尔:《历史哲学》,潘高峰译,九州出版社,2011,第1页。

尔《历史哲学》的王造时译本与潘高峰译本在此有翻译上的文字区别,前者译本中是"原始的历史",而后者译本中是"原本的历史",这显然是两个不同概念,但也可能德语原文本身就容纳这两重含义。在西方,"原本的历史"是希罗多德的,或者说是从希罗多德开始的,所以,黑格尔所指的"原始的历史"就是"原本的历史"。它们典型特征是:"关于原本的历史,我将首先列举出几个名字,从而大略地给你们一个印象。希罗多德、修昔底德和其他类似的人就写作这种历史。这种历史学家们自己就亲身经历、见证并生活在他们所描述的事件和情境之中,并亲身参与到那些事件和事件所展现出来的精神之中。他们收集并编制了有关那些事件学的各种记录,因此就把当下貌似互不相关的事件带入思想表象的领域之中。因此,那些原来仅仅是实存的东西就得到了知性的一面,从而变成了精神的内、外功能的表现。"①

不过,就算历史学家"秉公直书""不偏不倚"地把过去的所有细节都尽可能地呈现出来,估计哲学家也不会满意,因为哲学家更倾向于对历史过程进行总体上的研究,他们不会满足于一部编年史,即使这部编年史记下了人类在过去的每一个时刻所发生的事情,他们也不会满意于一种仅仅是娓娓动听的故事。哲学家总是被一种普遍本质思维所牵引,要求他们把历史作为一个总体来思考,以便发现隐藏在历史现象界之后的隐秘内容,而这些在作为现象描述的历史学中是不能达到的,黑格尔是这样解释的:"我们目前所研究的这种历史,就是思想自己发现自己的历史;而思想的情形是这样,它只能于产生自己的过程中发现自己;也可以说,只有当它发现它自己时,它才存在并且才是真实的。"②

所以,实体本体论哲学总在提醒我们超越现象之后寻求本真存在与根本价值,在这些哲学家看来,历史学只注重于细节上的关注,只关注特殊价值,"如果能够说哲学家与历史过程有任何特殊关联的话,那么它就必定是和那个过程之作为整体有关,亦即和整个历史过程的意义有关"③。历史实体思维要求超

---

①黑格尔:《历史哲学》,潘高峰译,九州出版社,2011,第1-2页。
②黑格尔:《哲学史讲演录》第1卷,贺麟、王太庆译,商务印书馆,1997,第11页。
③沃尔什:《历史哲学导论》,何兆武、张文杰译,广西师范大学出版社,2001,第21页。

越特殊的历史事件去把握一般的历史原则，超越局部的发展变化去把握整体的历史进程，超越个体的活动行为去把握历史的深层意义。由于历史的原因，历史哲学的诞生首先是以思辨的方式出现的，所以作为思想自己发现自己的历史，"必定要么是形而上学的，要么就是不存在的。"①对于黑格尔而言正是如此，只有"哲学的历史"才是真正的历史："第三种历史，也便是世界的哲学史，我们也可以称它为世界历史哲学。它在如下的意义上与最后一种反思的历史相关，即它也采纳了一种一般性的视角，但是却没有从民族生活中抽取出一个视角而同时抛却其他视角。世界历史哲学的一般性视角不是抽象的一般，而是具体的和绝对的当下，因为它是永恒呈现给自身的精神……"②

即使是在黑格尔实体本体论的历史哲学走向式微之后，从历史的幕后来研究历史的实体思维仍没有停下来。不过，在一定程度上，哲学的思考方式并未从历史研究领域完全退缩出来。比如，在思辨历史观念式微之后，一种不同于思辨方式的分析思维进入了历史研究领域，这就是历史认识论的研究方式。历史认识论的历史哲学与思辨历史哲学不同，它起初是为了对抗历史的实体思维，对抗那种仅仅把历史视为纯粹而理所当然的客体，而引入对历史认识的主客体结构分析，认识论的历史哲学考查历史认识的前提，追问的是"认识历史何以可能"，但说到底，它的认知路线仍然停留在旧哲学主客思维模式的桎梏之内，仍然是一种形而上学的历史思维。正如柯林武德努力要去做的："我一生的工作，就我现在已经五十岁而言，主要是致力于融通哲学与历史……即我要求哲学家在思考自己学科的历史时应当清楚地认识到，他所思考的东西是历史，应当了解史学思想的当代水平并使自己的思考不至于低于这种水平……这首先要求哲学研究开辟一个专门的分支来处理史学研究所提出的特殊问题。这些问题可以分为两大类：认识论问题可以归结为：'历史知识如何成为可能'的问题；形而上学问题则涉及历史学家的研究题材的性质，即对事件、过程、进步、文明等诸

---

① 黑格尔：《哲学史讲演录》第1卷，贺麟、王太庆译，商务印书馆，1997，第21页。
② 黑格尔：《历史哲学》，潘高峰译，九州出版社，2011，第18页。

如此类概念的阐释。但是，对哲学新分支的要求将很快发展为一种新哲学的要求。"①柯林武德所指的这种以历史问题为对象的新哲学也是推动历史思维不断跃迁的思想动力。

二、历史理解的双重逻辑：历史理性与史学理性

在反思的历史思维下，对于"历史是什么"这个问题，不是一个历史学家或哲学家能够轻松回答的问题，但在积极意义上，这也是迄今为止历史研究的魅力所在。单就"历史"这一概念来说，无论是在中文中还是在西文中，"历史"一词的含义都不止一种。比如，从中文语境来理解，我们可以在许慎《说文解字》中发现，"历"与"史"是两个不同意义的词，"历"指的是经历、发展的过程；"史"则在古代是一种官职，指的是专职记事的人，后来它的意义才演变为对过去所发生的事情的描写与叙述。因此，在中国古代汉语中，"历"与"史"很少在一起使用，所以，我们现在使用"历史"这个词无疑已经包含了上述两个词的意思。如此一来，"历史"一词既指过去发生的事情，即历史过程本身，也指的是对过去所发生的事情的描写、叙述与研究。而在西方文化语境中，"历史"一词源于希腊文"histora"，其最初含义指的是"讲述""描写""问询""言谈"等内容。在现代西方语言文化中，"history"这个概念包含上述所说的两重含义，如法语中的"histoire"、英语中的"history"和德语中的"Geschicht"都是如此，即它既指过去发生的事情，也指对过去所发生的事情的"讲述""描写""问询"与"言谈"。因此，在西文中，为了避免指示不清所带来的问题，一般就用大写首字母或前置定冠词的方式来区分"历史"的两重含义。例如，我们有时会看到用"History"来指代"发生的事情本身"，用"history"来指代"对所发生的事情的叙述"；我们也能理解用"the history"来指代前者，用"history"来指代后者。

由于"历史"一词的多重含义，对历史的不同角度研究也就形成了不同的

---

① 柯林武德：《柯林武德自传》，陈静译，北京大学出版社，2005，第 75-76 页。

思考维度，历史研究者的兴趣与偏好也就有所差异。一些历史研究者对过去发生的具体事件感兴趣，他们关心这些事件里的个别人物与具体情节并渴望使历史人物与历史情节通过讲述能够再现，他们属于从事历史撰述的历史学家，这些历史学家把感性的历史材料辅以其自身的理解，达到再现过去的目的，他们以何种方式理解与组织历史材料、以何种方式呈现叙事文本，就是一般所谓的叙事逻辑，而对叙事逻辑的正当性要求就是这类历史学家所讲求的历史理性。

另外一种历史研究的重心并不落在历史的现象界，而是关注历史过程本身，关注历史本体问题。这种研究视角渴望能把过去发生的事情连成一个整体，以便领悟到历史本身的意义，他们要求从整体上对历史的演变与发展做出一种具有普遍性的解释，并能够勾勒出历史的基本问题，如历史动力、历史模式、历史进程、历史目的、历史意义等。这种研究路数形成了最初意义上的历史哲学，如何在世界历史范围内为这些本体问题找到具有普适性的答案，就是这类历史哲学所追求的目标。

从思维本身的发展历史来看，历史哲学的出现是自然哲学思维递进的结果，也可以理解为是自然哲学思维叠加到历史领域内的结果。当初，人类追求宇宙的奥秘，渴望理解世界的秩序，希求能够透过芜杂的现象世界理解世界的本原与本质，由此形成了一种自然哲学形态与实体本体论思维。自然哲学在后来的发展中走向解体，值得一提的是，它是后来者自然科学诞生的摇篮，因为自然科学初期同样追求尽可能普遍的解释方式，只是自然科学解释对象是经验的现象界，而不是自然本身（本体）。历史进入哲学视野在时间上相对较晚，但它不是一个时间早晚的问题，而是标示历史思考进入了新阶段。虽然历史哲学在其初期发展阶段表现为一种实体思维，但它也同样表现出一种思辨精神与批判气质，这种哲学精神与批判气质是推动历史思维前进的力量，在批判的力量下，历史思考逐渐摆脱了虚幻的形式，由此步入追求慎思明辨的辩证理性阶段。

第二节
思辨哲学的实体思维

历史的实体思维以思辨历史哲学为典型,历史的思辨观念是思辨哲学时代的产物,其思想实质是将历史与自然一同视为理性统摄的对象而使之成为哲学思辨的范畴。思辨历史哲学不是以历史的具体内容为对象,而是以哲学的思辨形式将历史纳入其形而上学体系。思辨历史哲学对历史发展模式、发展进程、发展动力、历史目的以及历史意义等问题进行了一系列观念性的探讨。在历史的思辨观念中,历史的内容诉诸普遍的理性法则而被任意剪裁,人们的全部活动仅仅服务于其哲学体系内的概念演绎,而完全丢失了作为历史核心的位置。不过,尽管思辨历史哲学只是一种远离历史本身的形而上学,但与传统相比,思辨历史哲学拓展了历史思考的空间,触及历史理解的关键问题与核心领域,它猜测到历史发展应有的秩序与逻辑,并主张从整体而非局部、从长远而非暂时、从宏观而非微观的方式来观察历史。这些历史思想对于其时代而言,无疑具有一定的开创性。

一、历史成为哲学的思辨对象

思辨历史哲学是哲学思辨的产物,是传统形而上学体系的一部分。卡尔·洛维特在《世界历史与救赎历史》中曾对思辨历史哲学的特质进行简洁的描述:"'历史哲学'这个术语表示以一个原则为导线,系统地解释世界历史,借助于这一原则,历史的事件和序列获得了关联,并且与一种终极意义上联系起来。"[1]但洛维特的描述不足以使人把握历史哲学的全部内涵,因为历史落入哲

---

[1] 卡尔·洛维特:《世界历史与救赎历史》,李秋零、田薇译,生活·读书·新知三联书店,2002,第4页。

学思考的视域是一个渐进的发展过程，有着复杂的历史文化背景。

尽管可以简单地去理解，历史哲学就是将历史纳入哲学思考的对象，但这种做法的思想动机却是十分复杂的。如果考察其起源，维柯认为历史哲学起源于埃及人。他的理由是，埃及人是首先对历史进行分期的，埃及人把过去全部时代划分为三个阶段：诸神的时代、英雄的时代和人的时代。然而，单单把时间划为不同的历史时期并不能构成历史哲学。所以，也有一些人认为，历史哲学是起源于犹太人或波斯人，但其论证的理由也一样不能让人确信。总之，历史哲学在起源问题上是非常混乱的。当然，还有一种更普遍的说法，即历史哲学是基督教神学家开创的，特别是出自奥古斯丁之手。理由是奥古斯丁除了把全部历史划分为六个不同的时期外，还特别建立了两座高低不平的城池，并使历史走上了一条得救的、向上的路，从而把人世的意义在上帝的名义下清晰地表现出来。这些理由看似与后来的历史哲学诸多特征非常吻合，但其存在的问题或许更多，很多人反对把基督教神学视为历史哲学的开端，反对的理由不仅是因为基督教是神学的叙事方式，也是因为这种神学叙事表现出十分明显的非历史性——正如奥古斯丁本人所设计的那样：在福音降临之后，"我们将悠闲自如，并且可以理解；我们将会理解并且爱；我们爱并且赞美。这是处在没有终结的终结。除了达到无终结的天国以外，我们还有什么结局呢？"[1]所以格鲁内尔在讨论历史哲学的起源时，他对奥古斯丁的历史观念评价道，如果说奥古斯丁是伟大的，倒不如说他树立了一个没有历史的世界观以及描绘了一个历史终结的图景，这对于后世的历史哲学的影响是巨大的。

中世纪之后，对历史的思考逐渐从神学的遮蔽中走出，以神的名义运行的历史渐去，人在历史中的位置显现出来，这也构成其时代发展中世俗化潮流的一部分。在高举的理性旗帜下，人们要求冲出神学的藩篱，以凡间之眼来看待人的历史。与古典的历史循环论不同，在这个要求理性批判的新思维下，从前的历

---

[1] Augustini: De Civitate Dei, volume ⅩⅫ, p30, 转引格鲁内尔：《历史哲学：批判的论文》，广西师范大学出版社，2003，第160页。

史象征性被打破，在确信人类认知不断进步的基础上，确立了一种历史进步的观念。为这个时代主题呐喊的波丹、笛卡尔、弗兰克·培根等人，他们都是历史进步论者。波丹认为，全部历史已经表明人类社会是不断发展进步的，他所处的时代要比以前进步，而将来的时代也必将超过现在这个时代。培根则力图表明在历史中人类的智力、经验、知识和力量逐步积累与发展的事实，从而显示历史进步的特征。对于培根来说，"知识就是进步"，知识的历史就是人类历史的一部分，知识的进步就意味着人类历史的进步。笛卡尔也有类似观点，古人与今人在自然禀赋上并无多大差异，但后人承载前人的知识从而使后人要超过前人，社会发展必定是"自古新人胜旧人""长江后浪推前浪"。总而言之，理性是这一时代最重要的自然禀赋，他们不迷信权威，不盲从传统，一切都要取决于理性的批判与裁决，视理性的进步为社会进步的基础。

尽管如此，在这一时期并未形成真正的历史哲学，我们只能看到一些崇尚理性的哲学，或是把历史归于经验事实的历史学。因为我们发现，笛卡尔重提了历史关心个别事情而哲学则相反之类的论调。所以，在笛卡尔的时代，人们仍然没有改变这样的观念——历史追求个别性与哲学追求普遍性是相互冲突的。如果历史哲学的基本观念是要求在普遍性的概念下审察历史，要求透过特殊的事件发现一般，那么，这种想法是难以满足历史研究要求的，否则历史哲学在其概念本身上就是自相矛盾的。

无论把创始功绩归于维柯、伏尔泰还是赫尔德，但一般认为，现代意义上的历史哲学是形成于十八世纪并在康德、黑格尔等人那里发展成熟，而这正是十八世纪变化日新的社会历史背景使然。从文艺复兴开始一直到十八世纪，西方社会经历了巨大的社会变迁，封建社会的土崩瓦解，资本主义迅猛崛起，社会制度的变革与人与人之间关系的重组引起了人们的关注与思考，激发人们探索历史变化的原因。同时这一时期的自然科学取得了巨大的进步，伽利略、哥白尼、开普顿、牛顿如群星灿烂一般照耀了自然科学的苍穹。科学技术改变了西方人的生活方式，使人们的世界观重新定向。对自然界的胜利激发了人们探求社会历史发展规律的渴望。科学技术带动了生产力的迅猛发展使整个地球尽收眼底，恩格斯在《自然辩证法》中谈到，"旧的地环的界限被打破了，只是在这个时期才真正发现了地球"①。这给人们提供了一个从整体上思考所有人命运的视角，使人产生把整个世界联系在一起的思考冲动，从而使思考一部普遍的世界历史成为可能。

思辨历史哲学家几乎都是我们所熟知的思辨哲学的大师，如康德、赫德尔、黑格尔等人。当我们谈论思辨历史哲学的时候，我们必须对"思辨"这个概念做一些了解，思辨历史哲学中的"思辨"一词一般理解为"先验的""非经验的""形而上学的"，思辨历史哲学指的是对历史做先验的、形而上学的理解与研究。在今天看来，历史的全部就是人们自身的活动，历史本身离不开具体的、经验的内容，但彼时的历史哲学却沿着一种反经验的方向运动。在这一时期里，思辨历史哲学以实体思维方式期望摆脱经验的成分，而力求在历史之外寻找一种先验的模式，并指望这一先验的模式不仅能够理解过去的历史，而且也能够适合于未来发生的情况。究其缘由，思辨历史哲学家并非不够聪明而没有发现先验历史模式的缺点。我们可以从康德的论述中了解思辨历史哲学家之所以使用思辨的方式来研究历史的原因："说我是要以这种在一定程度上具有一条先天线索的世界历史观念来取代对于具体的、纯粹由经验而构成的历史的编撰工作，那就误解我的观点了。这仅仅是关于一个哲学的头脑（当然它也还必须是十分熟悉历史的）从另外一种立脚点出发所能够探讨到的东西的一种想法而已。不然的话，人们编撰自己当代的历史时所具备的那种令人可敬的详尽性，就自然而然地会使每一个人都免不了要疑问：我们的后代将如何着手来掌握再过几百年之后我们所可能遗留给他们的那份历史重担呢？"②在康德看来，历史的形而上学只是一种尝试，如果这种方式能够使历史成为可以理解的，那么，这就不失为一种有益的尝试。

康德在《世界公民观点下的普遍历史观念》的论文中发挥了启蒙时代的浪漫

---

① 中央编译局：《马克思恩格斯选集》第3卷，人民出版社，1972，第445页。
② 康德：《历史理性批判文集》，何兆武译，商务印书馆，1990，第22页。

主义历史观,康德的形而上学的尝试表现为一个"自然的计划"的实现过程。康德认为,"人类的历史大体上可以看作是一项隐蔽计划的实现"①,人类的历史遵照这个"自然的计划",它应该是合目的性与合规律性的双重过程。在这里,康德表达了启蒙时代的乐观信念,人类的永久和平不仅是可能的,而且必然也是历史发展的归宿。虽然思辨历史哲学是一个失败的尝试,但我们毋宁说,它是历史思维发展的一个阶段,是一种理解历史的努力与尝试。

与康德同时代的赫德尔虽然曾是康德的学生,但他对历史哲学领域的开拓所做出的突出贡献被认为超过同时代的其他人,而他的独到之处在于,他不像他的同时代人那样把人性看作一个恒常的东西。赫德尔指出,不同的人、不同的民族以至不同的国家乃是不同条件下的历史产生,应该从不同的时代背景与不同的风俗、习俗、文化教养、民族精神下来理解,应该把历史中的发生视为外在环境与内在精神的多重作用来理解。

继之而起的黑格尔哲学将历史化为其思想运动的环节,其完美无瑕的理性成就了其思想中完美的历史,但事实却是,黑格尔完全颠倒了历史与思想的关系。黑格尔的历史哲学被认为是思辨历史哲学发展的顶峰,自然而然,到达了顶峰也就意味着沿着这条道路已不再有重大突破的可能性。在黑格尔的历史哲学中,在理性发挥到对它所拥有的权力感到满足的巅峰程度,历史性也被淋漓尽致地表达出来——历史不仅是合理的,它本身就是理性的化身。

黑格尔的《历史哲学》是对历史的最纯粹的思辨,世界历史是"绝对精神"发展的最后和最高阶段。虽然历史之中也包含着人们的目的、意图、愿望等内容,但人们的目的、意图、愿望在理性面前是卑下的、无力的。在"热情"与"理性"的斗争中,即使是历史中最伟大的人,他也只是历史中最大的受骗者。因为在这种思辨哲学看来,历史最终只服从于"绝对精神"的发展过程。它之所以发展,仅仅是因为"绝对精神"追求自身完满的需要。所以,全部的历史只是"理性的狡计"之表演罢了。

---

① 康德:《历史理性批判文集》,何兆武译,商务印书馆,1990,第 16 页。

在黑格尔之后，思辨历史哲学走向消沉，虽然思辨历史哲学仍然被斯宾格勒、汤因比等人所承继，但它只不过是思辨历史哲学最后的余烬。斯宾格勒在其历史哲学著作《西方的没落》中谨慎地反思了以往的历史观念，否定了勇往直前的线性的历史发展模式。他认为，每一种历史文化都要经历大体相同的生长与灭亡的周期，西方现行的历史文化同样也找不到救赎的力量，行将没落是其必然命运。因而我们看到了思辨历史哲学在它最后发展阶段上表达的悲观绝望情绪，思辨历史哲学从曾经的乐观主义走向了一种悲观主义，甚至倒回神学寻求精神庇护。比如，我们可以发现，在汤因比的《历史研究》中，他的历史哲学让人看到的只是一种半形而上学、半社会学的虚构，甚至也可以理解为某种形式的宗教神学。他宣称《历史研究》的目的是探讨"历史事实背后的意义"，但在其《历史研究》中却显现出回归到从前神学阶段最突出的特征。所以，汤因比也被认为是最后一位思辨历史哲学家。

在积极的意义上，思辨历史哲学对历史抱有宏大的理想，第一次尝试以合规律性与合目的性来思考历史问题，注重对历史规律、历史主体、历史进程、历史意义等问题的追问，只是思辨历史哲学仅仅以先验的形式来探寻这个问题。思辨历史哲学预置历史的先验法则与普遍价值，相信理性的批判与智慧的反思一定能把这些历史现象界分歧的事实整合起来，从而最终达到洞悉历史深处玄机的目的。它反对把浑然一体的历史对象分割研究，主张从整体而非局部、从全局而非地域、从长期而非暂时的视野下来思考历史。不可否认思辨历史哲学的这些特色的确具有一定的思想魅力，但无论如何，它只是对历史的一种思辨，只是凭借预置的理性原则对历史进行任意的剪裁，在"理性的狡计"下，它不关注具体的历史活动本身，而是服从于纯粹理性的癫狂，执着于概念的演绎，并在一个神秘的并非历史本身目的的目的之下，虚拟了过去、现在与未来的历史。

二、历史主体与历史动力的哲学思辨

在实体历史思维下，思辨历史哲学肯定了历史领域内合目的性与合规律性的统一。但解答这个问题的根本困难在于，既需要说明历史的发展不是任意的，而是遵循一定逻辑的，又需要说明历史的主体不是被动的，而是具有其创造性的，在形而上学维度下，这就必然造成所谓的历史理性的二律背反。由此必然导致思辨历史哲学就不得不面对一个巨大的挑战，即必须面对历史的客观规律性与人的自由创造性之间的矛盾。由此可见，寻找打开历史理性的二律背反的通道是思辨历史哲学一个自觉的使命，它必须在新的思维中重新面对这些古老的问题：历史发展变化的原因何在？是什么东西主导这种历史变迁？历史发展的动力是人的目的与创造还是外在于人的东西所导致的结果？

在思辨历史哲学形成以前，人们并没有对历史进行系统性思考的准备，对历史的理解一般只局限在一种具体层面上，没有上升到必然性的高度，没有纳入世界历史的范畴。人们或许也把特殊事件上升到决定性作用的地位，以特殊的事件来理解历史，但没有上升到普遍的历史因果性地位。比如帕斯卡曾经认为，如果克莱奥的鼻子长得短一点，整个世界的面貌就会完全不同了。但事实上我们显然知道，并非长着长鼻子的人就一定有改变世界历史发展进程的能力。人们把历史的发展归因于一些不可预测的偶然性事件，在这样的历史理解中，历史最终成为一种无法捉摸的东西，因为以偶然性来解释历史的结果最后只能使历史成为偶然性的堆积。

不过，有些历史问题的确是得到了解决，只是解决的方式比较特殊。例如，限制在宗教信仰的名义下，一些历史问题便可以得到满意的解决方案。在基督教神学的历史观念下，历史是一种从人间之城通向上帝之城的一个上升的过程，尽管途中有曲折与苦难，但历史必定会拥有光明的未来，只是所有这一切，都必须让上帝出面。在《上帝之城》中，上帝不仅创造了人类而且也安排了人类的全部历史，尘世之城的混乱、黑暗与苦难彰显出奔向美好、完善与纯粹的上帝之城的历史正当性。今生是苦难深重的世俗世界，来生是灵光永照的极乐世界，这对于灾难深重中的人们的确提供了一种慰藉身心的历史解释方案，可惜的是，在这种宗教神学里，一切都依神的意志而定，真正的历史主体在历史里倦怠无为。

十八世纪兴起的思辨历史哲学在反对历史神学的大旗下把历史主体的创造

性问题推上论坛,在自然科学的力量鼓舞下,人们对理性的能力坚信不疑,人的创造力量被提升到一个前所未有的高度。自此,理性批判进程替代了神学救赎的历史,开启了历史思考的理性原则,初步确立了历史主体的能动作用,并以乐观主义态度表达了一种不同于以往的历史观念。作为这个时代的代表之一,维柯的《新科学》以革新的历史原则,提出了对历史动力问题的考察。维柯所提出的一些问题是:究竟是什么推动了历史的上升与进步?人在历史中到底处在什么位置?他是和自然物一样受必然性支配还是有自己的自由空间?而维柯的伟大之处在于,他把自然史同人类史区分开来,公开反对笛卡尔的"真理的标准乃是清晰明白的观念"①,维柯主张真理是一种创造。历史是始终处于运动变化之中的,它与"我思故我在"的思维方式下所确立的永恒真理不可相提并论,在以历史为对象的理解中,找不到这样一种理想的支点,这与自然科学模式中可以假想出一个阿基米德点作为思想工作的基础完全不同。与笛卡尔轻视历史学相反,维柯确立了历史理解的新观念,他发现了可以应用于历史的一些新原则,其中最为重要的一点就是人类的历史是由人类自己创造的。《新科学》意图向我们说明,正是由于历史是人的创造,它才可以为人所理解;而自然界不是人创造的,因而对人来说是难以理解的。

人可以认识自己的创造物,这的确是一个伟大的发现,它是"历史理性判断的拱心石"②,它为历史的可理解性提供了基础,从而使系统的历史哲学成为可能。柯林武德给维柯以很高的评价:"维柯把历史的过程看作是人类由以建立起语言、习俗、法律、政府等等体系的一个过程,也就是:他把历史看作是人类社会和他们制度的发生和发展的历史。在这里……我们第一次达到一个完全现代的观念。"③到此,我们看到,维柯关于"人创历史"的这个问题的讨论并没有结束,他至多只是讨论了历史理性二律背反的部分"正题"。我们还有必要去了解,在维柯高扬历史主体的创造性、认同历史的"合目的性"之后,而历史

---

① 柯林武德:《历史的观念》,何兆武译,中国社会科学出版社,1986,第73页。
② 参见韩震:《西方历史哲学导论》,山东人民出版社,1992,第34页。
③ 柯林武德:《历史的观念》,何兆武译,中国社会科学出版社,1986,第74页。

的"合规律性"何以可能呢？

维科寓于他的时代而无法真正解决这些问题，因为他并没有一个清晰连贯的历史观念，历史的主体并没有被擢升到其应有的位置。正如柯林武德对他的评价那样，在维柯的理解中，历史的进程乃是一幕纯属于人类的计划，似乎与其时代高歌猛进的理性那样弥漫着不容置疑的乐观。但从另一个方面来看，维柯在历史的目的性与规律性问题上含糊不清，虽然人们自己创造出自己的历史，但他们并未参与历史的设计，他们却做到那个设计所要求的事。这样一来，理解维柯的历史哲学就具有了多重视角。既可以认为，其历史哲学是从主体解放层面上，把人从宗教神学的统治下解放出来之后又重新把人放到上帝的位置上，也可以说，在合规律性与合目的性层面上，其历史哲学中的人与宗教神学中的人并没有多大的差别。维柯仅仅看到历史的现象界中主体的创造性一面，而无法理解这种创造的实质及其现实基础，因而只能以"天意"这类目的论来解释历史主体的创造性活动。在此形而上学的历史观念中，表面上替代了宗教神学中的上帝，但历史中的人仍然要为"天意"而继续工作，这就大大降低了"人创历史"的光辉。如克罗齐曾经评价的那样，这是维柯"思想深处的神学残余"[1]，他完全不理解历史的实践本质，只能诉诸"天意"来满足自己理论上的失败。当理论家们搬出"天意""绝对精神""上帝"的时候，也是他们江郎才尽的时候。马克思在《费尔巴哈提纲》中就强烈反对历史中的这种神秘主义："全部社会生活在本质上是实践的。凡是把理论引向神秘主义的神秘东西，都能在人的实践中以及对这个实践的理解中得到合理的解决。"[2]

维柯的历史思维体现了思辨历史哲学处理历史问题的典型模式，其形而上学方法注定其只能在历史之外而不是在历史之内来解决问题，在这样的历史观念中，历史主体只具有工具意义，要么是"天意"的工具，要么是"自然"的工具，要么是"理性"的工具。因而，当康德说，历史乃是一幕"自然的计划"

---

[1] 参见韩震：《西方历史哲学导论》，山东人民出版社，1992，第44页。
[2] 中央编译局：《马克思恩格斯文集》第1卷，人民出版社，2012，第34页。

时，我们即刻便能指认这种历史观念的性质。在"自然的计划"里，历史不是偶然的，它是朝着一个目标向前迈进，它是一种按照预先设计展开的宏大计划。按照启蒙时代的批判精神，康德把"自然的计划"强加于历史之上的确让人意外，但从康德的哲学体系出发，历史必须服从其哲学体系的需要而不能有任何"旁逸斜出"，康德所设计的这种目的论观念，是力图沟通"自由"与"必然"这两个在纯粹理念中毫不相关的领域。因为"自由"与"必然"的矛盾是困扰康德批判哲学的主要难题，在其《纯粹理性批判》中，康德通过悬置的方式，把"必然"与"自由"划归为不同的地盘以应对自然世界与历史世界的认识问题。但这种分离的状态不符合理性的完满性要求，为了搭建二者之间的桥梁，康德提出了这种外在于历史的目的性观念。继而，他在《判断力批判》中，对目的性这个概念进行了康德特色的界定："如果我们想要依据先验的规定（而不以愉快的情感这类经验性的东西为前提）解释什么是目的；那么目的就是一个概念的对象，只要这个概念被看作那对象的原因（即它的可能性的实在的根据）；而一个概念从其客体来看的原因性就是合目的性。所以凡是在不仅例如一个对象的知识，而且作为结果的对象本身（它的形式或实存）都仅仅被设想为通过这结果的一个概念而可能的地方，我们所想到的就是一个目的。"[①]这个目的之所以是先验的，是因为它并不来自历史发展过程本身，仅仅是因为理解历史谜题需要的一个悬设，"之所以被称为合目的，只是因为我们只有把一个按照目的的原因性，即一个按照某种规则的表象来这样安排它们的意志假设为它们的根据，才能解释和理解它的可能性。所以合目的性可以是无目的的，只要我们不把这个形式的诸原因放在一个意志中，而我们却毕竟能使对这形式的可能性的解释仅凭我们把它从一个意志中推出来而被我们所理解"[②]。然而现实的情况却是，这类如同阿基米德点的悬设只能导致历史理解中更多的障碍。

根据柯林武德的理解，康德的目的论是一种类似前提假设的东西，我们不能

[①] 康德：《判断力批判》，邓晓芒译，人民出版社，2002，第 55 页。
[②] 康德：《判断力批判》，邓晓芒译，人民出版社，2002，第 55 – 56 页。

用科学方式来证实或证伪这种东西,但如若没有它,我们就全然不能理解自然,但作为一种观点我们采用它,不是说它是一种真实的存在性,而是说根据这一观点来观察自然的事实对于我们理解这一自然的事实是有益的。为了说明康德的目的性概念,柯林武德举例说:"我们看到刺猬受惊吓时就自己滚成一个刺球,我们并不认为这只个别的刺猬的个体聪明;所有刺猬都是这样做的,而且是根据本性这样做的;这好像是自然赋给了刺猬以那种特殊的自卫机制,因为一种机制意味着一种设计,而一种设计则蕴涵着有一个发明者;但是康德的论点是,不使用这类的比喻,我们就一点也不能谈论或思考自然。"[1]

与批判哲学的思想方式相呼应,这种目的论观念被应用到历史中来。康德认真看待了维柯的思想,也同维柯一样,康德接受"人创历史"的一面,人的自由意志在历史中有着重要的作用,历史就是由受自由意志支配的人类行为组成的。但是康德也看到历史的另一面,那就是历史实际的总体进程并不受个体的自由意志所支配,虽然个体的自由意志是在起作用,但就像我们在现象界观察到的那样,常常使历史的发展过程显得混乱不堪,"一切归根到底都是由愚蠢、幼稚的虚荣,甚至还往往由幼稚的罪恶和毁灭欲所组成的"[2]。从最终因果性上看,人类的历史是按照"自然的计划"来演绎的,"人类的历史大体上可以看作是大自然的一项隐蔽计划的实现"[3]。

据此,康德认为只有把历史纳入"自然的计划"之后,历史才能实现合目的性与合规律性统一的要求。一方面,人作为历史的主人、创造者,历史是人活动的结果;另一方面,人又受制于"自然的计划"从而使历史显现为一个客观的发展过程。人类自由发展的计划需要服从于"自然的计划",人也作为自然的最终目的在历史的发展中体现出来。这一切都是因为在康德看来,大自然不会做徒劳无功的事情。不过,有一点需要强调的是,康德在此所表达的"自然的计划"并不是自然科学中的自然规律,但它却是与自然规律平行的概念,康德借

---

[1] 柯林武德:《历史的观念》,何兆武译,中国社会科学出版社,1986,第108-109页。
[2] 康德:《历史理性批判文集》,何兆武译,商务印书馆,2005,第2页。
[3] 康德:《历史理性批判文集》,何兆武译,商务印书馆,2005,第16页。

以表达历史发展中类似自然界发展中的那种客观性概念。

很显然康德的历史哲学并没有处理好合目的性与合规律性相统一的问题，人类的全部活动都发生在大自然隐蔽的计划下，因而他并没有发现历史的真正主体，并没有完全地理解历史发展的真实面目。因而人也并没有在他应有的位置上，他只能成为"自然的计划"的工具，虽然康德把人作为动力输入历史，但他却又认为这种力量在"自然的计划"面前是微不足道的。所以，这种"自然的计划'既歪曲了历史科学也歪曲了历史学'"。① 因为康德认为，人类虽然有智慧，但它却不足以规划人类自己的生活，如果人类历史有一种类似计划的那样的发展进程，这绝不是由于人类为了指导自己所做出的一个计划。总而言之，历史的最终创造者不是人，而人的目的也不在历史之中。

如果把康德的历史哲学放置在他的批判哲学体系中来观察，我们将会发现康德思考中一些很有意思的地方。卡西尔把康德所著的一系列关于历史哲学论文（包括《世界公民观点之下的普遍历史观念》《人类历史起源臆测》《永久和平论》等篇目）合并起来称为三大批判之外的第四批判，这就是我们目前所见到的《历史理性批判文集》。但是这种归纳容易给人造成一种误解，因为康德的三大批判是以"哥白尼式"的批判性而著称的，而在《历史与理性批判文集》中，我们没有发现同样的格调，即在历史领域确立一种"哥白尼式"的"纯粹理性批判"。所以，在我们拜读康德的三大批判之后再去阅读康德的历史哲学著作，可能会有些失望，因为康德在历史领域内一反既往的革命性批判风格，他并没有在研究历史之前先去检查历史认识主体的能力——但按照我们读者的臆测，他一样应该那样做，但让人失望的是，康德的思路是径直从先验的历史观念开始的，他的历史哲学显然是非批判的，只是其形而上学体系的一部分，是一种历史的形而上学而已。究其原因，康德哲学所处理的是纯粹的观念，这些纯粹观念只能在形而上学的思想领域中进行抽象的思辨运动，而历史需要回到现实的具体，彼岸的纯粹理性根本无法胜任此岸的工作。

---

① 柯林武德:《历史的观念》,何兆武译,中国社会科学出版社,1986,第110页。

鉴于"理性的完满性要求"并没有在纯粹批判体系中得到满足,在这个意义上,黑格尔的历史哲学寻求通过历史性与辩证性手段以完成对康德历史问题的解围。黑格尔以"理性的狡计"取代"自然的计划",使历史上升到"精神"范畴,而不再停留于经验世界,全部的人类社会历史表现为"精神在时间里的展开"①,聚焦为逻辑的演进过程——这也刚好在唯心主义层面完成黑格尔式逻辑与历史的一致,历史的具体现实被忽略,因而,在黑格尔的历史哲学里,历史理性的二律背反问题便不复存在。于是,"理性统治了世界,也同样统治了世界历史。对于这个本身为本身的(自在自为的)、普遍的、实体的东西——其他一切万有皆居于从属地位,供它驱策,做它的工具"。②黑格尔的历史哲学已不单单是对历史的一种哲学反思,"而是把历史本身上升为一种更高的势力并使之变成哲学的,而有别于单纯经验的……哲学的历史不仅展示为人类的进程,而且是宇宙的过程,是世界在作为精神的自我意识之中逐步实现它自己的过程"③。总而言之,历史与现实无关,而只是构成并服从其"绝对精神"体系运行的一部分。

这个"精神在时间里的展开"过程也就是黑格尔所设计的"理性的狡计"的表演过程。一方面,黑格尔同维柯、康德一样,他看到了人在历史中巨大的创造性,历史是"热情"的产物,"我们对历史最初的一瞥,便使我们深信人类的行动都发生于他们的需要、他们的热情、他们的兴趣、他们的个性与才能。当然,这类的需要、热情和兴趣,便是一切行动的唯一源泉"④。历史中每个人的活动都是被"热情"驱使,如果没有"热情",一切伟大的事业都不会成功,但另一方面,黑格尔又同时认为,这种"热情"是盲目的、不自觉的冲动,也是不完满的,它必须表现为追求完满的运动历程才能被"理性"所接受。因而只有"热情"是不够的,唯有"理性"才能达到历史的自觉,"理性"利用"热情"

---

①黑格尔:《历史哲学》,王造时译,生活·读书·新知三联书店,1956,第113页。
②黑格尔:《历史哲学》,王造时译,上海书店出版社,1999,第26页。
③柯林武德:《历史的观念》,何兆武译,中国社会科学出版社,1986,第129页。
④黑格尔:《历史哲学》,王造时译,生活·读书·新知三联书店,1956,第21页。

才能使历史实现由盲目向自觉的转化。在"理性"的驱使下,历史理性的二律背反问题在黑格尔的设计下得以和解:人类的历史展示出一幕"热情"的表演,而狡猾的"理性"不知不觉地利用"热情"作为实现它目的的工具,从而历史最终显示为一幕完美表现"绝对精神"的过程,"这种理性的狡猾的概念,这种理性诱使热情沦为它的代理人的概念,乃是黑格尔理论中一个有名的难题,他似乎是要把理性人格化成为外在于人类生活的某种东西;它通过人们的盲目而热情的代理作用而实现目的,乃是它自己的目的而不是他们的目的"①,黑格尔在把历史从自然之中解放出来之后又把历史同人分离开来,使历史"变成了抽象的东西的历史,因而对现实的人来说,也就是变成人类彼岸精神的历史"②。黑格尔的历史哲学中缺乏真正的历史主体,现实的人只是"理性"的玩偶。

三、历史秩序与历史目的的先天预置

对历史演进问题的讨论是思辨历史哲学的思考重心,思辨历史哲学通过对历史演进过程的超验描述,以达到在思辨理性框架内完成对历史模式、历史分期、历史目的、历史意义等问题的理解。但思辨哲学的本质特点,决定了思辨历史哲学家的一切论证只能限制在实体本体论的体系内。不过,思辨历史哲学并不孤立地去讨论这些问题,而是将全部历史问题视为不可分割的一个整体问题,这在思想形态上体现出历史思考的积极一面,因为单一地讨论历史的局部问题的确是没有出路的,这在黑格尔之后的历史研究中取得了广泛的思想认同。

实体思维下历史主体的空场必然导致历史目的的缺失,即使黑格尔的历史哲学有其辩证思想的加持,也无法在唯心主义形式中解决传统历史研究中存在的问题。正如前文所论,黑格尔把所有历史问题视为一个相互关联的整体,比如,就历史发展的模式问题上,我们看到黑格尔对历史模式的理解与其目的论息

---

① 柯林武德:《历史的观念》,何兆武译,中国社会科学出版社,1986,第132页。
② 中央编译局:《马克思恩格斯全集》,第2卷,人民出版社,1979,第108页。

息相关，或者说，他对历史模式的划分是以其设定的目的论为前提的。思辨历史哲学中不缺乏宏伟的目的，实际的历史进程表现为向其宏伟目的不断地迈进，由此可以展现历史发展进步的模式，而不再如从前那样是非重复的、轮回的（即使偶有重复，但总体上仍可以是上升的、进步的），这就以一种目的论的方式表现了历史进步论的世界历史观念——这看起来都不成问题，唯一的问题是，这种目的论本身。

在历史发展可能具有的模式问题上，格鲁内尔在其《历史哲学：批判的论文》著作中与查理斯·比尔德在其《从一种信仰行为撰写历史》的演讲中都提到了历史演进的几种可能模式问题。他们将其归纳为三种基本模式：第一种观点视历史为一种无秩序的混沌状态；第二种观点是把历史看作周期性循环的模式；第三种观点是把历史视为按一定的方向、从低级向高级发展的线性模式。继而，他们分析道，如果接受第一种观点，那么历史将无法被理解，因为事件和状态的次序是完全无规则和不可预见的，任何事件都可能发生在别的事件之前或之后，既无规律也无理由，但是事实上很少人坚持这种无秩序的历史观念。格鲁内尔指出，贯彻这种无秩序的历史观念，必须有一种"无秩序的时间"观念，但要"设想一个'无秩序的时间'就是根本想不到时间，因而可以说这个观点是自相矛盾的"[①]。

如果接受第二种观点，那么，历史周期性循环的观念与人们所观察到的自然界的运动变化有着密切的联系，所以这一观念从一开始就打上了自然的烙印，从而使这种循环论更像是自然的观念而非历史的观念，它是人们以自然界发展变化的原则去解释人类历史的结果。因而，"周期循环论"是按照一个封闭的圆圈或圆形模式来看待时间和历史的，是不断地回到最初的出发点，它是重复自身的运动，如潮起潮落、月盈月亏、花草树木的春生夏长、春夏秋冬无休止的轮回一样，都是人们早已习惯的自然界事实，自然界的这种变化的规则使人们不自觉地相信人类的历史也遵循同样的模式，从而认为王朝更迭、帝国兴衰等社会的变

[①] 格鲁内尔：《历史哲学——批判的论文》，安希孟译，广西师范大学出版社，2003，第17页。

迁也遵循同样的循环模式，在历史中也一样是"太阳之下无新事"，所有现存的，从前有过，将来也会重新再出现，真正新颖性的东西只是虚幻。而第三种观点与上述两种情况不同，历史发展的线性模式指的是历史的运动都是单向的，而且是不可逆转的，它仅能从过去走向未来，每一个单个的事件都被它的时空坐标所限定，因而是不可重复的、独一无二的。

很少观点采用单一纯粹的发展模式，在大多数情况下，人们所坚持的历史模式是以上三种模式的混合，其中最为流行的是将线性模式与循环模式接合而成的曲折地前进、螺旋地上升的模式。简单说来，采用纯粹的模式无法让理论彻底，无法从历史与逻辑两个层面说服。更为深刻的思想原因是，在纯循环模式中历史性的东西很难体现，正像我们所看到的自然界的变化那样，我们看不到历史的生成性；在完全线性的模式中，历史不可逆转地投向未来，我们好像可以看到历史的生成性，但是在纯线性的历史观念中，我们无法理解历史中的一次又一次文明的灾难与毁灭，无法理解摧毁与重建的历史现象，所以螺旋模式适应了历史复杂性的要求，并被思辨历史哲学所接受。正如我们看到的那样，在黑格尔的历史哲学中，"世界历史"从东方开始，沿着一条上升的道路，最后到达地中海沿岸，然后如果有可能还会再次从东方开始——但这不是循环而是在新的阶段、新的起点上的运动——这完全都符合黑格尔的意思。卡尔·洛维特对此指出，历史进步论虽然是思辨哲学的一部分，却并不是从思辨历史哲学开始的，历史进步的观念是与自文艺复兴以来的理性主义认识方式及"知识就是力量"的乐观态度联系在一起的，再往前追溯的话，它也属于基督教遗产的一部分，但在基督教的神学实体中，历史的进步在上帝的名义下才能得以确立，一旦上帝不在场，历史的目的也就随之缺失。

西方漫长的中世纪，被认为是一段沉重而黑暗的历史，因而在英文中直接使用"dark age"来命名这个历史阶段，但如果换个视角并排除道德评价的话，那么也可以郑重地说，中世纪的历史不仅是西方文明延续的纽带，也缔造了一种大众的、日常的、特色鲜明的精神生活方式。因而当代人从文化传承与发展的层面上将中世纪视为黑暗与光明并存的时代。其中，基督教神学文化既可视为黑暗之源，也可以视为西方历史接力的火炬。而在某些方面，黑暗中的闪光点甚至比从前的时代都要耀眼。比如，很多研究者认为，基督教神学在理解历史的问题方面做出了一定贡献，在一定意义上开辟了一种理解历史的新观念与新途径。

选择以神学视角研究文化发展史的卡尔·洛维特，在思想上与其时代思潮的运动一样，对传统形而上学的大全体系极其蔑视，然而他却对基督教神学显示出包容的一面，这种包容不是出自对宗教信仰的虔诚，而是他认为这种基督教神学在信仰的名义下架构了与传统有别的世界历史新思维。在《世界历史与救赎历史》一书中，洛维特肯定了基督教神学在历史思考中的启示性功能。例如，基督教神学以明确的形式提出了明确的历史进步观念，在"尘世之城"与"上帝之城"的转换中实现历史的必然进步观念。只是这种救赎式的进步论只能限于宗教神学领地。中世纪结束，救赎的力量随之走向式微，新的时代要求以世俗的进步论取代神学的进步观，乃至现代社会亦然如此，进步论有着广阔的社会、经济、科学、文化背景的支撑，历史与逻辑的一致性在此又一次展现出来：西方的资本主义的冒险，打破了往昔的地理格局，给西方人带来了异域的风俗民情，他们不再仅仅沉湎于从前惯常观念，而开始以世界性的眼光来审视这个扩大了的世界，资本主义的生产方式史无前例地带来物质生产的巨大进步、生活方式的巨大变革，使人们不再像从前看待自然那样看待人类发展的历史。同时，一系列自然科学的重大发现也鼓舞了人们认识世界的信心，人们对于技术理性的陶醉也进一步促成了历史进步的观念。"在这种气氛下，即使是那些对古人优礼有加、敬仰之至的人也乐于承认，在知识方面，现代的时代远胜于古人的时代"[1]，法国思想家让·波丹（Jean Bodin）就是出现在历史神学谢幕之后的这个时代，他的《易于理解历史的方法》被视为欧洲近代以来一部真正意义上的历史研究著作。波丹在研究中探讨了历史的价值、历史的本质、历史的进程、历史的分期以及历史撰述的形式和类别等诸多问题。他以宏伟的鸟瞰方式把人类的

---

[1] 格鲁内尔：《历史哲学——批判的论文》，隗仁莲译，广西师范大学出版社，2003，第48页。

全部社会历史分为三个时期，即人类史、自然史和神圣史，并将历史的研究领域扩大到人类所能达到的一切领域。他否定人类历史初期在质量上是一个黄金时代，相反，那只能是一个野蛮时代，因为彼时的人类如同莽原与丛林中的野兽一般，完全生活在野蛮状态中，经过日久月深的发展才进文明社会。据此判断，波丹显然采取了历史进步论的观点，虽然他不能确切言说进步的缘由，但无论如何，这种进步的历史并不由从前的神学实体所推动。波丹这种历史进化论及其对人类历史发展前景充满信心的乐观主义情绪，既反映了文艺复兴运动以来日益成长壮大起来的新兴市民阶级积极进取的精神面貌，也激励了后来者对历史谜题的探索，对于普通人而言，他从历史现象界出发得出的结论要胜过思辨哲学为历史提供的形而上学答案。

与波丹一样，如弗朗西斯·培根、笛卡尔与伏尔泰等时代思想领军人以同样理由持有这类历史观，知识推动社会进步的观念在其时已被人们广泛地接受。人们普遍认为，依靠人类理性的能力，不仅能够推动自然科学知识的发展，也能推动人类社会物质生产的进步与精神生活的提升。这种理性主义的进步观念为十八世纪出现的历史哲学奠定了基调，于是我们看到了维柯在他的《新科学》中对这种历史观念的接纳。《新科学》发现，"诸民族所经历的历史过程，沿着诸民族的全部变化多端、纷纭万象的习俗而显出一致性前进"[1]。这个前进的过程表现在神的时代、英雄的时代与人的时代的依次更替中，同时也表现在政体、制度、人性、文化、宗教、道德等方面的变化中。缘于时代发展的社会体验，或者是更多地缘于道德情感与对未来生存的信仰需求，人类历史应该是不断的趋向无限的善，而不是走向毁灭，历史的未来必须是乐观的，任何悲观结果即使为真亦不足取，这个善就是历史的目标。这种历史观念典型地表达了启蒙以来理性主义的精神境界和思维特征。

以辩证思维著称的德国古典哲学在形而上学领域极具颠覆性，但在历史领域却失去了以往的批判能力。如在康德的历史哲学中，历史之法就是大自然绝

---

[1] 维柯:《新科学》，朱光潜译，人民文学出版社，1987，第459页。

不做徒劳无功的事，因此之故，人类的理性就必然要在人类身上充分地发展并表现出来。这几乎完全承袭了牛顿在自然科学中的命题，所以，康德的结论就只能是，大自然既然赋予人类以理性，这种能力终将在时间的进程中显示出来并得到充分的发展，它展现了人类历史不断进步的历程，即由自然状态进入文明状态，再由文明状态进入公民社会，直到最后要有一个安斐克提昂联盟式的永久和平。历史进步是通过文明的起源、生长、衰落和解体的循环最终一定能够实现，"人类历史中的周期性运动，正如车轮的物理转动一样，通过自身的单调的反复循环运动，形成另一个具有更长节奏的运动，对照之下，可以看出这是朝着一定方向的渐增的前进运动，最后达到了它的目的地"①。

与康德历史哲学的独断论相比，在黑格尔的历史哲学中，他是以辩证的方式将历史上升为其思想体系内的一个运动的环节，只要接受了这个思想体系，那么黑格尔所设定的历史观念就不会存在根本性问题，只是这个假设在黑格尔之后已经被证明是不可能的。尽管如此，人们并没有完全否定黑格尔对历史的思辨观察，"他是第一个想证明历史中有一种发展、有一种内在联系的人，尽管他的历史哲学中许多东西现在我们看来十分古怪，如果把他的前辈，甚至把那些在他之后敢于对历史作总体思考的人同他相比，他的基本观点的宏伟，就是今天也还值得钦佩"②。黑格尔毕竟在推动历史思想的解放中做出了一定贡献，思辨历史哲学对历史运动的揭示，逐渐显示出一种历史性思维、显示出辩证的思维方式，使机械论的观念被远远地抛在历史之外。就像他主张的那样：凡是在自然界里发生的变化，无论它们怎样种类庞杂，永远只是表现一种周而复始的循环，而历史与自然不同，它是一个不断发展的由不完满向完满、由不自由向自由的进步过程。世界历史表现为其绝对理念的展开过程，也是自由精神获得完满性的过程。以此世界被划分为四个发展阶段，比如，东方诸国、希腊、罗马与普鲁士国家分别体现世界历史发展的这四个阶段——黑格尔这种举例无论何时都是很

---

① 汤因比：《历史研究》(下)，张文杰译，上海人民出版社，1986，第338页。
② 中央编译局：《马克思恩格斯选集》第2卷，人民出版社，1995，第42页。

冒险的，但愿他是出于帮助读者理解的需要而不得不为之。

但无论如何，历史的实体思维只是一种远离历史实践逻辑的思想演绎，只是按照思想本身而不是按照历史本身来安排历史，如思辨历史哲学那样，成为一张恒久不易的刑具式普洛克路斯忒斯铁床①，任何不适应这张铁床的内容都必须接受思辨哲学的改造。思辨历史哲学偶尔只是在形式上把历史主体放到创造性的位置上，但始终有一种不可抗拒的历史之外的力量把历史之中的人置于一种被动的地位，从而剥夺了历史的属人本质，这种哲学的超验性应用到历史之中，使其"太猛烈了而不可能成为不可置信的"。②

总之，在哲学的实体思维下，历史与其实践内容被分割，全部的历史逻辑无非是以抽象观念为基础的演绎，因而导致历史的进程并非历史本身发展的逻辑所致，历史的进步也并非历史实践的进步，而是一系列"自由理性"或"绝对精神"的进步。不仅如此，以西方社会发展内容与思想传统为基础的历史观念还具有严重的历史中心主义的偏见，"世界历史一向就是历经从中国的'纯有'至'绝对理念'的各范畴而进展的，绝对理念看来在普鲁士国家即使没有完全实现，也接近实现了"③。这种直白的表达使得置身于西方文化之中的罗素也颇有反感："奇怪的是，一种被说成是宇宙性的历程竟然全部发生在我们这个星球上，而且大部分是在地中海附近。"④

当代英国知名学者格鲁内尔将过去的历史哲学中历史发展模式问题归纳为两类，即"千禧年论"与"可臻于完善论"。相对而言，后一种类型更容易被人们所接受，不是因为后者更容易论证，更多的原因可能是后者更适合补足人们心理上的空白。格鲁内尔把杜尔阁与孔多塞视为"可臻于完善论"的例证，这种历史哲学认为，历史是一个不断改善的过程，它是一个相对平坦、自律的、无痛

---

① 普洛克路斯忒斯(Procrustes)是古希腊神话中的一个强盗，据古希腊历史学家狄奥多的故事描述，普洛克路斯忒斯开设黑店，拦截过路行人。他故意设置一长一短两张铁床，强迫身高者睡短床，身矮者睡长床，然后利用暴力按照床的尺寸来处理身体。
② 参见沃尔什：《历史哲学导论》，何兆武译，广西师范大学出版社，2001，第160页。
③ 罗素：《西方哲学史》，何兆武译，商务印书馆，2004，第282页。
④ 同上。

苦的过程，未来是对过去和现在的补充或发挥，以后的状态还会更好，后来不断地超越先前的状态。这种"可臻于完善论"看似是给历史留有余地，但是其本质仍是"心胸狭隘的"，它是一种羞羞答答的终结论。"千禧年论"指的是把历史看成一个未来是封闭的，历史将有一个最后的状态，在这一最后的状态里，全部历史发展停顿了。虽然世界仍将延续，但已经不再具有新奇性，历史的可能性完全丧失，它可能有量上的提升，但不再有质方面的跃迁。一言蔽之，思辨历史哲学的历史进步尽头将是一个只有量变而没有质变的历史休克。

时至当代，这种历史中心主义又曾以历史终结论面目出现，比如，世界历史终将终结在西方资本主义的模式中，从此，人类一劳永逸地获得最适宜的生存状态。如弗朗西斯·福山在《历史的终结及最后之人》中所讲述的，他已经看到了历史的终点，人类历史的意识形态斗争已经以西方式自由民主的胜利而告终，此后只会有局部的矛盾，自由民主制将不再拥有真正的对手。在后冷战时代西方人的自我颂歌中，"历史终结论"曾是唱得最响、传得最远的一曲，而历史的现实结果是，冷战结束之后的历史并未"终结"，西方式自由民主并未如期成为世界历史的普遍理念，相反，与西方不同的发展模式和意识形态自古以来在全球不同文明中一直存在，并在当代继续开花落果，中国式现代化发展的历史事实为全球树立了另有其他选择的成功典型。

第三节
实体思维下历史神学的叙事观念

脱离现实的抽象理性无法适合世俗世界下具体的历史内容，至少是无法安抚被一定社会历史条件剥夺的个体的身体与心灵，因此，实体本体论观念下不可能存在有生命的历史内容。但如果从时间上往前追溯，这种实体思维的历史哲学还曾与此前同样是实体思维的基督教神学有着一定的历史关联。基督教神学在发展中继承了古代希腊理性主义的文化传统，并在信仰的名下改造了传统的历史观念与叙事模式，在历史理解的多个层面上对其后的历史哲学产生了深刻的影响。

一、历史神学的叙事观念革新

基督教在神学的名义下建立的上帝实体在世俗层面上满足历史理解的一些要求，在某种程度上暂时摆脱了从前的自然哲学实体论在解释历史中遇到的问题，从而使历史获得了一定程度的世俗意义与普遍价值，这种历史神学的解释模式与其后产生的历史哲学共同拥有一些令人惊奇的相似目标。因而也可以这样来理解，完全意义上成熟的历史哲学是现代社会的产物，而其采用的一些解释方式和叙事模型却并非现代的独创，基督教神学体系在一定程度上创造性地尝试了解释历史的一些新型模式，拓展了思考历史问题的视域，并在宗教神学的名下使包括全人类的、全部时空的世界历史在救赎的道路上获得了一次幻想的解放。

将历史研究与基督教神学相提并论可能会觉得有些突兀，因为在一般观念中，基督教神学所研究的是彼岸的信仰对象，而历史学所研究的对象与之显然相差甚远，将二者联系起来只是现代研究中一种历史理解线路。因为一些现代研究者认为，自古希腊以来，西方人在历史学方面取得过辉煌的成就，但在中世纪以前，历史并不是人们关注的重心，甚至不曾有过对历史的系统性思考，直到基督教神学的出现，在历史的解释工作方面才出现了系统性的突破。基督教神学在体系化的过程中为历史的可理解性创设了多种形式，即使是在这种宗教神学没落之后的很长一段历史时段中，它仍旧影响着历史思考的倾向。在具有颠覆性批判思维的启蒙时代亦是如此，"启蒙运动以两百年前首次出现的观念为基础，系统地阐述和制定一种世界观，历史哲学的提出可以被视为这一过程的一部分。"[①]可见这种宗教神学对其后历史观念的影响之深。

基督教神学在孕育与发展的过程中不仅仅诉诸信仰的力量，同时也吁求以

[①] 格鲁内尔：《历史哲学——批判的论文》，隗仁莲译，广西师范大学出版社，2003，第36页。

古代希腊理性主义作为神学的思想根基。因而，理性神学体系一直在努力让理性主义逻辑为信仰服务，这种思想初衷使古代希腊的理性主义在世俗世界重新找到了一个试验场，使原本属于信仰体系的非理性宗教成为理性慎思的对象，使基督教信仰与希腊理性主义一并获得了巨大的历史空间，如卡尔·洛维特认为，"如果我们留意史学文本中的历史解释模式，我们就会发现，历史神学所首创的理解历史的方式几乎没有例外地成为后世历史哲学的历史解释原则，只是后世的历史哲学在致力于世俗化的道路上更加努力罢了。"①

如果在现代学术氛围内来理解洛维特的意见，那么这些意见无疑是构成拒斥传统形而上学运动的一部分，但单就其所指出的历史哲学在解释模式上的特征而言，诸如"历史的整体论""面向未来的特质""进步论观念"等，几乎无法否定现代历史解释方式与历史神学之间密不可分的联系。持有类似观点的柯林武德在《历史的观念》一书也曾就此指出："欧洲人的历史观念出现过三次巨大的转折，其中一次巨大的转折就是基督教思想的影响重新塑造了历史的观念。"②这类意见认为，同古代希腊人的历史思想相比，基督教神学体系创造了理解与表达历史的诸多形式要素，这远远超出了古典思想中单一而混乱的，至少是很不清晰的历史观念。

一个突出的区别是，历史神学的时间观念明显地表现出与古典观念决裂的痕迹。对于古代希腊人来说，时间的观念似乎并没有和经验的对象相分离，一些人主张，时间是无所不包的天球的运动，而另一些人主张，时间就是天球本身。即使是希腊思想集大成者亚里士多德，其时间观念至少在《形而上学》与《物理学》中的论述是晦涩的，在一番颇为费力的推理后，亚里士多德依然并不十分肯定地说："时间不是运动，而是使运动成为可以计数的东西。"③这和奥古斯丁当初思考时间时的困惑是一样的："假如没有人问我，我知道……假如我

---

①卡尔·洛维特：《世界历史与救赎历史》，李秋零译，生活·读书·新知三联书店，2002，第16页。
②柯林武德：《历史的观念》，何兆武译，中国社会科学出版社，1986，第52页。
③亚里士多德：《物理学》，张竹明译，商务印书馆，2004，第125页。

想向询问者解释时间,我不知道。"①因而,在希腊人经验的碎片世界里,时间观念始终存在着难以调和的矛盾,而基督教神学却从中获得历史的启示,从而使这种外在的时间观念发生了改变。奥古斯丁在《忏悔录》中推导出一种突破性的时间观念:"时间不过是伸展,但是什么东西的伸展呢? 我不知道,但如不是思想的伸展,则更奇怪了。"②对于奥古斯丁而言,希腊人将时间截然地区分为过去、现在和未来的方式是有问题的,因为时间必须是内在的、无法分割的,而不是外在的、可分割的,一种与现在没有关联的过去与未来都是毫无意义的,只要时间被视为外在的对象,它就必然会与人相隔离、与历史相隔离,必然在开端与结束问题上矛盾重重、在经验世界难以为继。因为在外在的时间观念中,人类历史只能是一种毫无意义的机械运动过程,如赫西俄德的历史观念那样,全部的历史进程不过是沿着"黄金""白银""青铜""英雄""黑铁"程式的倒序运动,其后又由于神的干预又重新开始,如花谢花开与潮涨潮落的经验内容一样,虽是一种运动与变化,但这种运动与变化毫无发展可言。在柏拉图《蒂迈欧》篇内,历史的进程是两个阶段的对立运动,第一个阶段的人类历史因造物主之故才不至于腐化堕落,但在接下来的阶段内,社会便趋于腐化,最终结束在一种混乱状态中。古代希腊人对变动不居的现象界观察中,尚缺乏时间观念的内省,也无明确的历史发展观,这种信念的结果使得"一种永久性循环的观念剥夺了事件的个性特点"。③

与这种外在的、断裂的、无序的或循环的时间观念相对应,历史神学以神圣的方式在世俗世界推行了一种完全不同的时间观念,在目的性的、有限的、不可重复的时间里完成仅有的一次创造、一次堕落、一次审判、一次拯救,使基督教神学下的历史观念具有与古典世界完全不同的特点。在古典的观念中,世界的变化如潮涨潮落、花谢花开,都是无休无止而缺乏根据的,这对于基督教神学来说也是无法接受的。因为在一种外在的、断裂的、无序的或循环的世界秩序

---

①唐纳德·R·凯利:《多面的历史》,陈恒译,生活·读书·新知三联书店,2003,第398页。
②奥古斯丁:《忏悔录》(卷11),周垠译,商务印书馆,1981,第247页。
③A. Stern. Philosophy of history and the problem of values. Mouton and Co-'-Gravenhage,1962, p43.

下，人的命运亦如自然之物那样循环往复、不可捉摸，或者在偶然性中去期待幸运与不幸，人们无法期待任何具有新颖性、解放性与终极性的东西，无法奢谈一种发展或未来，因而无任何历史可言。然而，恰恰是一种浓重宗教情怀的基督教神学为解决这些需求提供了别样的方式，为世俗世界中的人们提供了神圣的许诺与寄希望于未来的福音。

二、历史神学的话语模式拓展

基督教神学从重塑古典世界关于时间的观念开始，进而在神圣权利的庇护下与古典历史观念进行决裂。按照神圣意志的要求，历史缘于创造，一切被创造的有限物，都被置于一个无限创造的过程内，这种有限与无限的关系存在于被造物与造物者的神圣关联中。有限的被造物是世俗世界的对象，他们无一不因这个不动、不变、自因、唯一、永恒的造物者而获得了全部的历史内容，其中当然包括诸如历史创生、历史秩序、历史目的等问题。在神圣意志的关照之下，原本枯燥乏味的人类活动过程瞬间变得意义非凡。较之于古典观念，无论是柏拉图的"理念"还是亚里士多德的"实体"、德谟克利特的"原子"，他们无一不是以一种外在于历史的实体来诠释世界以及人类的历史活动。无论对于"分有说"还是对于"四因论"而言，都无法完全满足理解历史的需求，也当然无法完全满足理解个体行为的合理性。尤其是在"原子论"的观念下，在此充满必然性运动的世界里，自由选择的历史根本不可能，只能如原子的运动一般遵循所谓的必然轨迹，其思维的非历史性显而易见。难怪很多人认为，希腊人虽有伟大的哲学与历史学，却缺少历史性的思维与发展性的观念。相比之下，在古希腊罗马的废墟上创生的历史神学启用了不同于从前的解释原则，这一历史神学遵从了"各个民族和国家……凡上帝所创造的，都可以由于朝着新的目标对他们的性质重新定向而加以调整。于是通过神恩的作用，上帝便能使已经被造出来的人或民族在性格上得以发展"[1]。历史神学表现出与古代希腊思想不一样的

---

[1] 柯林武德:《历史的观念》，何兆武译，中国社会科学出版社，1986，第53页。

思想特质，首创性地提出了与古典思想有异的解释历史的模式，尽管是在上帝的名义下，但至少从形式上而言，这种历史神学在其时代上开启了另一种理解历史的观念。

首先，基督教神学应用了目的论的历史解释方式，历史并不是漫无目的的运动，而是朝向一个目的的运动。这种解释方式显然不同于古代希腊以来的思想传统。在灿若繁星的古代希腊思想家中，几乎没有人对历史的目的性有明确的解答。比如，希罗多德只是从史学或史学家的目的出发，为史学叙事行为做说明："为了对往事的记忆不至于随时光的流逝而从人们头脑中抹煞，以便希腊人及外邦人所做的伟大而光辉的业绩，特别是他们彼此战争的理由，不至于失去荣誉。"①而对于历史本身的目的性，他的撰述中并未系统阐述过。在亚里士多德的"四因论"中虽然也包含"目的因"的解释要素，但这一"目的因"力主阐明的对象是实体运动，虽然实体的概念已经涵盖了人类本身的活动内容，但最终并未厘清自然的目的和历史的目的有什么明确的界限。

在朝向一个目的的运动中，历史成为一个具有客观必然性的过程。历史的目的与上帝的意志合二为一，并在世俗生活的场景下展现为一种诗意的秩序，正如《旧约·诗篇》所言："耶和华，我们万能的主啊，你的名在普天之下何其美！"②彰显在世界万物流变之中的上帝意志的实现过程是注定的，世俗的权力与智慧无力打断这个终极的目的与进程，这一历程的必然性与实体本体论的"原子论"所关涉的必然性已经不再是同一个命题；也迥异于那些充满偶然与诡异的希腊史学家们对历史的描述："当城邦或是民族将要遭受到巨大灾祸的时候，上天总会垂示某种征兆的。"③在类似这些史学的叙述中，历史的进程不止一次地嵌入诸种盲目的且显然完全脱离经验世界的神谕。

在历史神学体系下，历史首次被赋予创生性的变化，发展的观念被提升，并

---

① 转引[英]格鲁内尔:《历史哲学:批判的论文》,隗仁莲译,广西师范大学出版社,2003,第157页。
② 据中国基督教协会1995年版《圣约》第八章第九节内的英文部分译出,原文"O Lord, our Sovereign, how majestic is your name in all the earth!"
③ 希罗多德:《历史》,王以铸译,商务出版社,1985,第42页。

在世俗世界里显得十分必要。在包含着固有目的且不为世俗世界所撼动的活动过程中，历史成为从尘世之城向上帝之城奔赴的正当历程。在奔向目的的运动中，尘世之城的全部活动被提升到一种道德与义务的水平上，个体命运因其不同的选择而承担不同的命运，历史首次屈从于个体的选择与其行为后果。按部就班的世俗生活从此有了期盼的理由，日常的忙碌在神圣名下也就获得了存在的价值。更重要的是，人们的全部活动过程有了神意的关照，便不再被理解为经验的偶然性累积，而是有理可循、有章可法的。"其结果，就是人类从根本上面向未来、关心未来。这种在盼望中面向未来的态度上升到道德的地位，成为一种宗教诫命，这在以前是不可能的。"①在这个意义上说，基督教神学思想使人类关于历史的认识得到了升华，它把人们从充满偶然性的历史观念中解放出来。如此种种，尽管历史神学精心营造的是一种神圣权力下的历史观念，但较之于古典的历史观念，这显然是一种历史解释观念上的创新。

其次，基督教历史神学创造了一部包括已知地域内、囊括所有人的普遍历史和崭新世界观念，四海之内皆是上帝的子民，照拂于神圣之光中无一例外。反观古希腊罗马时期的历史叙事观念，却到处充斥着浓重的"中心主义"观念，无论是希罗多德、修昔底德、色诺芬或是李维，在他们的观念中，历史总是以地中海沿岸为中心的地域史，历史的荣光毫无吝啬地普照在这一中心，叙事主体将不同于中心文化的其他文化内容视为异域文化并为其冠以"蛮族的"标签。这显然是一种非历史的狭隘观念，以至基督教历史学家尤西比乌斯在历史撰述中常为这样的观念所困扰："我们是希腊人还是蛮族？"②在对地域性的狭隘观念反思之后，尤西比乌斯相信自己的判断：如果一部历史的叙述努力说明"蛮族"与"文明"的对立，那么，它就只能是一种偏执的观念、只能是一种中心主义的观念，基于其上的任何一部普遍的历史绝对是不合理的。

而根据历史神学原则，人类的历史本身就应该是一部世界史，而且必须是一

---

① 格鲁内尔：《历史哲学：批判的论文》，安希梦译，广西师范大学出版社，2003，第24页。
② 唐纳德·R. 凯利：《多面的历史》，陈恒译，上海三联书店，2003，第157页。

部讲述从开始到结束（结束于永恒）的通史，它将一直回溯到人类的始源，以至囊括所有的地域为止，即使是像美洲新大陆突兀出现的那一刻，这种神学原则也不应被破坏——唯有"人们一致赞同，印第安人是亚当和夏娃的后代"①，一部普遍的历史才不至于断裂。因而，人类完整的世界通史自然而然会关照不同地域、不同种族，甚至是不同文明程度中的芸芸众生，他们无一例外地具有平等参与历史的权利。奥古斯丁的《上帝之城》为此提供了一种样板：一种贯穿人类活动始末的、涵盖人类全部活动范围的世界历史新图景，彻底地放逐了狭窄的历史时间与历史空间的观念，以一种历史性思维把人类的活动过程理解为一个具有理想性与整体性统一的过程。源于这种特殊的谋划，"一种意义较为深刻的、普遍的东西的历史，一种格外普遍的东西的历史"②从此被开启。这种开启方式实实在在地拓展了人们观察历史的视野。以至于在现代历史哲学的解释方式中，虽然涤荡了历史神学中的神圣性，但依然未能轻易地抹除历史神学所初创的原则。

再次，历史神学使用递进式的分段方式嵌入人类历史活动的全景中，从而使全部的历史过程成为一种可理解的合目的性的模式。在《上帝之城》的设计中，从历史的诞生到"永恒福音"的时代，这是一个从平庸到崇高、从腐朽到永恒的迈进过程，历史被赋予发展的本质。在此发展的过程中，是"上帝之城"对"尘世之城"的超越，历史也必将具有与过去完全不同的特质，全部历史可以划分为三个阶段，即"圣父时代""圣子时代"与"圣灵时代"，人类最终将会进入"永恒福音时代"，世间充满爱且能够直接沉思上帝。在这种历史神学的结构安排下，历史发展中的每一个阶段都独具特质，历史是按照"进步"的模式被编排的，前一个阶段是没有带领者的黑暗时期；而后一个阶段是富有无限福祉，值得无限向往的时期，并且这两个阶段具有非同一般的关系："第一部分是前瞻的性质，包括对一件尚未显现出来的事件在进行盲目准备；第二部分是回顾

---

① 斯塔夫里阿诺斯：《全球通史：从史前史到21世纪》，吴象婴译，北京大学出版社，2012，第401页。
② 克罗齐：《历史学的理论和实际》，傅任敢译，商务印书馆，1982，第163页。

的性质，取决于显现这时已告完成的这一事实"①。因此，历史神学把历史发展的阶段性模式以神圣的方式黏合在一起，使历史成为一种在神圣法则下可以接受的模式。一旦这种解释方式失去神学的庇护，这些理解历史的观念除了可以粘贴理想主义或乐观主义的标签之外，它们无论如何也不可能是理性推演的结果。但让人意外的是，历史神学的这些表达方式却深刻地影响了后继的历史思维，甚至延伸到启蒙时代之后所诞生的历史哲学的表达模式中，比如，杜尔阁与孔德"三阶段论"的历史分期，黑格尔的"精神"与"自然"关系的三个阶段的发展理论，等等，明显与这种历史神学在形式上有共通之处。

尽管基督教神学在新的历史观念的发展中曾经担当过一种急切的力量，赋予历史以新的内涵，也创设了种种理解与解释历史的新形式。但对于现代历史观念而言，这种具有明显神圣特色的历史神学无法为现代生活世界所接受，因而，无论奥古斯丁如何具备虔敬的气质，他的神圣设计并未铺通朝向全面福音的道路。尤其是在"上帝之死"后，历史哲学拒绝这种把神学注入历史的方式，而只是把神学纳入历史的范畴，从而使历史的思维在新的时代下得以不断更新。

三、历史实体观念的终结

在中世纪之后，西方文艺复兴运动以世俗的方式使历史的观念与神圣力量逐渐相分离，继而启蒙思想又以乐观的方式对生命的意义与价值重新诠释，人们普遍要求诉诸一个更广泛的原则来理解历史过程的合理性与世俗意义，并希望发现一种基本的历史解释原则，这种新的解释原则"不仅仅能够适用于文明世界的近期历史，而且也能够适用于一切民族和一切时代的历史，那些野蛮和迷信的时代至少在原则上就变成可以理解的；同时也有可能观看人类历史的整体，如果不是作为人类理性的历史的话，至少也是作为人类意志的历史"②。因而，一种

---

① 柯林武德:《历史的观念》,何兆武译,中国社会科学出版社,1986,第57页。
② 柯林武德:《历史的观念》,何兆武译,中国社会科学出版社,1986,第99页。

建立在普遍意义或哲学原则之上并区别于对历史现象进行单纯描述的"哲学的历史"①应运而生。

如上一节所讨论的，黑格尔的思辨历史哲学就是这种"哲学的历史"的代表。思辨历史哲学最为艰巨的任务就是，在去除宗教的神圣法则之后，历史何以可能？黑格尔创造性地以"绝对精神"的自我展开赋予历史以新的内容："在自然界里，真是'太阳之下无新事'，而它的种种现象的五光十色也不过徒然使人感到无聊。只有在'精神'领域里的那些变化中，才有新的东西发生。"②同时，思辨历史哲学无法拒绝先验历史模式的诱惑，期望能够获取一种历史的先验模式，以便安置现实的历史世界，即期望像在康德批判哲学中所发生的那样，能够出现一种类似于历史实践与先验模式的"先天综合"。但这种历史思维使思辨历史哲学遇到了真正的困难：寻找"先天综合"的努力在"理性的狡计"中陷入了形而上学的幻象，自由自觉的历史主体最终没有被置于应有的位置之上，历史的合目的性与合规律性统一只能依靠在类似"热情"与"理性"的斗争中去实现，因而，历史只能是"精神在时间里的展开"③，这便成为思辨历史哲学理解历史的唯一选项。

在思辨历史哲学处于发展巅峰的同时，历史研究在批判哲学的影响下已经开始转向认识论维度的批判思路，"批判的历史哲学"应运而生。自康德开辟形而上学领域的批判以来，人们愈加倾向于一种前提批判的兴趣，即没有经过认识论审查的本体论是非法的，历史领域也应如此。人们对历史事实的认识也必须于前提批判的视野下，从这种意义上而言，历史认识论批判的历史研究方式无疑就是康德的"纯粹理性批判"在历史领域的扩展。新的历史研究方式首先要求肃清历史认识的机制，而不是独断地言说历史的本体；当然，在"历史事实"尚未澄清之前，就更不可冒昧言说诸如历史的规律、历史的意义等本体性问题。

发生在历史领域中的这种认识论转向如批判哲学一样，撼动了根深蒂固于

---
①参见黑格尔著、王造时译《历史哲学》绪论部分中"观察历史的三种方法"。
②黑格尔：《历史哲学》，王造时译，生活·读书·新知三联书店，1956，第49页。
③黑格尔：《历史哲学》，王造时译，生活·读书·新知三联书店，1956，第113页。

传统中的"历史事实"的念，使"实在"变幻为主体认识下的"影子"，同时也使这种历史认识论思维自己意识到历史认识过程的复杂性，使传统的客观性观念在历史研究领域中被进一步地驱除，提醒人们应更加审慎地区别历史研究方法与自然科学研究方法。然而，同这一时代的批判哲学一样，"批判的历史哲学"终究无法避免存在于本身内的问题。它同样也存在着认识论方式本身的矛盾，"历史的哥白尼"必然也导致"历史的物自体"。"一切历史都是当代史"①"一切历史都是思想史"②就似乎就是自然而然了。另外，在历史本体问题被转嫁为历史认识论问题之后，叙事的合理性问题便成了一个巨大的问题，历史认识的客观性此时仅限于经验和实证的范围内。因而，认识论转向的历史哲学不仅完全偏离了历史本身，也使历史学作为一门学科的合法性岌岌可危，在悬置历史的本体之后，它无力去调和历史认识结构中的主客体，给历史研究，尤其是史学叙事带来无尽的烦恼。

这种镜式的历史认识观念在绝望的"历史物自体"中走向了式微，然而，在后现代主义思潮影响下，历史哲学进入了一种被称为"语言学转向"的研究路数，这就是以海登·怀特为代表的历史叙事学。后现代历史叙事学采取了与传统历史哲学研究完全不同的策略，这种被认为是"革命性"的历史研究方式，不仅弃置历史本体问题不顾，也搁置了认识论批判的研究路数追求历史事实的努力。出人意料的是，"语言学转向"的历史哲学完全陷入了一种历史文本的形式解析方式，在融入了结构主义语言学的思想风格中，通过对"历史学家—文本—历史事实"的结构主义分析，提出了对传统历史思想方法的质疑，进而把问题指向了历史叙述的真实性与客观性。"语言学转向"的历史叙事学倾心于历史学文本的话语方式、修辞风格、写作策略等形式因素的分析，使叙事形式几乎超越了叙述内容而成为历史文本中的核心要素。

这种富含后现代韵味的历史哲学的确具有震撼传统的力量，无疑是一次历史思维的解放，借助这一研究方式，历史文本从内部走向外部，从封闭走向开

---

① 克罗齐:《历史学的理论和实际》，商务印书馆，1982，第6页。
② 柯林武德:《历史的观念》，何兆武译，中国社会科学出版社，1986，第244页。

放，史学叙事主体与历史文本不再是此岸与彼岸僵硬对立。并且，文学性因素被自然地引入历史叙事的内容，不仅使史学叙事获得了一定范围内的合法性，也使文学叙事获得了巨大历史空间，即使是类似"天生玄鸟、降而生商"的文本内容，也完全具备史学的价值。"文"与"史"、"虚构"与"真实"在"历史的诗学"中达成了一种视界融合，后现代历史叙事学巧妙地跨越了学科间的传统壁垒，使史学、文学、哲学等学科兼容并蓄、相得益彰。

但这种极富诗意的历史想象图景却毫不掩饰其研究的性质，历史叙事学声称自己仅仅是对历史的形式研究，而且其根本指向也不在意历史本身。当历史叙事形式被置于历史研究的中心位置时，叙事的内容便完全沉浸在审美、道德、政治意识形态等形式要素中，从此历史的"真实不再"那种声称客观地描述过去的历史学当然更是徒劳无望。

在历史学终结的挽歌中，历史本身只能是"一个无根基性、无方向性的表述"①。并且，一旦历史研究接受了这种模式，就会成为这种策略的俘虏，历史学家的描述对象与他们的历史观念受到特定语言模式的限制，在一定程度上也必然成为语言模式的囚徒。后现代历史叙事学虽然也毫不避讳地认可这一批评，但却时刻提醒人们不能用传统的思维看待这种研究方式。故而，海登·怀特首先在概念上进行一番别具匠心的改造，以便使这种历史研究方式与传统历史思维区别开来，于是这种以语言形式为研究中心的"历史的诗学"又有一个新的称谓，即"Metahistory"。大陆学者根据海登·怀特的著作（Metahistory: The Historical Imagination in 19th-Century Europe）把"Metahistory"译为"元历史"；稍有不同的是，台湾学者将之译为"元史学"，这两种翻译方法所处的视角决然不同。从该词的结构上而言，无论是"元历史"或"元史学"，其本意已在英文构词法中完全显露——其真实的旨趣并不在历史本身，而在历史（History）之外（meta-）。"Metahistory"一词的发明至少意味着两个方面：其一，"元史学（元历史）"在思想内容上是对传统历史观念的反动，不仅是有别于传统的史学观念，也有别于传统的历史观念；其二，在历史认识论与史学方法上也独树一

---

① 伊格尔斯：《历史叙事学与后现代主义》，李丽君译，《东岳论丛》25 卷第 6 期，第 28 页。

帜、标新立异,"元史学(元历史)"是置身其外的一种解读历史的方式,它既不从事历史认识论的批判澄清,也拒绝谈论历史本身。海登·怀特仍试图说服人们,正是置身其外的态度,才使我们有可能获得一种理解历史的合理视角,因为在这种"历史的诗学"观念下,"边缘"并不意味着在"中心"之外,"形式"乃是寓于"内容"之中,"诗意的"并非仅仅是一种风格或气质,"修辞的"也并非随意的,相反,它是史学文本中蓄意的或"别有用心"的编排。文学于是成为构成"历史想象"过程中不可或缺的要素,破除了传统观念下作为"前景"的文学与作为"背景"的历史现实之间僵硬的对立,文学、史学、哲学等学科之间恒久而坚硬的壁垒便可以诗意般地化解。

西方哲学思潮变迁对历史研究领域产生直接而广泛的影响,在一定程度上,西方历史哲学的发展过程也可以视为西方哲学思维在历史领域的投射。尤其在现代哲学思潮的影响下,西方历史哲学理论从内容到形式都发生了与时代思潮极其一致的变迁,清晰地昭示着历史思维演化的时代图景。历史哲学的形态在移宫换羽中使历史研究历经了激烈的思想更新与视角转换,在历史哲学关注的中心不断转移、研究的方法不断变革中,作为实在的历史与作为对历史实在描述的历史学所隐含的问题更加明晰,历史哲学就在这些中心的转移与方法的变革中不断开拓视野,擢升思维的历史性。但西方历史哲学的缺陷也是根本性的,其思想批判的决心往往并没有如其声称的那样彻底,而寓于诸如"思辨的""认识论批判的""语言学的"的狭隘空间里,常常顾此失彼,舍本逐末,历史哲学也就不可避免地走向了自身的反面,"没有'适应时间次序的历史',只有'观念在理性中的顺序'"[1]。在思维方式亟待革新的历史场域中,历史唯物主义需要在"宏大叙事(Grave Narrative)"崩塌之后作为一种急切的力量被寄予厚望,这一力量业已在历史思维批判性发展中不断地超越种种非历史的思维,并努力在不同历史话语权力的角逐中,潜心建构适合于时代的历史观念,以争取属于自己的历史话语权。

---

[1] 马克思,恩格斯:《马克思恩格斯全集》第4卷,中共中央马克思恩格斯列宁斯大林著作编译局译,人民出版社,1972,第143页。

第三章
历史的认识论思维与批判逻辑

从十九世纪开始，人们把更多的注意力集中在社会历史研究领域中，对社会历史的关注促使人们越来越认识到思辨历史的形而上学性，思辨历史哲学的思维模式愈加无法适应历史的潮流。在"分析的时代"下，一种所谓的"分析的历史哲学"从认识的主客体结构出发，要求对历史认识的形成机制与形成过程进行彻底的澄清，由此形成一种历史研究认识论转向的特有历史逻辑与叙事理念。

第一节
历史认识论转向中实体思维方式的消解

所谓"分析的时代"，指的是在分析哲学影响下所开启的理论批判与思想革新的这一时期。分析哲学并不是一种特定思想学派的称谓，它只是代指自十九世纪末期至二十世纪初，西方思想进入与传统形而上学模式完全不同的全新发展阶段。其典型特征是，拒斥传统形而上学的体系、方法与模式，将"欲望""意志""意识""存在""言语"等结构引入理论体系。分析哲学强调思考和表达的清晰性、准确性、严格性，强调逻辑分析和系统论证，尊重经验常识与自然科学现实成果，在方法论上主张以问题为导向的研究方式并与自然科学联系密切，其研究主题专业化程度较高而又往往不限于特定专业内，故而在学科交叉研究方面较为普遍。简而言之，分析哲学中所谓的"分析"，就是把复杂的、难以解决的大问题拆解开来，分成一个个较简单、更容易逻辑化或实证化的小问题，然后梳理这些小问题的逻辑关系，从而期望以小问题替代大问题或从小问题入手以解决大问题。但非常棘手的是，传统形而上学的固有特性决定了这种分析的方式根本无法拆解，由此自然带来传统理论的危机，而影响最为直接的就是历史领域。

一、历史认识论转向的理论前缘

思辨历史哲学对历史现实层面的忽视必然导致历史与逻辑的断裂、理论与实践的分离，无助地陷于"形而上学必然超越知识界限"[①]的僵局，直接导致其后分析历史哲学的研究路数完全摒弃这种历史的形而上学法则，而另辟蹊径从历史认识结构出发来重新审视从前的所有问题。它首先关注的不是历史进程、历史规律、历史意义等思辨历史哲学所讨论的历史本体问题，而是把关注的焦点从本体论问题转移到认识论问题，尤其关注历史认识的主客结构与工作机制。正如康德的批判哲学要求在讨论知识有效性之前需要对知识能力进行考察一样，认识论转向的历史研究同样也要求对历史认识过程中的认识能力进行反思，重新评判历史认识的性质以及历史认识结构中的主客关系。分析的历史哲学的出发点是，理解历史认识的过程与认识机制是获得历史认识的首要前提，正如"飞鸟不能超过它的影子"一样，人们在认识历史之前，必须批判审查自己的历史认识能力，审查传统历史认识过程中那些未加批判的关键因素与被忽视的重

---

① 格鲁内尔：《历史哲学——批判的论文》，隗仁莲译，广西师范大学出版社，2003，第1页。

要结构。

分析的历史哲学赋予自己的使命就是对历史认识中的前提假设、认识方法以及认识对象的性质等问题进行系统性的反思。与思辨历史哲学以历史的本身作为研究对象不同,分析的历史哲学搁置了历史本体问题而仅仅就认识论问题进行考察,这就彻底改变了传统历史研究的重心。在这个意义上,分析的历史哲学也被称为"历史学的哲学"。相应地,思辨历史哲学也被称为"历史的哲学"。从历史思维发展的脉络来看,前者的兴起是后者破产的逻辑结果,"历史学的哲学"所产生的效应至今仍未停息,而与之相比,"历史的哲学"则退居到次要的地位。

分析的历史哲学的这种认识论转向是多种原因造成的,除了为避开思辨哲学僵局而另辟蹊径的原因之外,它还与现代时期兴起的各种哲学思潮的影响相关。从现代思想整体演变的格局上看,分析的历史哲学是现代思想体系演变内容的一部分,一并彰显这一时代思潮的显著特色。

分析的历史哲学兴起时期是"分析的时代"精神的展现,这不仅仅是一个单纯的物质生产力革命的时代,也是一个思想革命的时代。一种思想冲击另一种思想正如一种生产力代替另一种生产力那样让人应接不暇。在科学技术进入一个全面发展的时期之后,时代精神不仅表现为人类对自然的驾驭与物质财富的激增,也表现在这种物质力量对人类思维方式方面的冲击。自文艺复兴、启蒙运动到现代社会以来,对自然科学的崇尚逐渐在全社会蔓延,时至今日。当我们回视这个时代发展的历史之时,无不惊讶地发现,在这个急促发展的历史时段中,全部思想,甚至是全部的社会生活几乎无不以科学为坐标,科学赢得了人们的信任并不自觉地成为社会认知的标准。在这个时代里,与其说知识变成了科学,还不如说科学变成了唯一的知识。这种逐渐变得根深蒂固的观念正如沃尔什所言的那样,"近代西方哲学起源于对十六世纪和十七世纪初期由数学和物理学所做出的非凡进步的反思;而它与自然科学的联系从那时起就始终没有间断。知识本身就等于由科学方法所获得的知识,这个方程式是由笛卡尔和培根的时代到康德的时代几乎每一个主要的哲学家所得出的"①。因而,科学的威望被一再放大,逻辑与推理的方法被视为解放的力量与人类未来希望之所系,如此强势的时代气息不能不投射到历史研究领域中来。

所以,受这一时期科学发展的深刻影响,一些人文科学研究者像是受到某种启发那样,认为科学的逻辑可能是理解这个世界的唯一逻辑。这种信念使逻辑分析与语言分析的方法被推广到自然科学以外的其他人文学科研究中,这类思想方法不仅使原有的形而上学思想体系急速瓦解,也使企图建立一套新形而上学思想体系的宏大愿望成为明日黄花,于是,一个所谓的"分析的时代"降临了。这个时代与从前时代的任务正好相反,它不是庞大的、综合性的体系建立的时代,而是庞大的综合性的体系接受批判的年代,无论是神圣的事物还是世俗的权威都无条件地接受思想的审察与批判。真理性与合法性已经不再追溯于它的古老性、神圣性与权威性,而是分析它本身是否具有批判性,是否能够经受时代力量的批判,否则,它只能被归为臆想之列。诞生在这一时期中的历史哲学也不例外,它必须祛除传统形而上学色彩并直面历史研究的现实问题。

然而在另一方面,在科学主义响彻云霄的流行思潮下同时也显露出日益深重的思想危机,由技术理性所导致的生存困境唤醒人们亟须对传统方式进行彻底反思。在此情形下,存在主义哲学提出"向生活世界回归"的诉求,期望以人的生存尺度来理解人的生活状况、理解历史的具体过程。如存在主义把人的具体性存在作为其思想关注的中心并据此认为,理解人及其历史并非如从前那般单单诉诸纯粹逻辑所能解决的问题,因为在存在主义理论中,历史是一个特殊的"存在"——"存在"不是作为名词而是作为动词以一种特有的方式揭示并融入历史、创造历史。因而,存在主义当初以思想的逆流出现,反映了时代危机中思想重生的希望,呈现了一种从传统本质主义向历史主义转向的新潮。如海德格尔从历史时间性角度切入对历史的理解,社会存在就是"时间性"对已在、当下和将来所"绽出"的历史。由此可见,从反本质主义的立场出发,海德格

---

① 沃尔什:《历史哲学导论》,何兆武、张文杰译,广西师范大学出版社,2001,第9页。

尔排除了客观的物理时间观念,而从"此在"的历史性角度审视人们具体的生活,从而认定那种只有自在之物而匮乏人类活动的理性主义历史是没有意义的。"历史主要不是意指过去之事这一意思上的'过去'……在这里历史意味着一种贯穿'过去''现在'与'将来'的事件联系和'作用联系'。从而过去在这里根本不具有优先地位。"[1]存在主义创造出诸如"本能""欲望""经验的直接性""存在先于本质"等生成性概念,在理解人及其历史的方面具有一定的思想解放作用,它对传统理性主义问题的揭示与批判,深刻地影响此后社会思潮的涌动,在此之后,生成论替代本质论,历史主义替代结构主义,开放理论替代固定体系日益成为一种广泛共识。

同样,现象学作为这一时代背景下兴起的另一种反传统思潮进一步破除传统形而上学的历史观念。对于现象学而言,绝对的历史主义同绝对的本质主义一样是不可接受的。现象学思想方式的出发点是,历史首先是作为一种意识的对象性活动而进行的,理解对象与理解生成对象的意识同等重要。因此,反思审查意识的生成结构迫在眉睫,如果可以在"本质直观"中把握历史的可能性条件,即可获得理解历史的一个前提。所以在现象学的体系架构中出现了"静态的结构的现象学"与"发生的历史的现象学"。其中,"发生的历史的现象学"是理解历史问题的关键。但是,鉴于现象学坚持"历史思考必须建基于或回溯到哲学思考之上"的理念,因而"发生的历史的现象学"是无根的,它必须以"静态的结构的现象学"为根基,"静态的结构的现象学"是一种哲学观或"实体论",是走向"发生的历史的现象学"所必需的前提反思。据此可以看出,在对历史问题的回答上,现象学从超越主客二分的"直观"活动出发,而不是从传统方式的理性分析开始,虽然这种策略仍然具有强烈的形而上学印记,但在现象学看来,"直观"最主要的作用就是可以悬置教条的理性主义,以便"意向性活动"可以在悬置后剩余的纯粹现象中进行构造活动,进而还原出对象的本质。在历史的意向性活动中,主体意识活动与生活世界在交互作用中赋予感知物以

---

[1]海德格尔:《存在于时间》,陈嘉应译,生活·读书·新知三联书店,1987,第429页。

内在意义。所以,胡塞尔在《欧洲科学的危机与超越论的现象学》曾指出,任何历史事实,不管是作为当下的经验事实,还是作为由历史学家所证实的过去的事实,都必然具有其内在的意义结构。

由此可见,现象所采取的这种策略,既切中时代问题,也呼应时代思潮,既是对本质主义的反思,也是对历史主义的呼应。虽然传统实体思维中理性的狂妄使人们逐渐失去了对形而上学的信任,然而当人们完全放弃生存的理想形态、彻底驱除理论结构基础时,任何历史法则都不可避免地陷入一种思想的无政府状态,必然就会造成一绝对历史主义的流行,在放弃对本质的诉求之后,虚无主义便大行其道,这正是历史主义的危机根源。现象学深刻地觉察到在哲学意识与历史意识之间的这种紧张关系,因而明确指出:"我们当然也需要历史,但显然不是以历史学家的方式,迷失在伟大的哲学形成于其中的发展联系之中,而是为了让它们本身按其本己的精神内涵来对我们产生推动作用。事实上,如果我们能够深入到这些历史上的哲学之中,能够深入到它们语词和理论的灵魂之中,那么就会有哲学的生命连同整个活之动机的财富与力量从它们那里涌向我们。"①由此,现象学与时代思潮拧成一股,推动了传统理性神话的覆灭,这在"科学主义"被奉为圭臬的氛围下,无疑具有巨大的思想解放作用。

除此之外,这一时期的历史研究也出人意料地与实用主义哲学混合在一起。不过在时下看来,这种混合表面上是思考出路,实际上倒更像是一种困境的表达,因为这种与实用主义混合着的历史思考无论如何都不能称为历史的新论,因它仅仅以"效果"论真理、以"实用"论事实,其所有的原则无一例外的是,"关于一种理论,信仰和学说的检验,必须是它对我们的影响,它的实际结果"②。这种功利主义概念发展到把逻辑的一致性和实证的是非论囊括在实际的利害观念中,其实用主义原则使本来已经处于混乱状态中的历史问题变得更加污浊。实用主义的历史原则在实质上是非历史的,从这种哲学出发,不可能

---

① 胡塞尔:《文章与讲演》(1911—1921 年),转引迪特·享利希:《在康德与黑格尔之间:德国观念论讲座》,乐小军译,商务印书馆,2013,第 66 页。
② 梯利:《西方哲学史》,商务印书馆,2000,第 618 页。

开拓出任何适合历史理解的原则。

二、历史认识论转向的思想基础

思辨历史哲学的僵局迫使其后的历史研究另辟蹊径，分析的历史哲学就是其后出现的一种。但分析的历史哲学与思辨的历史哲学并没有非常明确的时间界限，甚至有时候也不能对其进行简单的归类。比如，要追问分析的历史哲学到底是从何时开始，是谁首创，这些问题就非常模糊难辨，也很难取得一致的意见。因为我们往往发现，在同一种历史思想体系中常常也会出现两种不同的研究路数，它可能既有思辨哲学的思想方式，也可能包含着分析哲学的研究线路。如果一种历史研究探讨的是历史知识的性质、历史认识的前提、历史知识的客观性等问题，那这就是一个历史认识论问题，它在批判历史哲学思辨体系的时候当然也可能会有所保留，但这并不妨碍它被归类为历史研究中"分析的"一类。另外，如果一种历史研究探讨的是历史的发展规律、演进模式、存在价值等问题，并试图提出一种适合这种研究方式的理论体系，这无疑就是对历史本体问题的探讨，而关于历史本体问题的讨论不可避免地会超出历史本体论范围。所以事实常常是这样，一个对历史本体进行研究的历史哲学家不能不考虑历史认识与史学实践问题，否则就会被视为不顾基础研究工作而只是待在太师椅上坐享其成。

因而，对历史本体进行理论研究并不回避去做一些史学理论工作，正如马克思在其晚年对历史学所表示出的兴趣那样，他留下的《历史学笔记》[1]显示历史唯物主义并非坐在太师椅上工作的历史理论。国内外学界曾经一度在很长一段时间内对马克思、恩格斯的历史理论停留在这样一个认识的阶段：唯物史观是一个逻辑思维的产物，是一种概念、范畴、理论的描述，这种意见对于唯物史观形成的前期是有一定针对性的，但当马克思《历史学笔记》出现的时候，我们完全

---

[1] "历史学笔记"的名称在国际学术界有两种说法，其一指的是狭义的《历史学笔记》这一著作，其二指的是广义的"历史学笔记"，其内容除包含狭义的《历史学笔记》外，还包括《古代社会史笔记》，也被称作《人类学笔记》或《民族学笔记》。

可以理解，唯物史观并不是纯粹固守于本体论范围的研究，作为对"活的历史"的理解，它也具备时代认同的"分析的"灵感——即使如此，也需要严肃声明，唯物史观并不欲求实证主义的方式来解决历史问题，如果有人将之视为实证的产物，那只能是一个大大的误解，历史唯物主义既不属于实证史学，也不属于传统类型的历史哲学。因而，我们既可以将历史唯物主义理论视为对历史本体的研究，对世界历史发展的过去、现状与未来趋势的逻辑必然性研究，也可以将历史唯物主义当作一种史学理论，尤其是其在方法论上的指导意义。比如，《历史学笔记》独特的史学方法使之区别于马克思当时所使用的文献材料，包括施洛塞尔的《世界史》、博塔的《意大利人民史》、科贝特的《英国和爱尔兰的新教改革史》、休谟的《英国史》、马基雅维利的《佛罗伦萨史》、卡拉姆津的《俄罗斯国家史》、赛居尔的《俄国和彼得大帝》、格林的《英国人民史》，等等。虽然这些著作都是欧洲文艺复兴以来世界史研究中的重要作品，但《历史学笔记》从唯物史观基本原则出发，对不符合原则的内容进行严肃的批判。所以，历史唯物主义兼顾历史的本体的探索与史学问题批判，在方法上逻辑与实证兼备。唯物史观理论并没有将两者对立起来，而是从揭示人类历史矛盾运动的科学性、真理性这一总体目的出发，将两者有机地结合在一起。

另如，在以"天意论"来解释历史演进的《新科学》中，维柯就历史的发展模式、历史发展的客观性与历史中人的创造性等问题做了大量研究工作，他的《新科学》工作就是要从人类忙忙碌碌的社会生活中寻找出一种能够适应全部历史的规则，在此，《新科学》可被视为一部关于历史本体问题的论著。但另一方面我们也发现，维柯在其著作中也就历史认知结构问题进行审查，对历史知识的性质问题进行了哲学的反思，并试图理解历史知识的性质，为历史认识的客观性问题寻求一种认可的标准。《新科学》详细地论证了历史过程与自然过程的异质性，在此基础上对自然科学的原则与历史研究的原则进行了区分，这些活动显然超出了历史本体研究的范围。

同样，以认识论结构批判或以史学文本语言分析为对象的历史研究中，也会出现关于历史本体问题的逻辑论证。这是因为，所有的历史思考的最终目的就是要澄清历史本身的问题,理解人们自身生活应有的秩序、法则与意义,类似哲学语言分析与结构批判工作其实只是其最终目的的手段而已,迄今为止,任何一位关注历史、研究历史的人都会铭记这一点。弄清历史本身问题才是历史研究的根本问题,只是在现实情况中,很多关注者由于种种原因而没有来得及到达这个根本问题。虽然分析的历史哲学声称是历史认识的前提批判,但是,对历史的认识论问题的研究并不能完全摆脱对历史本身的思考,缺失对历史本身的研究,分析的历史哲学只能是盲目的,其历史研究工作将会成为名副其实的无本之木。因此,任何思想进展与理论发现,都不可能绝对排除一定的理论前提,那种声称从思想的真正基础开始的理论,如果不是从生存的历史现实出发,就不可能不陷入种种形而上学的虚妄之地。而那种欲求排除任何假设、欲求从知识的澄明之境出发,实质是从形而上学的虚妄之境出发。

尽管有那么多在性质与派别上不能明确归类的历史哲学,但是我们还是有必要注意一个学界的现象,这就是雷蒙·阿隆的《历史哲学导论》与莫里斯·曼德尔鲍姆《历史认识的问题》的同时出版,这两部论著被认为是分析的历史哲学的基础,也被视为历史研究进入"分析的时代"的标志。不过,也有将英国唯心派哲学家布莱德雷的《批判历史学的前提假设》(*The Presuppositions of Critical History*)视为分析的历史哲学的开端。但这些相对来说都是无关紧要的话题,因为这些历史著作所讨论主题内容在改变传统研究的线路上都是一致的。

沃尔什(William Henry Walsh)被认为是最先提出历史哲学为"思辨的"与"分析的"两种类型。他认为这种区分的意义在于,前者注重理解历史事件的实在过程,而后者关注历史认识的生成过程;也可以这样来理解,"把历史作为'对象'来看待的,一般被称作'思辨'(实体)的历史哲学,而把历史作为一门'学科'的,大多被称为分析的历史哲学。"[①]

与分析哲学要求批判以往思辨传统的前提相一致,分析的历史哲学要求在历史领域展开一种新的前提批判,即在人们获得真正的历史知识之前,必须首先

[①] 莱蒙:《历史哲学:思辨分析及其当代走向》,北京师范大学出版社,2009,第2页。

分析和理解历史知识的性质，必须对历史认识的前提、结构、方法与性质逐一进行彻底的反思。如此一来，分析的历史哲学就把研究的重点从理解历史本身问题转移到历史认识论层面。于是，这就来到了德国历史学家齐美尔所提出的一个康德式历史问题："历史学成为一个学科的合理性何在？"或者直接模仿康德的语言方式来描述："任何一种能够作为科学出现的未来历史学何以可能？"如此语调与句式的模仿凸显了在"分析的时代"下历史研究的理论困境。作为回应，诸如卡西尔的《近代哲学与科学的认识问题》、亨普尔的《普遍规律在历史学中的作用》、德雷的《历史学中的规律与解释》、加德纳的《历史解释的性质》、伯林的《历史的不可避免性》之类的著作所讨论的主要内容都是围绕这一核心问题而展开的。

在康德哲学中，康德认为，他的"先天综合"有效地解决了科学知识的客观性问题，先天的时空形式统摄经验界的感性杂多后，再经由知性范畴的进一步综合，提供了来源于经验的知识所必要的普遍性。只是这个思路俨然表明，在经验背后显然还有经验无能为力的内容，这就是所谓的"物自体"，这是康德纯粹理性批判过程中的一个逻辑剩余物，尽管康德在理性的演绎中充分地利用这个剩余物为其自由的理念开道，但这个剩余物无论如何对于经验世界是一个羁绊。在康德哲学的启发下，分析的历史哲学显然借用了这种认识论结构来处理历史认识的过程与结果。如沃尔什所分析的那样，特殊的历史事件都是相互独立的，如果历史学仅停留在编年史的阶段，那我们看到的就只能是毫无关联性的流水账，这就像康德哲学中被感性直观接收到的经验杂多一样，是凌乱的、零散的、毫无章法的，自然不会构成具有确定性的历史知识，此时，如果要凭借类似康德哲学中那种知性所提供的范畴而进行所谓的"先天综合"，那这个过程就存在于历史认识主体依照一定方式对历史史料的加工处理中。

康德批判哲学在"先天综合"过程中所提供的先验时空观念与知性范畴是纯粹的、抽象的、没有内容的——其实就是空的。但在历史领域却不能允许这样的范畴存在，因为历史不是一个纯粹的范畴，因而历史知识的形成过程中没有任何先天的形式可以提供，相反这个过程完全是由历史认识主体综合的结果，这里强行借用康德的认识论批判模式所推导出的结果对于分析的历史哲学而言，显然是行不通的。

虽然历史认识论批判无法让历史知识获得那种"先天综合"的确定性，但在其它方面还是能够取得一些共识。比如，历史认识论通过对历史认识生成结构的分析发现，历史认识与历史认识主体具有密不可分的关系，历史认识与自然科学认识不应该被同等对待，等等。如狄尔泰在其《精神科学序论》著作中以研究方法的不同区分历史与自然为两个有别的研究领域，在他看来，历史学科处理的是具体的、个别的事物，而自然科学论述的则是抽象的、一般的事物，自然科学的研究方法是经验观察基础上的逻辑化过程，而历史不属于自然科学研究的对象，它的唯一研究方法是理解。但是关于依靠何种方式才能达成普遍一致的理解，虽然狄尔泰终生没有完成这个宏愿，但狄尔泰毕竟是站在时代变迁与思潮激荡的背景下为理解历史提供了关键性信息，他所提出的那种"体验论"，就要求从内部而非外部、从反思主体入手而非把历史视为传统本体论中的客体加以认识，应当将生命与历史合并为一个整体来研究。此后，文德尔班、李凯尔特、梅尼克等人都认同历史学科与自然科学在知识性质与研究方法上的不同。文德尔班在其《历史学与自然科学》的论著中以"抽象"与"直观"两种不同方法区别自然研究与历史理解，"文德尔班在他讨论科学和历史学之间的关系时，实际上所做的一切就是向历史学家们提出一种主张，要他们以他们自己的方式去做他们自己的工作而不要受到干扰；它代表着历史学家们要脱离在自然科学束缚之下的文明总体的那种分裂主义运动。"①但这样做的结果却使历史研究所得出的历史认识或历史理解有被排除在确定性知识范围的极大嫌疑，仿佛历史研究完全是以历史认识对象为中心的价值赋予工作，这种思想线路是分析的历史哲学通向思想危机的直接导火索。对此，李凯尔特做了大量的工作，他在《认识的对象》《自然科学概念形成的界限》《文化科学和自然科学》等论著种指出，历史上的东西，从最广泛的意义上说，就是那种仅仅出现一次的、件件都

---

① 柯林武德:《历史的观念》,何兆武译,中国社会科学出版社,1986,第190页。

是个别的、属于经验范围的实际事物，它既带直观性，又带个别性，因而与自然科学构成概念具有界限。因而，在李凯尔特看来，"阳光之下无新事"是自然的规则与科学知识的特性，这个规则与特性不适应于历史领域。如果说休谟当初对因果必然性的阐释并没有使自然科学研究者放在心上，而从事历史研究的那些人，尤其是那些从事历史叙事的史学家们不可能对李氏所谈论的历史规律问题无动于衷，对于他们来说，缺乏规律性的历史是不可接受的，而套用自然科学规律的历史研究同样也是不可接受的。

将历史视为整体中的一部分并将其与哲学、文学、政治、道德甚至艺术等人文学科一起共同构成理解人的要素，成为这一时期历史研究的主见。运用更严谨的方法来确证历史内容的要求并无不妥，但那种直接设定历史的普遍法则或仅限于经验范围的历史观念也显然不合时宜。时下的实证主义虽然在科学领地取得耀眼的成绩，但诉诸同样的逻辑却不能回答人们在历史领域内所遇到的问题，或者根本不足以达到历史探究所需要的那种深度。对这些问题的思考一样也贯穿在西方颇负盛名的学者梅尼克的历史研究中，在《历史主义的兴起》等论著内，梅尼克对形而上学与反形而上学的历史主义同时进行深入的反思与探讨，正如他所指出的那样，"历史主义的核心是用个体化的观察来代替对历史—人类力量的普遍化的观察。这并不意味着历史方法就完全排除了任何在人类生命中寻找普遍法则和类型的努力。它必须运用这种方法，并与一种对于个体的感受结合起来。这种个体意识是某种它所创造的新事物。这也并不意味着，直到那时为止，人类与人类所创造的社会和文化结构中的个体因素遭到了彻底的忽视。但恰恰是这最深刻地运动着的历史力量，人类的精神和灵魂，曾经受到了一种局限于普遍方式的俘虏。人们声称人类、连同他的理性和激情，美德和邪恶，在我们所知道的所有时期中基本上都是一样的。这个观点包含一个正确的核心，不过却无法理解个人和人类共同体的精神和知识生命所经历的深刻变迁和林林总总的形式，尽管存在着一种具有基本的人类特质的稳定基础。尤为特别的是，正是从古代流传下来的占据支配地位的自然法观念，肯定了这个对于人性的并首先是人类理性的稳定性的信念。与此相应的是，人们坚信，理性的判断，虽然会必然地受到激情和无知的遮蔽，然而却能够从这些阻碍中解放出来，以同样的声音讲话，发表同样的永恒和绝对有效的真理，这些真理总体上来说与那些在宇宙中支配性的东西融洽一致"。①

这样的思考构成了分析的历史哲学的主要研究内容，指示着这种研究内容的方向与旨趣。由此可见，分析的历史哲学此时所面临的两大任务：它既需要对抗传统的实体形而上学观念，也需要排除基于对科学一概信仰的简化视角或无政府主义。前者曾长期钳制西方人的思想，几乎可以从泰勒斯追溯到黑格尔，他们把宇宙设想为单一不变的一元系统，在此观念下，世界可以被所有人的理性所照亮，只要他们愿意那样做，无论何时、何地、何种情境都不例外——这与其说是哲学，更不如说是一种宗教。而后者正是现代世界观形成的基石，建立在科学技术基础上的物质文化成就成为推动这一时代历史的巨大动力，也成就了打翻传统历史话语独白的巨大勇气。当传统的根基摇摇欲坠的时候，多元主义、浪漫主义、民族主义、个人主义、帝国主义和所有社会和政治上的非理性主义流行，给历史的理解带来更大的撕裂。

第二节
历史认识论模式下传统叙事观念的颠覆

按照历史认识论的研究方案，"我们现在就必须让我们的假定接受检查，并力图明确地说出历史思维是一种什么东西以及它是怎样有别于其他思维的——例如，自然科学中的思维"②。分析的历史哲学对历史认识论问题的澄清主要是在两个方面上展开的：其一是澄清历史认识的性质，其二是探讨何以获得客观的

---

① 梅尼克：《历史主义的兴起》，陆月宏译，译林出版社，2009，第3页。
② 沃尔什：《历史哲学导论》，何兆武、张文杰译，广西师范大学出版社，2001，第23页。

历史认识。在分析的历史哲学中，对于前一个问题的回答影响着对后一个问题的解决。

一、以历史为对象的认识论反思

分析的历史哲学首先展开对历史认识性质的讨论。所谓的历史认识性质问题，就是以历史为对象的认识和其他认识（如自然科学研究获得的认识）在认识方法、认识性质和认识结构上是否有什么特别之处。问题也可以转化为，究竟我们应当如何处理历史叙事问题，如果历史学是一门获取确定性知识的学科，它和其他学科，尤其是自然科学到底有何区别，它是否和其他学科有共享之处。

在上一节的论述中我们已经看到，分析的历史哲学有着非常复杂的思想背景，其中，自然科学与现代人文主义思潮都对这一时期的历史思考具有深刻的影响。当自然科学在社会发展领域取得丰硕的成果并产生实际的影响时，这种压倒性的胜利情绪一时间弥漫在全部的社会生活空间中，与其说自然科学深刻地渗入其本身以外的人文科学研究领域中，还不如说它内化为一种思维模式潜藏在这个时代的人们的观念中。在这样的思维模式下，能配得上真理之名的必须被纳入科学的名下，一切合理的信仰都把自己打扮成具有自然科学的外貌，所以分析的历史哲学起初也试图去获得这种外貌，或声称它是以类似自然科学的方法得出的结论，这类以自然科学研究方式为模板的历史研究曾一度流行。

分析的历史哲学在此遇到了一个难题，那就是自然科学的认识方式到底能否适用于历史研究，如果它也适应于历史，那么自然与历史之间的区分是建立在怎样的基础之上的？自然科学的认识方式与我们认识历史的方式是否存在区别？因此，分析的历史哲学家们在此转入了对历史认识性质的激烈辩论。在对这些问题的辩论中，分析的历史哲学内部产生了很大的分歧。大致说来，分析的历史哲学又被划归为两大不同的派别，其一是坚持那种"科学主义范型"的研究方式，在历史研究是否能如物理学、生物学这类学科一样成为"具有普遍意义的确定性知识"的问题上持肯定的、乐观的态度，因而，如果历史学可以是这种意义上的研究，那么，就无须对历史的研究进行单独的判断，科学的方法就是历史的研究方法。所以，钟情于这一类型的历史研究者"虽然并不完全否认历史可以具有某种局部的特殊性，但是他们始终认为，没有什么根本特殊的东西能够证明历史的独立研究是正当的"①，这就是历史研究中典型的实证主义思维模式。

分析的历史哲学的另一派别并不认同历史研究与自然科学研究在性质、方法、程序等方面可以完全互通。如狄尔泰、克罗齐、柯林武德等人强烈反对历史研究的"科学主义范型"，他们坚称应该从历史本身的特殊性出发来研究历史，认定历史在相当程度上是一个有自身的目的、概念和方法的学科。分析的历史哲学内部这一派别倾向于历史与人的关联，所以可称为人文学派，又因其将历史研究理想性地视为对人本身研究的一部分而又被称为理想主义派。以上所谈的这两种不同派别的理论又被阿特金森称为"同化论"与"自律论"。②这种由历史认识的性质、方法、目的、意义等问题所引发的两派争论几乎不能妥协。按威廉·德雷的说法，只要是理想主义者肯定的，便会遭到实证主义者的否定，而且理想主义者总想对实证主义者提出诘难。所以，要澄清历史认识论的逻辑与叙事矛盾，就很有必要理清实证主义与理想主义之间之争论的起源与实质。

分析的历史哲学对历史认识的审查首先表现为实证主义对形而上学的批判，继而表现为理想主义对实证主义的批判。这里的实证主义指的是历史研究中的那种科学主义思维模式，这种历史研究以"可感觉到的事实"作为出发点，以逻辑推理为手段，其推理结果的真理性仍以"可感觉到的事实"为依据。实证主义对形而上学的批判可以归纳为以下几点：其一，拒斥以黑格尔为代表的思辨历史哲学体系，反对无法以经验事实来验证的先验的历史模式，强调历史研究的经验事实。其二，没有特别的理由可以将历史世界与自然世界区分开来，自然科学与历史学可以分享同一种研究模式，没有必要对历史进行单独的批判。其三，历史学家可以和自然科学家一样，能够通过对历史认识对象的描述反映出历史事实。这种实证主义以杜尔阁和孔多塞为代表。比如，孔多塞曾构想按照

---

①威廉·德雷：《历史哲学》，王炜、尚新建译，生活·读书·新知三联书店，1988，第4页。
②何兆武、陈启能主编：《当代西方史学理论》，上海社会科学院出版社，2003，第211页。

物理学的模型来建立一套社会动力学,在社会发展过程中找到像物理学中的运动规律那样的社会运动规律来。他认为,历史运动的规律是从历史现象中得来的,我们所能知道的无非是现象中的一切。所以,在实证主义看来,"历史学是一门科学,不多也不少"①,历史学只要占据充分的材料和正确的方法就可以获得和自然科学认识一样的确定性。

由此可见,实证主义者虽然反对思辨历史哲学,但是却保持着思辨历史哲学家的目标与雄心。实证主义者企图窥视历史玄机的野心并没有更改,因为实证主义者仍然号称他们发现了社会发展的根本规律,甚至是发现了人类智力发展的规律。如孔多塞一样,他期望能够以数学般的精确方式来理解社会历史的变迁,他认为社会历史中的罪恶、荒诞的行动与其说是邪恶情绪的冲动,不如说是人们对其利益进行错误计算的结果,这种将自然科学的因果决定论引入历史研究在此成为一股"历史达尔文主义"的思潮。在这一思潮之下,历史研究就是要发现这些历史事件之间的关系以便使孤立的历史事件成为可理解的。

"历史达尔文主义"企图模仿自然科学中的达尔文主义的解释模式,但由于研究对象的差异性,这从根本上决定了"历史达尔文主义"不会成功。自然科学中的达尔文主义是把自然归结为可识别的变化过程,是要从自然变化中说明生命与万物一致遵循一个变化的逻辑。然而,"历史进化论"并不是"历史"与"自然"在概念上的简单置换,"历史进化论"和"自然进化论"的进化内容并不相同,人的活动方式和自然界生物的活动方式显然有别。另外,"历史进化论"和"自然进化论"的思想指向完全相反,"自然进化论"力图说明自然是一个历史过程,而达尔文主义"历史进化论"却是将历史归为自然,这在思维方式上是完全反向的、非历史的。

"科学主义范型"遭到了新康德主义与新黑格尔主义的激烈反击。新康德主义指的是如狄尔泰、文德尔班、李凯尔特等人为代表的一类,他们之所以被冠以"新康德主义",从哲学观念上说,这是因为他们要求批判康德哲学中"范

---

① 转引何兆武、陈启能主编:《当代西方史学理论》,上海社会科学院出版社,2003,第18页。

畴"的非历史性,而申明先天的"范畴"仍是历史的产物。借此,他们要求发挥康德哲学中的主体性因素,而不是要急于完全摆脱认识中的先天性与形而上学,同时,新康德主义认为历史研究与自然科学的研究在对象和方法上有很大的区别,因而要求在历史研究领域内对历史世界与自然世界做出明确区分,这明显是在抵制"科学主义范型"的研究模式。新黑格尔主义也一样,新黑格尔主义指的是以克罗齐、柯林武德等人为代表的一派,他们之所以被称为"新黑格尔主义",是因为他们在历史研究中反对黑格尔式的思辨历史实体,然而却保留了黑格尔哲学的精神实质。新康德主义与新黑格尔主义都主张"自律论",反对"同化论"。

"自律论"需要揭穿"同化论"的问题,但不能仅仅诉诸表面的言辞。然而,己方正确的立论才是揭穿对方问题的前提,如果只是这样说,"主张自然科学知识的完美类型这样一种学说,甚至最不爱思索的历史学家都能看出,盲目崇拜自然科学就必定会对历史研究抱有敌意"[1],这远远达不到"自律论"的理论目的。为此,新康德主义与新黑格尔主义不断挖掘历史中具有特殊性的一面,"这个时期在这一题材方面最好的著作是那位孤独的、被人忽视的天才狄尔泰的著作"[2]。狄尔泰在其《精神科学导言》中对历史知识的性质、历史学与自然科学之间的界线进行深入而广泛的讨论。他从生命哲学的立场去说明自然科学与历史学的区别,狄尔泰使用"精神科学"这个概念来表达一种不同于自然科学的另一种研究领域。他认为,"精神科学"以有生命的思想为研究对象,它在内容上充满生命的体验,而自然科学研究的对象则是没有生命的、缺乏内在体验的自然事物。所以,"自然科学"同"精神科学"有着内在的差别,这决定二者在研究方法上的差异。狄尔泰以生命哲学的视角关注生命的体验并将此视为历史理解的基础,他反对以宏大的视野来理解充满很多人生命的历史。狄尔泰坚信生命是个无法理解的迷,它是不可能为一般的因果关系来说明,因为"体验是一

---

[1] 柯林武德:《历史的观念》,何兆武译,中国社会科学出版社,1986,第163页。
[2] 柯林武德:《历史的观念》,何兆武译,中国社会科学出版社,1986,第195页。

个时间过程，在其中每一个状态在未成为清晰的对象之前就已经改变了，因为下一个瞬间总是建立在前一个瞬间之上的；其中的每一瞬间还未被把握就已经成为过去了。"①

由此可见，狄尔泰从重视生命体验与理解的角度出发，在区分自然与历史的不同性质后，又进一步在二者的研究方式上做出划分。这意味着，历史学研究的对象是个体，在个体中我们才能得到真切的理解，个体是具有绝对价值的，而自然科学虽然同样面对的是个体，但自然科学指向的是普遍与一般，是要在个别的联系中发现普遍的联系，个体只是达到一般的手段。狄尔泰对自然与历史的区分一时成为历史研究的热门话题，使历史学科的性质成为争论的焦点。

同为新康德主义的文德尔班对狄尔泰的这种区分并不满意，他认为，仅仅根据两种学科研究对象的不同而做区分是不恰当的，仅仅诉诸"生命""体验"类的标准，导致历史研究向心理学方向发展之后就不容易导出历史认识逻辑的确定性。因而，文德尔班认为二者之间的主要区别在于它们处理对象的方法不同、需要达到的目的不同。自然科学运用的是由特殊到一般的抽象方法，它旨在发现规律性，而历史学则是一种"表意"的方法，即专注于个别和独特的属性，由此使"过去的发生"重现在当前的观念中。但是，文德尔班又旋即发现，在这样的标准下，历史与自然仍有重合的区域，也就是说这种标准的认定方法并不具有普遍性，进而他不得不又补充说："由于科学既可以从它所研究的对象的角度，也可以从它所采用的方法角度而相互区别，因此，既可以从质料观点，也可以从形式的观点来对科学进行分类。这两种分类原则是一致的。"②李凯尔特这里所讲的"科学"是广义上的，它包括自然科学和狄尔泰所谓的"精神科学"。其中，所谓从"质料"方面的区别，就是从自然与历史所研究的对象上来区别；所谓从"形式"方面的区别，指的是从二者的研究方式上来区别。故此，李凯尔特做了一个形象比喻：自然科学只缝制一套对保罗与彼得都用同样

---

① 转引何兆武、陈启能主编：《当代西方史学理论》，上海社会科学院出版社，2003，第 63 页。
② 严建强、王渊明：《西方历史哲学：从思辨的到分析与批判的》，浙江人民出版社，1997，第 139 页。

适合的、现成的衣服，相反历史学并不想缝制一套对保罗与彼得都同样适合的、现成的衣服，而是期望从个别性上去理解保罗和彼得，因为此时的保罗和彼得不再是被动的存在物，而是具有生命现象的个体。所以，对李凯尔特而言，除了文德尔班所指出的一般化与个体化的区别之外，还应当有第二种区别，这就是价值判断与非价值判断之间的区别。那种不包含价值判断、使用一般化观念的研究属于纯粹的自然科学，如数学中的纯粹数理逻辑的推演；同样不包含价值判断但具有一定个体化特质的研究属于半历史性的自然科学，如进化生物学；那种带有价值判断和一般化特征的研究属于历史科学，如经济学那样需要借助一定抽象化程式，又需要价值标准来衡量一定的拟合指标；而那种带有价值判断的和个体化特征的研究才是历史学的对象。如此庞杂的类型划分乍看起来可能会让人觉得非常新颖，但是稍有数学常识的人一眼就能辨出，这不就是数学中的四项排列组合吗？这种数理逻辑的形式化结构显然是太任意了，也难怪柯林武德批评道，在李凯尔特设计的这个由四种类型构成的天平中，一端是"随意的抽象的思想的极端"，另一端则是"具体的真正的知识的极端状况"。[①]

柯林武德的评价应该是公允的，新康德主义竭力要求对自然研究与历史研究之间做出区分，要求划清自然与历史之间的界线，批判认识世界的"科学主义范型"，它是对一定历史情况下实证主义流行思维的纠偏。但是，这一新康德主义的运动却变成了对实证主义的"报复"，并且这个"报复"明显是足尺加二，新康德主义不仅没有能做到对自然科学的公正理解，同时也没有公正地理解历史。

那么，以克罗齐、柯林武德为代表的新黑格尔主义（亦称理想主义派）是如何"公正"对待历史认识性质的呢？可以说，新黑格尔主义沿袭了新康德主义在自然与历史之间的区分，但同时也对它表示不满。因此，新黑格尔主义需要同时展开对实证主义与新康德主义双重批判的任务。为了在自然科学与历史学之间进行澄清，克罗齐引进了艺术研究的概念，他在《纳入艺术概念之下的历史

[①] 柯林武德：《历史的观念》，何兆武译，中国社会科学出版社，1986，第192页。

学》这篇论文中讨论了关于历史学性质的问题。罗齐认为，艺术与历史分享共同的"气质"，它们都是关于个体事物的，在认识的方式上并不完全是经验的，而且也需要当下的"直观"。在历史研究领域中，克罗齐创造了一个几乎家喻户晓的命题，这就是"一切历史都是当代史"。这个命题所包含的一个意思是说，历史学家在构建历史知识的时候无一不是当下的"直观"的结果，都不可避免地注入认识主体的直观与洞见，历史认识的主体总是在其时代中去观察问题、提出问题并试图说明问题。历史认识无疑包含着"当代"的思想，而"当代"总是在历史中持续向前、永远变迁的。

因此在克罗齐这里，自然科学与历史学的区别至少在两种意义上被表达出来：其一是历史需要类似于审美中的那种洞见与直观，它不是创造一般概念，而是再现特殊；而科学则是把特殊变为一般概念，是经验的、推理的。其二是历史学具有"当代性"，而"当代"并不是一种固定时间段，它是流动的概念。因此，历史需要不断地重写，而相比较而言，科学知识是一个固定规则的体系。很显然，克罗齐从认识论层面一个较实质的方面来把握二者之间的区别，这使分析的历史哲学已经涉及了历史认识结构中的核心问题，即历史认识的主体性问题。这一问题不仅仅涉及历史学性质，而且也涉及历史知识的真理性何以可能之问。虽然如此，克罗齐借助"直观"来理解历史的道路并不一帆风顺。一方面，他坚持认为历史学是不同于自然科学的另外一种学科，坚持历史研究的"自律论"，正像艺术实现它自身那样。但另一方面，他也认为，历史与艺术不能混为一谈，历史虽具有一定的艺术气质，但艺术与历史还是有区别的。克罗齐勉强做了区分：可证明为实际存在的艺术就是历史，而只作为可能或想象的东西出现的就是艺术。

显然，克罗齐的这样的僵硬规定是存在问题的，因为按照这种划分，如果艺术是直觉，直觉就不可能不包含感性成分，而包含着感性成分的历史知识的客观性又何以可能呢？克罗齐只好如是说，直觉是一种能够体验到普遍精神的东西，"一切直觉都有其宇宙性的一面，它们赋予人以对于普遍精神的经验。这并不是什么抽象的东西,而是精神自身的活动在个人的和人类的历史中体现它自己"①,这与黑格尔所言的历史是"精神在时间中的展开"又有什么区别呢? 所以,克罗齐所谓的精神在本质上又回到原来的地方,它仍是一种实在,而且是唯一的实在,一切存在都是这一唯一实在及其表现。 克罗齐在艺术与历史之间的比较能够说明一些问题,但如果把这种区别形式化就会出现问题。 罗素在其晚年围绕历史问题思考的《论历史》一书中曾讨论过类似问题,他说,关于历史是科学还是艺术的问题的争论是毫无意义的,因为历史既应具有科学的一面,也应具有艺术的一面。 在科学的意义上,它需要弄清过去发生了什么,同时当作文再现过去发生内容的历史文本必须产生一定的艺术效果,如果惧怕艺术效果会歪曲历史事实,就不会产出任何符合历史本意的历史叙事,因为历史的概念在其本源意义上就是讲述,就是以特定目的、特定方式而进行的讲述。②

克罗齐在保卫历史学合法地位的同时不知不觉地走到黑格尔主义的立场上。 在他的历史观念中,历史本质上成为一种精神境界,唯有生命与实在才是历史,历史思维与哲学思维以克罗齐设定的方式达成了统一。 如此一来,除非我们从这样的一个原则出发,即认定"精神本身就是历史,在历史存在的每一瞬间都是历史的创造者,并且也是全部历史的结果……历史是与精神自身恰相吻合的"③,否则,我们是不可能对历史有任何理解的。 克罗齐批判的初衷是针对实证主义与新康德主义把历史研究与自然科学研究仅仅进行逻辑或经验上的区分,克罗齐就此指出了历史认识不是实证式的经验材料的收集与整理,或依据正确逻辑的推理结果。 克罗齐肯定了历史认识同历史本身一样是具有生命的过程,不是单一的经验或逻辑的构建。 历史的内容也不是关于死亡的历史,而是关于人们生活的具体内容,对于这样内容的理解,需要的是历史学家的创造力。

---

① 何兆武、陈启能主编:《当代西方史学理论》,上海社会科学院出版社,2003,第131页。
② 在西方文化语境中,"历史"一词源于希腊文"histora",其最初含义指的是"讲述""描写""问询""言谈"等内容。参见本书第二章第一节第二部分"历史理解的双重逻辑:历史理性与史学理性";又参见弗朗索瓦:《希罗多德的镜子》,闫素伟译,中信出版社,2020,出版前言第6页。
③ 何兆武、陈启能主编:《当代西方史学理论》,上海社会科学院出版社,2003,第135页。

这种创造是从历史学家的当代去重建过去,也是在这个当代的思想中重建过去。由此可见,克罗齐的确具有许多历史洞见,他看到了过去与现在的联系、思想与现实的联系,这些历史洞见对其时代的历史思维无疑具有巨大的推动力。

但限于理想主义狭隘视野内,发现过去与现在、思想与现实之间紧密联系的克罗齐在维系这些联系时还是无能为力,因而,当他最终把历史归结在"当代性"这一落点之上时,其黑格尔主义的想法就完全暴露无遗:"当历史被提升为关于永恒的现在的知识时,历史就表现为与哲学是一体的,哲学原不过是关于永恒的现在的思想而已。"①克罗齐在此使历史转瞬间变成了"当代思想的哲学"。如果单从人们对待历史学的态度变化过程来看的话,到了克罗齐这里,我们仿佛看见了历史学的地位"从婢女到女皇"的上升图景。回归历史学在学术研究中的地位即可得知,从历史作为一门研究学科开始,它的地位几乎一直是卑微的。古代希腊时期如此,文艺复兴与启蒙运动时期亦是如此。比如亚里士多德曾认为历史学还不如诗学那样具有真理性,笛卡尔也不认为历史学可以纳入真正的知识体系中来,更有甚者认为,历史学是用一千个谎言掩盖着一个事实。在奥古斯丁之前,历史并不是哲学要讨论的对象,它被认为是从属于经验的现象界内容,即使是在十八世纪维柯的历史哲学产生前,也很少有人能够严肃对待历史研究,而希望严肃对待历史的维柯,他的工作也被他的同代人所忽略。"历史哲学被作为严肃的研究一般被看作是十八世纪末和十九世纪初的成果,……也正是在这个时期,对历史研究的独特兴趣迅猛发展——历史在十九世纪最终作为一门学科出现……"②但到了克罗齐这里,历史学科在研究中的地位已经俨然不同于以往。

总之,分析的历史哲学对历史认识的前提批判开启了历史认识论的激烈争论。分析的历史哲学认为,对于历史认识性质的态度决定着获得历史认识的方法,决定着客观的历史认识的可能性,决定着历史叙事的合法性。虽然分析的

---

① 转引韩震:《西方历史哲学导论》,山东人民出版社,1992,第459页。
② 参见威廉·德雷:《历史哲学》,王炜、尚新建译,生活·读书·新知三联书店,1988,第121页。

历史哲学有着这样或那样的偏颇,但是它的批判性与洞察力对于它所寓居的时代来说是及时的,历史的思维通过这种批判的力量被不断挖掘与拓新,推动着历史理解的不断深化,这一批判的光芒虽然并未达到如理想中那般光芒万丈,照亮历史认识领域中的每个角落,但其思想的渗透力已经在历史中显现出来,在历经新黑格尔主义的批判之后,以普尔、亨普尔等人为代表的"新实证主义"企图把历史研究再次纳入科学逻辑的努力,只能成为一种白费心机。

二、历史认识逻辑的反转与叙事观念的颠覆

分析的历史哲学的历史认识论研究方案是在两个方面展开的,其一是澄清历史认识的性质,其二是探讨何以获得历史认识的客观内容。在对历史认识性质的讨论之后,接下来的工作就是探讨如何取得具有确定性的历史知识问题。历史认识的客观性问题是历史认识论批判的重心,也是分析的历史哲学所面对的最棘手的难题。因为认识的客观性关系到主客体两方面的内容,而在以历史为对象的认识结构中,这关系到历史认识的主体及历史认识对象的建构问题。从历史认识的客体说,存在着一个历史事实的客观性问题;从历史认识的主体来说,又存在着一个历史撰述的客观性问题,这些问题构成历史叙事矛盾的核心。由于历史认识结构中主客体的复杂性,历史认识论的审查变得比批判哲学中的纯粹认识论结构的分析与批判更加扑朔迷离。在史学实践层面,这个问题并不是从分析的历史哲学才开始的,它在历史叙事开始之日就已经是叙事主体所面临的问题了,只是分析的历史哲学恰好在认识论批判的哲学思潮下把这个问题明确地作为自己的中心任务,所以历史认识的真理问题虽然是分析的历史哲学讨论的中心问题,但它却不是一个新问题。

(一)历史认识客体与历史事实的客观性

在历史认识结构中,历史认识的客体就是所谓的"历史事实",传统哲学将客体视为一种等待主体认识的寂静之物,对于未反思的日常观念下的一般人而言,作为历史认识的客体的历史事实也是如此,其客观性是不容置疑的,谁质疑这个内容就可能招来历史虚无主义嫌疑。对历史事实客观性的反思,其实也可

以视为一种以历史为内容的哲学认识论批判在现实层面的延续,所以,虽然历史叙事的客观性问题是一个"古老的战场",但从历史认识论层面来观察,这相对从前而言乃是一个新事件。分析的历史哲学的主要任务之一就是重新审查"历史事实"的客观性问题。

按照分析的历史哲学思维,历史认识是历史认识主体作用于历史认识对象的结果,所以,历史认识的真理性自然就与历史认识对象与历史认识主体相关,一旦将批判哲学的认识论线路移植到历史认知的这种二元结构中,传统历史观念将发生剧烈转变,而关于"历史事实"观念的转变只是其内容的一部分。

一般说来,从事叙事实践的历史学家在历史事实的客观性问题上几乎不会产生原则上的分歧,因为在一种自然主义的思维下,历史事实指的就是在过去的时空中的确曾发生过的事件,历史事实就是过去的发生。例如,"黑格尔1831年染疾而终",这就是历史学家认定的历史事实,在一般情况下不存在什么争议,而出现争议的内容是发生在"历史事实"之外,即发生在认识论层面。如果从认识论层面出发,对于一个历史哲学家来说,他质疑的不是针对特殊判断的内容,而是质疑这种内容获得的手段,质疑历史认识的主体(如历史学家)究竟能否精确地陈述事实、能否达到所陈述的内容与历史事实本身相一致。

在传统实体思维中,上述关于历史认识真理的表述不存在任何问题,因为这种表述与传统认识逻辑完全一致。如果在认识论批判思维下依然如是表达的话,问题几乎就是一目了然了。然而,在经过哲学认识论批判思维的熏陶之后,继续追问"历史认识的主体是否能使自己对过去的认识与实际情形完全一致"是不可思议的。这是因为在分析的历史哲学看来,"保证对历史事实的认识与实际情形完全一致"这种思想方法本身就是非历史的,它是真理的符合论,是把历史认识看成是"错误向真理的朝圣"。[1] 分析的历史哲学所反对的就是思辨历史哲学在历史认识问题上的非批判性和实证主义所声称的"完全照原样重构过去"的认识观念。思辨历史哲学并不考虑"对历史事实的认识与实际情

---

[1] 唐纳德·R·凯利:《多面的历史》,陈恒、宋立宏译,生活·读书·新知三联书店,2003,第454页。

形是否一致",它不经过认识论考查就直接宣布一个认识结果,或者直接默认了二者的一致性,而实证主义却声称一种"客观主义态度",或者盲目认为只要手段得当就能够保证二者的一致。

以西方思想从传统到现代的发展历程观之,发生在历史认识结构中的这种思维转变并不难以理解。人类的认识思维同个体的认识思维在发展历程上存在相似之处,如主客二分的"客观主义"思维不仅是人类认识发展过程中的一个阶段,也是个体认识成长过程中自然发生的一个阶段。在这一朴素的外向性思维阶段,人们相信所见非空,所闻非虚,认识过程就是主体向客体的投射,或者是客体向主体的反射,就像德谟克里特以原子论来揭示可见的物质世界那样。对历史领域来说,历史事实就是历史事实,事实就摆在那里,只要我们愿意,凭借正确的方法就可以实现。因而,在对历史事实问题做认识论反省之前,历史叙事的朴素信念就是:历史学家唯一的事情就是按原样讲述一切。即使是笛卡尔那样轻视历史学的人也并不否认人们能够认识历史事实,而通常所言的历史学是"用一千个谎言掩盖着一个事实",也只是抱怨历史叙事主体在工作中的任意性与不严肃,而并非否认历史事实具有客观真实性。历史事实的客观性此时仍然是一个"硬核",而且是一个不可反驳的硬核。

分析的历史哲学所反对的就是坚持这种"硬核"执见,坚决反对如兰克所声称的那种"如实直书"的实证主义理想:历史事实是不依人的意志为转移的、独立于历史认识主体的客观存在;经过严格考证的史料是客观存在的真实反映;如果史料的搜集是全面的,历史学家又不将他的个人特征强加给它,那么我们就可以还历史以本来面目。但分析的历史哲学从认识结构出发揭示"硬核"的虚构性:所谓的历史事实究竟是什么?它不可能是脱离认识主体的那种绝对的、冷冰冰的客观存在,这是显而易见的。因此,分析的历史哲学直接打破了"如实直书"的理想信念,在思维形式上推动了历史研究从客观主义向主观主义的转折——当然,分析的历史哲家不会轻易承认自己是一个主观主义者。在对历史认识结构的分析中,新康德主义的一派指出,历史认识过程中有不可分离的主体性因素,我们不能脱离这一点去奢谈客观历史事实,我们对历史事实的认识不可能像实证主义所想象的那样,是一面能够无误地映现出过去的平面镜。

对历史认识性质的理解实际上决定了对历史事实的态度,基于对历史认识性质不同意见的讨论,基本上可以将这些意见划分为两大理论阵营。如果把以兰克为代表的实证主义态度称为客观主义的一派,那么分析的历史哲学中新康德主义与新黑格尔主义则是主观主义的一派;如果把坚持如实直书的客观主义视为"符合论"的话,那么坚持主体因素的主观主义则可以视其为一种"融贯论"的观念。①

从上文的讨论中可以发现,在对历史知识性质的认识上,新康德主义肯定了历史认识过程中主体性因素的作用,今天的人们已经能够接受,对历史事实的理解的确具有历史认识主体个人的特征,不管一个历史学家或一个普通人是否意识到这一点。新康德主义在历史事实问题上的理解已经触及历史认识的核心问题,指出了作为历史认识"硬核"的历史事实并非处于一个实在状态,批判哲学在历史领域再一次显示出思想的威力。但是新康德主义也有它自身的问题,新康德主义在做法上几乎就是以主体取代了从前的客体位置,使主体无法正确地处理这种主观性因素,以致这种主观性因素最终只能被理解为偶然性与随意性,如此一来,历史知识就不能达到其设定的目标。

因而,新黑格尔主义需要将不彻底的新康德主义继续推进。作为新黑格尔主义的一员,克罗齐提出了一个颇具争议的著名命题,即"一切历史都是当代史"②。这个命题想说明的意思是,从前我们看待历史的方式是有问题的,我们总是习惯将历史事实看成是一个固定的观念,或是一个过去完成时的观念,而通过对认识结构的剖析就会发现,作为本体的历史事实的发生时间是在过去,但在认识层面上历史事实的生成是在当下。因此,历史中的过去与现在是相通的,历史不是死去的历史,而是活着的历史,过去就活在现在之中,没有现在的过去就没有过去,因为在认识层面上,没有在现在呈现出来,过去就无从谈起。不

---

①参见沃尔什:《历史哲学导论》,何兆武、张文杰译,广西师范大学出版社,2001,第73页。
②克罗齐:《历史学的理论和实际》,商务印书馆,1982,第6页。

仅如此，并不是全部的过去都能进入我们的视野，实际上我们并不关心全部的过去，而只是关心与现在相关切的过去，我们总是从现在的立场出发，以当前为观察点去认识过去。所以，历史就只能是引起我们当前关切的历史，与我们当前无关的、不能引起关切的就自然不会成为我们历史认识的内容。从历史的过去与现在的生成关系出发，在新黑格尔主义历史观念中，如上关于历史事实的问题自然就有了不同于从前的结果。同理可知，历史事实一样也只是我们认识到的历史事实，所谓的历史事实只是与历史学家的"趣味"相关切的历史事实，是和历史学家生活的时代相关切的历史事实，历史事实因此就不可能具有"如实直书"的实证主义所说的那种客观性，这就是克罗齐"一切历史都是当代史"的基本立意。

重新回顾这种新黑格尔主义的观点就会发现，新黑格尔主义的批判虽然避免了新康德主义给历史认识带来的主观主义倾向，但是它却又滑向了一种思想成就历史的唯心主义一端。历史事实在过去与现在的结构转换中如果能够避免偶然性与任意性，那么它的唯一道路就只能是像黑格尔那样将历史完全上升为一种精神性的存在，如果新黑格尔主义还承认历史事实的具有可以接受的确定性，那也只能是为摆脱理论困境而运用的权宜之计。

因而可见，分析的历史哲学在对历史事实客观性的争论中，只是以相对主义替代绝对主义，从客观主义滑向了主观主义。其结果可想而知，作为历史认识直接对象的历史事实一去不复返，对认识论结构的揭示本应该成为照亮获得历史知识的灯火，却不幸成为使历史认识沉寂的茫茫黑暗，在没有灯火的黑暗中，历史事实成为根本无法完全获知的"历史的物自体"。由于目标与努力的结果彻底背道而驰，这导致了分析的历史哲学对再现历史事实的能力表示普遍怀疑，人们已没有什么权力声称可以获得历史认识的真理。康德在《纯粹理论批判》中的哥白尼式认识论模式此时在历史领域重现，从而导致了一种"历史事实的哥白尼"模式，直接颠覆了从前的历史认识结构中的主客关系：不是历史事实决定我们对历史事实的认识，而是我们关于历史事实的认识建构了历史事实，直白地说，历史事实是历史学家的塑造，是历史学家在认识中确立的。"历史事实的哥白尼"的消极后果显然比从前更严重，因而康德哲学毕竟只发生在形而上学领域，而"历史事实的哥白尼"直接与历史叙事实践相关，肯定"历史事实的哥白尼"必然导致完全否定历史叙事实践的全部意义。

正如贝克尔在其《那个高贵的梦》一书中所指出的那样，客观主义者力图求得历史本来面目的理想只不过是一个"高贵的梦"，因为过去的发生并不像自然科学中那样，是可以通过特定的条件设定重复观察到的，所以，这种历史认识论批判终究是形而上学的，它不适合实际的历史叙事实践。否则，如果人们仅仅把认识到的历史事实当作历史事实本身，那么这样一来，所谓的历史事实就只能是我们所知道的历史事实，也就是说，历史事实只是迄今为止我们所获得的认识内容，在历史学家建构历史事实之前，历史事实对于任何历史学家而言都是不存在的，如果存在，它只存在于历史学家的头脑中，否则它们不存在于任何地方——这可以是其形而上学逻辑的结果，但显然不是一种符合现实的逻辑。

"历史事实的哥白尼"其实并非标新立异，因为只要对康德批判哲学有所了解，就能够领会历史认识论批判的含义，人们在从前并不觉得康德的哥白尼式认识论的后果有多么严重，更多的人斥之为形而上学而一笑置之，但同样的逻辑移植到历史中来，消极效应是显而易见的。这种历史知识的审查方式的确向我们揭示了历史事实在认识上的复杂性。历史事实确实不应该是"符合论"所说的那个硬邦邦的东西。但十分遗憾的是，分析的历史哲学没有能力在它应该停留的地方停留下来，而是迅速滑向主观主义与相对主义的一面，其后果就可想而知了。历史事实本来是历史学家建构历史学的材料，是历史叙事的基础。历史学家通过对诸多历史事实的加工处理，通过对历史事实的理解与解释，将历史事实纳入历史叙事话语中，历史知识的客观真实性首先要依靠历史事实的客观真实性，如果历史事实的客观真实性出现了危机，那么严肃客观的历史学又何以可能呢？此情此景下的任何历史叙事将失去前提与意义，因为"皮之不存，毛将焉附"？

值得庆幸的是，历史叙事实践并没有因为这一认识论难题而使其工作暂停下来，并没有因为"历史事实的哥白尼"而对历史事实的客观性产生恐慌。在从事历史撰述的历史学家中间，他们相信在原则性上能够就历史事实（如发生事件的时间、地点、遗物、遗痕等）达成一致意见。但这并不意味着历史认识论批判对历史叙事实践毫无影响，只是这种影响表现非常微妙。所以，接下来就有必要看一看现实中从事历史撰述的历史学家究竟是以何种方式来理解历史事实的，以便验证一下分析的历史哲学理论是否对现实具有影响力。

为了更清晰地呈现历史学家从事历史撰述时的工作思路，这里需要再次推出在上文中已经提到但还没有来得及展开的两个概念，即沃尔什所概括的"符合论"与"融贯论"两种历史理解方式。"符合论"的支持者拥护的是这样的信念："如果一个陈述符合事实，那么我们说它是真的；反之亦然，如果它是真的，它就符合事实。因此，真实性和符合事实似乎就是两个可以互相通用的名词；而这个理论就只在于强调它们的相等。真理——它的拥护者说——就意味着与事实符合；因此凡是并不符合事实的陈述，就都不可能是真的。"[①]沃尔什认为，"符合论"对于头脑不太复杂的人来说只不过是一种不言而喻的说法罢了，它对于客观性的实际判定毫无用处，它不能告诉我们究竟某一信念是否与实在相符合，它的难点一直没有得到澄清，直到认识论批判后人们才如梦初醒，那个期望与陈述相符合的"事实"只不过是这种"符合论"思维所创造的实体罢了。尽管如此，人们的习惯思维还是摆脱不了"与实在相符合"这一根深蒂固的信念。

再回到现实状态，依旧可以发现，从事历史撰述工作的历史学家的确还是抱有这样的信念。对他们来说，历史事实的客观性是通过"去伪存真"来实现的，就是对过去事件留下来的历史材料进行分析、梳理，通过考古发掘等发现，在逐步分析比较中去掉相互抵触的部分，在这一点上没有什么不明白的。虽然实体论倾覆之后人们已经不能随意设定一个"本真"或"本伪"，但在现实情况中为了具体目的而在"伪"与"真"之间做出划分又是不可缺少的，即使这划分的已经失去哲学基础，因为现实与形而上学毕竟不同。不过，另一方面也可以

[①] 沃尔什：《历史哲学导论》，何兆武、张文杰译，广西师范大学出版社，2001，第73页。

发现，"符合论"并不是从事历史撰述工作的历史学家的全部信念，因为当被追问"伪"与"真"之间的真正标准时，他们可能又主张一种"融贯论"的观念。因为"融贯论"主张，如果一个陈述被表明可以和我们所准备接受的其他陈述相适合或不相互抵触，那么此陈述就为真。这里不妨举一个实例来说明，比如要确定"秦始皇是死在出巡的路上"这个历史事实，这个历史陈述如果不与史学家已经准备接受的诸如"秦始皇不在咸阳城"等一系列历史陈述相冲突，那么这个历史事实就被接受为真，用史学家常挂在嘴边的一个术语"孤证不立"恰好也能表达其中的意思。然而我们知道，"秦始皇不在咸阳城"不是一个自明的历史事实，但他们并不无限回溯论证，否则他们根本无法完成自己的工作。所以对"融贯论"来说，它已经以不自觉理论思维确证了分析的历史哲学对历史事实问题的批判："事实并不像符合论所想的那样是可以简单地被人领会的；它们必须是被人确立的，而这就意味着事实与理论之间确实没有原则区别。一个事实只不过是一种其自身已经确立了的理论，是对其可靠性已经不再有任何认真的怀疑的一种理论。"[1]如此看来，历史学家的实际工作虽然没有停顿，但时代思潮对历史理论与史学实践的影响还是存在的，只是这种影响起初还不是那么引人注目，直至使历史研究陷入一种难以为继的困境后才让人们领会到其中潜藏的巨大力量。

这种变化过程使人想起海明威的小说《太阳照常升起》（The Sun Also Rises）中的那段对话——比尔提问："你是怎么破产的？"麦克回答："两种方式，渐渐地，然后是突然地。"以此为参照，也可以说，海明威为思想作用于历史的变化模式创造了一个恰当的比喻。不过，一些人在初读这部小说时会感到很疑惑，因为这部小说没有预期的故事情节，只有小说中的人物每天在咖啡、酒精与负能量中重复，然后说一些迷惘的醉话，这让人不太理解海明威如此文学叙事之究竟何在，而只有将其置于宏大的历史视角下，小说的意义才能显现出来，才能领会小说中那"迷惘的一代"乃战后历史现实与人性的反照，在颠倒历史逻

---

[1] 沃尔什：《历史哲学导论》，何兆武、张文杰译，广西师范大学出版社，2001，第76页。

辑的现实里，美好生活的向往依然不灭，一如此类主题的歌中所颂："灯火燃烧着每一个夜晚，我知道你的脚步和你去的方向。它燃烧着每一个夜晚，而我则久久不能忘……"

（二）叙事主体的创造性与叙事逻辑的客观性

分析的历史哲学对历史认识的客观性探讨涉及的另一个方面则是叙事主体的创造性与叙事逻辑的客观性问题。为讨论过程的直观明了，分析的历史哲学将历史认识主体仅限于历史学家的范围，虽然在现实世界中，普通人也具有历史认识的行为能力，也是历史认识主体，但在很多情况下，历史认识总是被狭义地理解为历史学家专业范围内的事情，分析的历史哲学采取的思路亦是如此。

基于历史事实的客观性可以解决的前提下，历史认识论批判接下来的工作就是围绕作为历史事实的史料进行分析说明的历史撰述工作，以可理解的方式将历史事实组织为一种具有逻辑体系的知识内容，这里涉及的就是历史认识中主体的创造性与历史知识客观性的边界问题。这个问题的核心在于，史料在此过程中是以被动的客体身份存在的，它本身不会开口说话，也不能自我组织，而是依靠历史认识主体的历史学家进行组织安排的，虽然历史学家不能天马行空地随意安排，但历史撰述的主动性又确实掌握在历史学家手中，如何把握这种边界使历史撰述的客观性成为可能呢？借用沃尔什在《历史哲学导论》第五章的标题来说，"历史学可能是客观的吗？"

一般而言，历史学或历史认识是关于历史事实的再现与阐释的一门学科，是历史学家以历史事实为材料并基于对历史事实的理解而撰述的内容。历史认识至少由两个构成层面，其一是历史事实层面，如上文所述，纯粹的历史事实并不构成历史学，而是史料的堆积；所以，历史学的第二个层面就是围绕历史事实并使历史事实成为可理解的历史撰述过程。历史撰述是历史学家通过对历史事实的理解与阐释而形成的，因而要追问历史撰述客观性问题或者说要追问历史学何以可能的问题，也就不仅仅关系到前述的历史事实的客观性问题，也要追问历史学家对历史事实的理解与阐释的客观性问题。分析的历史哲学认为，历史学家仅就历史事实的客观性达成一致并不能保证历史知识的客观性，因为历史学家在构筑历史学过程中,将历史事实纳入历史撰述中所形成的叙事逻辑,依靠的是"历史学家的技艺"。① 因此,历史撰述的客观性问题是历史认识论批判中争论的焦点。 对此,威廉·德雷同意沃尔什的看法:"历史(学)客观性问题是'批判的历史哲学中最重要却又最令人困惑不解的问题'。"②

为了弄清楚这一历史认识论的批判思路,仍有必要再次回顾实证主义的历史态度,因为分析的历史哲学首先是以批判实证主义为理论起点的。 信奉实证主义的阿科顿认为,"历史是科学,不多也不少",没有什么特别的地方可以区别历史学与自然科学,所以基本不存在一个"历史学何以可能的问题"。 在实现手段上,实证主义至少认为只需掌握详尽的材料与正确方法,历史学达到某种客观性是可能的,"秉笔直书"的历史学可以消灭历史叙事中的主体性因素,正如阿克顿对历史学家期望的那样:"我们的滑铁卢必须使法国人、美国人、德国人和荷兰人同样都能满意。 如果不查阅作者名单,便没有人能看得出,牛津的主教在什么地方停下了笔,以后是费边恩还是加斯奎特,是李普曼还是哈里逊接着写下去的。"③当然,比阿克顿更极端的主张也有市场,他们认为,历史事实能够自己说话,它们只是通过历史学家来说话而已。 我们今天可以将此类历史观念理解为实证主义对思辨历史哲学研究方式的反抗。 但当思辨历史哲学式微之后,分析的历史哲学便直接戳中实证主义叙事理念的缺点,毫不迟疑地质疑"如实直书"的可能性:我们如何保证历史学家不带任何偏见去从事历史撰述工作呢? 这在分析的历史哲学看来无论如何是不可能的。

分析的历史哲学就是从这里出发展开对历史认识主体的结构性审查。 文德尔班认为,实证主义的历史学是非批判的,而历史学应该也必须"是一门批判的科学。 它们职责不只是记录和阐述,而且还是,当我们认识和理解历史发展过程时……没有这种批判观点,就没有种历史。 一个历史学家是否成熟,其根据

----

① 参见马克·布洛赫:《历史学家的技艺》,黄艳红译,中国人民大学出版社,2011。
② 参见威廉·德雷:《历史哲学》;又参见沃尔什:《历史哲学导论》,何兆武、张文杰译,广西师范大学出版社,2001,第95页。
③ 严建强、王渊明:《西方历史哲学》,浙江人民出版社,1997,第194页。

就在于他是否明确这种批判观点；因为如果不是这样，在选材和描述细节时他就只能按本能从事而无明确的标准"①。因此，在分析的历史哲学家看来，那种认为只要掌握详尽的材料和正确的方法就可以达到客观性历史知识的观念只能是一种天真的信仰或偏见。分析的历史哲学从自然科学与历史学相区别的"自律论"出发，推论历史学是不同于自然科学价值的另一种追求，在研究方法上需要着重研究特殊性而不是一般性，是对"生命""精神"的理解与把握，而不是观念性的外在综合，这样的历史知识必然包含历史学家对于对象的内部体验。

如上认识论批判思路使历史学陷入两种可能的结果。一种结果是，从研究方式上区分自然科学与历史学，如果断定自然科学思维使用的是一般性概念思维，历史学只是针对特殊性内容的描述，那么，一般性概念势必就从历史学中被驱除了，而如果绝对排斥一般性概念，历史学中任何判断都将不会达成，因为任何判断都需要一定程度的一般性概念，如此一来，这样的历史学要么就不会有，要么就仅剩零散的"直观""生命""精神"类的心理内容。另一种结果是，区别自然与历史的初衷是要把历史学从自然科学中解放出来，但如上做法也使历史学陷入了一种主观主义与相对主义的困境。新康德主义以"生命体验""心灵直观""客观精神"作为历史理解的基础，那么建立在这样基础上的历史理解必定走向一种主观主义与相对主义。分析的历史哲学指出了问题，但没有解决问题，李凯尔特企图用价值联系来排除主观性也并未成功，最后他只好无奈地承认，历史必定要一再地被重写。

由于新康德主义同实证主义一样"无法融化掉决定着精神且又与之相异在的外部世界"②。这给新黑格尔主义的克罗齐另辟蹊径的机会，他选择把历史上升为思想性的存在，同时在本体意义上把思想上升为一种客观实在。如他所言："如果我们从未在心灵之外发现自然，那么我们就不能把它看成是与心灵相

---

①文德尔班：《哲学史教程》上卷，商务印书馆，1987，第27页；转引韩震：《西方历史哲学导论》，山东人民出版社，1992，第409页。
②韩震：《西方历史哲学导论》，山东人民出版社，1992，第453页。

对立的自然。"①克罗齐据此把自然融化在心灵之中,从而认为"精神"乃唯一的实在,一切都是"精神"及其表现,能称上客观存在的如果不是"精神",那就不可能是其他的东西了。因而,哲学只能是精神哲学,历史也只能是精神的历史。进而,"精神"是一个纯粹内在的过程,在它之外没有任何东西是真实的。

克罗齐如此看重"精神"的力量缘于他批判的思想视角,在他的历史观念中,历史事实的罗列并不是历史,"语文学家天真地相信,他们把历史关在他们的图书馆、博物馆和档案馆里(这很像《一千零夜》中的神怪缩成轻烟关在小瓶里),这种确信并不是无所作为的,它引起了一种用物、传说和文献(空洞的传说和死文献)构成历史的想法"②。真正的历史学不是编年史,因为真正的历史学不仅是以历史事实为据,而且需要以现实生活为契机,注入历史学家的思想,需要历史学家精神世界的融入。克罗齐强调历史学中的理解与阐释的重要性,强调这种注入历史学家精神的理解与阐释是历史学的灵魂,只有附着了这个灵魂的历史认识才能真正地理解历史,在这一点上,正如汤因比所说的,只有在经历了第一次世界大战之后,他才懂得《伯罗奔尼撒战争史》所蕴含的东西。所以,克罗齐才如此认定"精神"的内涵对历史的理解是如此的关键。

如果我们可以假设克罗齐的这种本体论设定是正当的,那么克罗齐就很可能如愿地解决了"历史的物自体"问题,同时也可以解决历史认知中的主体性问题,历史认识从此不会再有主观主义与相对主义的纠缠了。因为如果"精神"是唯一的实在,而且历史与"精神"同一的话,那么历史必然也应当具备客观实在的性质。当历史成为一种"精神"性质的存在后,历史的现象界与本体界二元对立的问题即刻迎刃而解。

然而事实情况是,克罗齐的批判是建立在一种假设的本体论之上,这种思想线路显然是黑格尔主义在历史领域的再次表达。以唯心主义为基础的历史研究

---

①克罗齐:《美学原理美学纲要》,外国文学出版社,1983,第34页。
②克罗齐:《历史学的理论和历史》,田时纲译,中国社会科学出版社,2005,第17页。

不可能真正地解决历史的实际问题,其理论最后的归宿必然是"一切历史,都是在历史学家自己的心灵中重演过去的思想"①。从而自然而然地认定,"历史的过程不是单纯事件的过程而是行动的过程,它有一个由思想的过程所构成的内在方面;而历史学家所要寻求的正是这些思想过程"②。为了说明其立场的可信性,新黑格尔主义的柯林武德不惜举例说,要理解布鲁图斯刺死凯撒的事件,就需要去追问布鲁图斯是怎么想的,而使得他决心去刺死凯撒。因此,在柯林武德看来,"一切历史都是当代史"的批判性仍然不够,历史学家只是了解孤立的历史事实是不够的,如果不深入历史人物的思想世界,恐怕连历史事实都很难理解,就更不用说理解历史本身了,历史学家所要追求是这些思想过程,因此之故,"一切历史都是思想史"。③ 新黑格尔主义为了克服历史的主观主义却走上了一条"历史即心灵"的自我认识道路,并且在这条道路上越走越远,让解决历史知识的客观性问题变得更加渺茫无期。

三、历史认识论批判的思想效应与理论困境

批判的历史哲学当初给自己规定的任务是对历史认识的思维过程进行审查,以便发现历史知识的地基是否稳固,这个目标本身并不成为问题。历史领域中的认识论批判是时代思维变迁的折射,其目的就是要求改变传统认知历史的方式,康德在其批判哲学中所说的话在此同样适用,"如果它是科学,为什么它不能像其他科学一样得到普遍、持久的承认,如果它不是科学,为什么它竟然继续不断以科学自封……不管是证明我们有知也罢,无知也罢,我们必须一劳永逸地弄清这一所谓科学的性质,因为我们再不能更久地停留在目前这种状况上了。"④对于分析的历史哲学这个时代来说,历史认识问题实在应当提到批判的日程上来。

---

① 柯林武德:《历史的观念》,何兆武译,中国社会科学出版社,1986,第 244 页。
② 柯林武德:《历史的观念》,何兆武译,中国社会科学出版社,1986,第 244 页。
③ 柯林武德:《历史的观念》,何兆武译,中国社会科学出版社,1986,第 244 页。
④ 康德:《形而上学导论》,庞景仁译,商务印书馆,1978,第 3-4 页。

而在此前，凭借着自然科学研究的成功范例，历史学也跃跃欲试期望使自身能够从零散的经验材料中摆脱出来，摆脱那种"用一千句谎言掩盖着的一个事实"的偏见，因而，历史学曾在十九世纪一度被认为是与科学真理联系在一起的学科，但是尽管如此，历史学的"科学性"还是不断地遭到质疑。对于分析的历史哲学而言，它实在不应该停留在这种尴尬的状况上。

如果和康德的批判哲学相比较的话，分析的历史哲学的批判对象与康德的纯粹理性批判的对象截然不同，但它们批判的性质与思路别无二致。所以，康德在《纯粹理性批判》中所讲的一些内容对于分析的历史哲学而言也极为贴切。这两个领域的批判区别仅在于：康德要拆开形而上学的地基看一看知识的先天基础是否合法，而分析的历史哲学是要拆开历史学的地基分辨一下由经验材料建构的历史知识是否合理。正如康德所言，这样的工作"不管什么时候都不算晚"①。分析的历史哲学一诞生便肩负此繁重的任务，在科学主义圭臬的氛围中，任何不能化身为科学的理论就不能进入知识的俱乐部。分析的历史哲学高举人文性与历史性旗帜，不仅维护了历史认识的独特性，在一定意义上也维护了人的尊严，反击了固执僵化的历史观念，把历史研究同时从形而上学与科学主义中拯救出来。

因此，分析的历史哲学所从事的历史认识论批判表现了历史思想的深化与成熟，是历史思考的一个进展阶段，而不应将其视为历史哲学的一个分支。在这个新的进展阶段中历史思维的视角发生转换。其意义在于，从前所关注的历史活动、历史人物、历史进程、历史目的、历史意义等本体问题虽然仍是历史的核心问题，但这些核心问题被揭示出与历史认识的主体性相关。这是历史思维转换的根本原因所在。分析的历史哲学迫切需要从实体历史思维下拯救历史以恢复历史的丰富内涵。历史认识论批判坚持认为，历史如何能够成为历史学的可能对象，这只有从历史事物的存在方式，从历史性以及这种历史性根植的时间性中才能得到解答。而历史事物的存在方式并非实体思维下的"不依赖人的意

---

① 康德：《形而上学导论》，庞景仁译，商务印书馆，1978，第4页。

志而转移"的客观对象,而是生长于人的存在的深处。但遗憾的是,分析的历史哲学在认识论批判过程中,并没有完全理解人本身的具体内容,而仅仅停留在"精神"或"思想"的抽象层面,在专注于历史的客观性问题讨论中把历史本身丢失了,其结果像是出演一场《哈姆雷特》而没有"丹麦王子"的荒谬剧。

历史的形而上学史已经揭示,历史不仅是人的一种体验,不仅体现为思想层面,其根本内容更与人的生存向度息息相关。历史不是人类纯粹理性的一个应用领域,而是贯通一切领域的生存形态。人们对历史的兴趣首先应该是一种具体的、感性的、可理解的实践兴趣,如果我们从一开始就排除具体的、感性的内容,那么历史性的内容要么是空的,要么就是不可理解的。一种空洞的、无法理解的实践是不能被接受的,是历史本身无法容纳的。分析的历史哲学拒绝了历史的实践兴趣而将自己的任务仅仅限定在单一的主体范围内,而遗忘了主客本是一体的辩证关系与现实基础。结果导致分析的历史哲学只关注历史的人性而忽视了人的生存的历史性与人的认识的历史性。

正如人们所看到的那样,同康德批判哲学相似,分析的历史哲学以"历史的哥白尼"创造出"历史的物自体",作为本体的历史变得模糊不清或蜷缩到一个一去不复返的黑暗之中,而作为认识客体的历史成为一种"不可简约的和无法抹掉的剩余物"。[1] 一种恐慌而苦涩的心理笼罩在其时的历史研究工作中,这是西方人自希罗多德以来在历史领域遇到的真正危机,同时也印证了批判哲学的思维模式不适合历史与实践。

如果从整个西方思想史的发展历程看,历史理性或史学理性危机只是传统形而上学危机的一部分,只是这种形而上学梦幻走进以现实为内容的历史领域后才如梦方醒。不可否认,历史认识论批判具有革命性的一面,如其所论,历史认识主体的主观性内容的确影响着认识的结果,如"个人的偏好""集体的偏见""各种互相冲突的有关历史解说的理论"以及"哲学观的根本对立",等

---

[1] 海登·怀特:《后现代历史叙事学》,陈永国、张万娟译,中国社会科学出版社,2003,第63页。

等。① 历史认识中具有这些强烈的主观性内容使其与自然科学知识的确有别，但如果要求历史学必须具有自然科学知识的那种客观性，这显然是不可能做到的，不仅是因为两种研究的前提、方法、目的与思想方式的不同，更缘于这种客观性诉求本身。因为那种要求排除主体性的客观性只能在形而上学中找到而不可能出现在现实中。正如马克思对历史唯心主义所做的批判的那样，"对对象、现实、感性，只是从客体的或者直观的形式去理解，而不是把它们当作感性的人的活动，当作实践去理解，不是从主体方面去理解"②。这是历史认识论审查工作失败的根本原因。分析的历史哲学没有对客观性进行合理理解，没有发现客观性是一种历史性、生成性，其认识论结构虽然是以批判传统实体理论为对象，但其二元分裂的主客观念和传统实体思维并无本质上的差异。"人的思维是否具有客观的真理性，这不是一个理论的问题，而是一个实践的问题。人应该在实践中证明自己思维的真理性，即自己思维的现实性和力量，自己思维的此岸性。关于思维——离开实践的思维——的现实性或非现实性的争论，是一个纯粹经院哲学的问题。"③所以，历史唯物主义在现实形态中可以有力地回应这种历史的形而上学困惑。

除此之外，当代西方思潮中也有一些批判思想值得借鉴。比如，西方解释学理论中对客观性的重新阐释就具有一定的启发性。依照这种解释学的理论观点，客观性根植在主体的"成见"之中，没有任何"成见"的真理只能是一个主体空场的虚拟真空，对人的世界而言，也就没有任何客观性可言。当然，解释学也需要规避主观主义的嫌疑，所以它也强调，"成见"虽然包含多样性与主体因素，但也正因如此才使之成为"合理的成见"。一言蔽之，在历史的真理面前，那些没有贴上"成见"标签的、号称绝对客观的观点乃真正的偏见。如伽达默尔从解释学的角度出发认为，在历史认识中以及在历史性的时间跨度中，我们可以借助历史的发展来淡去"成见"中属于某一个时代的特殊关切，如现代社

---

① 参见沃尔什：《历史哲学导论》，何兆武、张文杰译，广西师范大学出版社，2001，第101—110页。
② 中央编译局：《马克思恩格斯选集》第1卷，人民出版社，2012，第133页。
③ 中央编译局：《马克思恩格斯选集》第1卷，人民出版社，2012，第134页。

会中的功利主义、技术理性，如此这般，我们就有可能以较为客观的态度去认识历史对象。 以此看来，在解释学的理解中，客观性并不是虚无化，而是一个开放的、批判的、历史的生成过程，而且连"偏见"也是开放的、批判的、历史的、暂时的，正是这样的过程本身赋予我们理解历史的合法性。

从前被吉尔伯特·赖尔等人看起来完全是一个巨大障碍的"主体际性"问题，如果能够考虑到如上这些意见，困难也并非完全不可解决的。 所以，这种历史认识论批判对于历史的客观性寻求一时陷入了相对主义与主观主义的泥潭，而在患有主观性恐惧症的狭隘视野中，无论是新康德主义、新黑格尔主义还是之后的新实证主义，都无法走出自身设置的形而上学障碍，最后只好无奈地承认，"或许历史就是'生活的女主人'，但她是一个轻薄的女主人。 然而我们一直在追寻她——这种追寻从希罗多德和修昔底德时代就开始了……这个主题必须被假设但永远难以达到并且是不能取得一致意见"①。

总而言之，历史研究的分析主义将历史及其认识过程狭隘地理解为静止的文本，这极大地缩小了理解历史的视野，而并没有认识到，历史认识本身也在历史中展开，因而不可避免地具有因时代而变动的历史印记，印证了历史认识是有生命的人对生命历程的感知、反省与表达。 历史认识主体的主观性特征并没有对历史认识的客观性形成真正的威胁，客观地认识过去只能在认识主体的主观性中才能获得，历史的真理既有历史认识的客体向度，也有历史认识的主体向度，而且也正是由于主体向度的存在才能赋予客观性以持续的生命力。 客观性并不是要求上帝的视角，那种要求上帝视角下的客观性只能陷入罗蒂所指出的"视角中心主义镜式隐喻的魔障"。②

---

① 唐纳德·R·凯利:《多面的历史》，陈恒、宋立宏译，生活·读书·新知三联书店,2003,第29页。
② 参见罗蒂:《哲学与自然之镜》第一编"我们的镜式本质"，生活·读书·新知三联书店,1987；又参见周建漳:《历史的理解与解释》，社会科学文献出版社,2005,第176页。

第四章

语言学的叙事策略与文本中心主义逻辑

在后现代主义运动中诞生了一种被称为语言学转向的历史哲学。这是在历史领域展开的、以历史叙事文本语言为直接研究对象，并向传统历史观念提出质疑的一种研究路数，它使以历史本体论与历史认识论为中心的研究转向了以历史叙事文本语言为对象的研究，转向了对历史文本语言形式的解构与分析，进而逆转了从前的历史研究方式与叙事观念，因此，这种语言学转向亦被表述为叙述主义转向或修辞的转向。

第一节
语言学转向的时代背景与理论基础

同"分析的时代"历史研究的认识论转向一样，历史哲学的语言学转向并不是孤立地发生在历史学科内，而是现代思潮发展并体现在历史研究对象上的结果。因而，语言学转向的历史研究是现代思潮运动与发展的一部分，只有置身于现代思想逻辑的运动过程中，才能理解以海登·怀特为首所倡导的这种历史叙述主义转向的缘由与其思想本质。在此研究方式下，历史叙事文本被视为一种理解历史的视角，文本的语言形式在历史理解中被提升到一个前所未有的高度。

一、语言学转向的时代背景

直到二十世纪六七十年代，历史研究的主流一直被分析的历史哲学主导着。分析的历史哲学从精神上讲，从未脱离分析哲学与科学化的研究模式，由此而产生两大互不相融的理论体系，即"科学理性体系"与"历史理性体系"，这两种历史研究体系各自站在自己的立足点上指责对方。在"科学理性体系"下，历史研究者以自然科学为模式，要求使相同的客观性观念贯通自然与历史两个领域，与自然科学的研究过程类似，将历史视为一种不动的、外在的、摆在一个静止时空中而有待主体认识行动随时投射的客观对象。"科学理性体系"根植于二元对立的思维模式中，把客观性与主观性完全对立，历史研究者必须是"零视角"的，否则客观性便不再可能。这种视角中心主义镜式反映论是实现其目标中历史理性建构的巨大障碍，因而，在"科学理性体系"下，历史共同体的理念根本不可能确立，历史叙事的合理性被质疑，甚至历史学作为一门严谨的学科门类也遭遇危机。"科学理性体系"的实证主义从本质上来看是显然的，只是对抱有这种思维方式的人而言，才似乎是一种不可动摇的观念。

而几乎与此同时，"历史理性体系"从另一个不同方面出发，把历史研究视为与自然科学具有严格区别的另一种研究。这种"历史理性体系"力图摆脱把历史作为与主体隔绝的客观对象，而要求使之成为与主体性内容相关的一种个体的、动态的发展结构，以此便可以在具体条件下来理解具体的历史，同时也能够满足在整体的背景下来理解个体的历史，只是这种"历史理性体系"进入历史理解的路径却不是从真正的具体出发，而是从思想出发，这使其最后的结局只能是"一切历史都是思想史"。虽然"历史理性体系"呈现了对传统历史形而上学思维的一些前所未有的突破，然而它因为无法说明主体性的实践内涵，当然也就同样无法摆脱客观性的困扰。

到此为止，分析的历史哲学号称以历史为对象的前提批判已经到达了在其逻辑上不能继续前进的终点，任何以类似逻辑谋求获得历史叙事合理性的努力都已成为不可能，建构历史理性与历史共同体的愿望成为美国历史学家彼得·诺维克（Peter Novick）口中所言的一个"那高尚的梦"。[1] 所以，在分析的历史哲学之后，人们能做的只能是"将客观主义、实证主义与历史主义相接合的尝试，即将科学理性与历史理性糅合在一起"[2]，而如何还原历史的个性特征与本质内容，如何在主体建构运动中确立历史认识的客观内容，就不仅仅关系到认识视域中历史学何以可能的问题，而是需要在生存视域中回答实践何以可能的问题，这些问题显然已经不能在分析的历史哲学逻辑中来解决了。

分析的历史哲学困境促使人们去寻求新的历史理解方式，恰逢当代不同社会思潮风起云涌之际，在结构主义与语言哲学的影响下，历史研究的注意力开始从历史认识论领域转移为以历史文本语言为对象。这种历史研究转向因为在思想气质上与后现代精神有共通之处，因而也被认为是一种后现代主义话语在历史领域的伸张。如果将其作为后现代运动的一个环节来观察，历史哲学的语言学转向所针对的问题就不仅仅限于"分析的时代"，而是针对从前的一切历史观念的批判运动，在思想方式上表现出后现代主义的激进风格。在历史效果上，发生在历史研究领域中的后现代运动和发生在其他领域的后现代运动一样，逐渐形成一股强大的力量，而且都是一种破坏性的力量，它掀起了历史理性与史学理性的全面解构，不仅拒斥对历史本体的研究，而且也回避了历史认识论问题，这就是所谓的后历史时代的境况。

因而，理解后历史时代下历史研究动机与思想特性需要从理解后现代主义思潮的运动状况入手。后现代主义是后工业时代中出现的一种社会文化思潮，

---

[1] 参见彼得·诺维克：《那高尚的梦想》，杨豫译，生活·读书·新知三联书店，2009，导论"做不到的事情"与第一篇"客观性的加冕"部分。
[2] 陈新：《西方历史叙述学》，社会科学文献出版社，2005，第43页。

后现代主义思潮只是这一时代历史发展的具体内容在思想层面上的一种表征。这一社会文化思潮的发展可以追溯到十九世纪七十年代，二十世纪初期开始在建筑、文学、哲学等领域小范围传播，乃至二十世纪七十年代后，后现代主义成为一股飓风流云式社会文化思潮席卷了哲学、文学、美学、语言学、心理学、历史学等几乎全部的社会文化领域，其特有的思想方式与特定的内容相接合，进而形成了一系列后现代风格的文化景观，如解释学、语言学、解构主义、女权主义、后殖民主义、西方马克思主义等，这些文化景观都能够以后现代主义特征表现出来。尽管后现代思潮的门派与观点林林总总，而从整体上把握后现代主义精神实质并不十分困难，"后现代主义文化症候是在与现实主义、现代主义相比较的'差异性'中显现出来的。"①相对于现代主义是现代社会的文化表征，是启蒙运动以来的崇尚理性、向往科学，是追求平等、自由、公正的社会秩序以及对社会进步与新生活的乐观态度的表达，那么，后现代主义的这种"差异性"相对表现为以理性主义和启蒙精神之崩溃与不信任为特征。美国当代学者大卫·雷·格里芬被视为一位具有建设性后现代主义的主要代表人物，在他的代表作《后现代科学》与《后现代精神》中，格里芬使用简洁的概念式归纳，以图表示出后现代主义的这种"差异性"：个人主义、人类中心主义、父权制、机械主义、经济主义、消费主义、民族主义和军国主义等，都是现代性的内容，其中，个体与群体、精神与肉体、人类与自然、男性与女性、科学与精神、理性与情感的分离与对立，都突出地体现了现代主义的二元对立的特征。而与现代主义这些特征相左，后现代主义表现为对现代主义的反动，它昭示着一种批评的态度，而力图彻底扫除现代性中种种形而上学观念，力图彻底肃清主观与客观、真实与虚构、中心与边缘、形式与内容的绝对界线，进而在价值意义上达到使高雅与通俗、历史与故事、哲学与文学、科学与艺术等诸多对立的传统消解掉的目的。所以，一个必然的消极效应就是，后现代主义获得了反科学、反艺术、反历史、反道德等负面的价值标签，在思维模式上获得了反传统、反体系、反理性的非建

---

①参见斯图亚特·西姆：《德里达与历史的终结》，王昆译，北京大学出版社，2005，序言第6页。

设性印象。

在历史领域中，后现代主义对历史研究的影响并不是直接发生在历史本体与历史认识这两个传统研究方面，而是以后现代主义方式通过语言学、结构主义、解释学对历史理解产生影响。通过结构主义与语言学，后现代主义推动了历史学边缘化，使历史叙事成为有关语言的形式艺术，实现了逃离"分析的时代"下历史认识论批判所导致的逻辑困境，在回避谈论历史客观的前提下，有效地模糊了从前的二元结构，模糊了真实与虚构、历史与故事、历史学与艺术或文学的界线。在一种"除了文本什么都不存在"①的历史话语下，历史学从此成为叙事主体语言文本形式的建构。由此可见，在后现代主义方式下，历史的本体问题甚至都没有进入其谈论的话题，因为当历史学成为一种充满浪漫想象与隐喻的"诗学"之后，本体问题也就已经成为一个根本无需谈论的对象了。

不谈论或拒绝谈论比直接面对所产生的影响往往更大，后现代主义对历史本体的态度就是如此。因而它给历史本身造成的冲击是史无前例的，回避历史本体问题直接表明后现代主义对历史本身内容的怀疑。后现代主义所倡导的历史观与启蒙以来的现代主义历史观截然不同，尤其是不能信任思辨的历史哲学所坚持的历史观，后现代主义完全将其斥为"大历史"的观念，因为在后现代主义看来，那种相信凭借理性的力量就可以在人类世界的未来某一天建立一个永久和平的美好世界，完全是一个没有任何说服性的虚构。后现代主义则迎头反对这种历史观："大历史"是不存在的，只有"多面的历史"具有存在的可能，而且历史也不是一个从低级到高级发展的连续过程，多重、无序、断裂才是历史运动的本质特征，无中心的或多中心的、多面的、多重的、断裂的、多时间的、无序的、偶然的、非决定论的、"小写"的历史，才是人们能够接受的历史观念。对此，利奥塔在《后现代状况》中指出，对"大叙事"的质疑是后现代图景最确切的特征。从后现代主义的观点来看，"大叙事"所指的是一种具有普遍性适用性的那种理论，是一种企图从整体上一劳永逸地把握历史的方式，通过

---

① Jacques Derrida: Of Grammatology, The Johns Hopkins University Press, 1976, p158.

"发明"一种体系,而把历史对象的全部内容纳入这一体系之下。如那种研究历史发展阶段与总体进程、探讨历史发展规律与发展动力、追问历史价值与意义的理论,统统被后现代主义称为"大叙事"(Grave Narrative)。

后现代主义对这种宏大叙事的不信任根本上源于对现代性的失望。在后现代主义的视角下,现代主义所做的许诺不仅没有实现,而且存在着对人的戏弄与欺诈,更兼有强权与压迫。其中,这种宏大叙事作为一种特定的历史观念已经结束了它的生命力与号召性,宏大叙事无法帮助人们解决生存的状况,它"无法告诉我们未来这个不可测的领地将会是什么样子。换句话说,我们不能再把马克思看作是一个拥有无与伦比智慧的预言家了,他的宏大叙事被试验过,并且发现存在严重的缺陷,因此我们对它已经没有多少指望了。就算我们可以从过去学到点什么,我们也决不会让自己局限于这样的世界观或社会历史发展观上"①。从历史的渊源上说,这种后历史时代状况是现代批判思想力量积聚的结果。在此之前,尼采对权力"意志"创造历史的伸张、维特根斯坦对"语言游戏"规则的揭示、詹姆士对"效用真理"的认定早在后现代主义这个整体运动之前就展开了,这些对现代主义批判的思想为后现代主义的批判理论提供了启示与灵感。后现代主义者沿着这一思想批判的路线走向了与传统彻底决裂的一方。而在这些最具有吸引力的后现代思想批判理论中,米歇尔·福柯的理论对历史领域的关注尤其特别。

福柯思想的特别之处正如他所研究的对象一样不同于传统,如精神病、性意识、监狱、医院、语言错乱等,都是福柯的研究对象,由此形成一系列后现代主义论著,其中,《精神病与个性》《监禁与惩罚》《词与物》《性史》是福柯最具代表性的著作。对于未读过这些著作的人而言,似乎仅从这些研究对象的非传统性就已经能够判断出其思想的后现代"症候"了。以福柯为代表,后现代主义重新理解传统的全部,瞄准传统下的每一个问题并集中火力从结构与内容上对其进行摧毁或重构,"解构主义(deconstructionism)"这个概念就是因此而

---

① 参见斯图亚特·西姆:《德里达与历史的终结》,王昆译,北京大学出版社,2005,第50页。

来。而福柯将解构的目光瞄准了"西方中心主义"中的"西方人",这在传统中是一个"有理性、能保持客观、拥有符合自然真理、社会真相的知识的西方人"①。但福柯从尼采的"强力意志"中捕获理论灵感、汲取批判力量,使这类在从前具有确定性的命题成为严肃的问题。在尼采那里,真、善、美的传统体系已经遭到"权力意志"的颠覆,真理不再是被人发现的真理,而是被人发明的真理,而且发明的过程也是处于"权力意志"的全程支配之下。在其早期的作品《悲剧的诞生》与《论历史学对人生的用处与不利》中,尼采就否定了历史研究的可能性与效用性。在这个意义上,福柯继承了尼采的衣钵,他对历史的"新启蒙方案"就是,拒斥是历史上一个不断进步的、上升的发展过程,历史的进步只是启蒙时代制造的幻想,实际上只不过是从一种统治形式过渡到另一种统治形式的变换而已。福柯从尼采"权力意志"的内涵中抽出一个"权力"的观念,从而纳入他的理论体系中,他从此指出,"权力"概念的理解不应被限制为国家统治权力、法律约束权力及文化控制权力等有限的方面,而应当被理解为,它无所不在地贯穿在社会历史的全部关系之中。对这种权力关系的变化模式与转换机制的研究能够使我们在历史中看到原先看不到的内容,能够给予我们以新的基准与新的视角。所以福柯认为,这些权力关系在从前并没有被认真地看待与研究,或根本被忽视,以至于过去人们对于那些被颠倒的、触目惊心的关系熟视无睹或根本无从觉察。因此,福柯试图通过他的努力以证实"现代的个人"或"现代的自我"以及现代的一切,都是在权力话语下制造出来的内容。比如,现代社会中的疯人院、医院、监狱、法庭、大学、新闻和信息机构都体现了种种掩在权力面具下的紧张关系与压迫。福柯就此进一步指出这种权力的运作过程,一方面,权力是赤裸的、不加掩饰的、肆无忌惮的;另一方面,权力又被以现代方式包装,以至于它完全"合乎正义"。在揭示这种权力运作与支配关系过程中,福柯毫不犹豫地认为,"主体或自我"同样也是这种话语氛围中制造出来的,如福柯在《词与物》中所认定的那个极具颠覆性的命题:"人是晚近

---

① 乔伊斯·阿普尔比:《历史的真相》,中央编译出版社,1999,第 190 页。

时候的发明，而且可能是一种即将走向尽头的发明。"①既然一切都是匮乏自身目的的权力关系下的"发明"，那么人与其历史的必然结局只能如福柯所言的那样，就像抹去"画在海边沙滩上的脸"，没有属于自己本身的意义。

从"人是万物的尺度""人为自然立法"的传统理论，到"人的死亡"的后现代主义理论，西方思想发展中所发生的这种革命性逆转在历史领域产生了同样的效应。"把以前认为静止固定的东西扰乱……把以前认为统一的东西打碎……呈现以前认为一致之中的参差不齐。"②总之，后现代主义是对历史的全面颠覆。从历史本体与历史观方面看，在福柯、利奥塔等人的后现代主义思想中，任何"大写"历史都不复存在，而从历史认识与叙事实践方面看，罗兰·巴特尔与海登·怀特等人从历史叙事文本的语言结构中消解了一切历史认识的可能性，从而最终达成了在解构传统历史理性与史学理性任务上的殊途同归。

二、语言学转向的理论基础

语言学转向的历史哲学与其发展时代中多种社会思潮有紧密的联系，其中联系最为紧密、影响最为深刻的思想流派包括逻辑实证主义、结构主义语言学、现代解释学。当代思潮各种理论派别纷纷以历史为对象展开其思想实验，在这个意义上，与其说历史哲学向语言学转向，倒不如说是语言学研究向历史领域的投射，是一种语言学研究的历史转向。

首先，引发语言学转向的直接诱因是分析哲学理论中旨在使历史叙述获得科学性的"覆盖率模型"理论的影响。"覆盖率模型"也称作"说明的归类模型"或"演绎-规律模型"，这本来是一个用于表述科学说明的理论术语。加拿大历史哲学家德雷在《历史的规律和解释》(Laws and Explanation in History) 一书中将其引入历史领域，意在说明把某一历史事件纳入一个一般规律的模型，即通过一些初始条件的演绎而使某一历史事件得以被说明。这种说明理论其后由

---

① Michel Foucault：The Order of Things：Archaeology of the Human Sciences，New York：Random House，1970，p387.
② 转引自乔伊斯·阿普尔比：《历史的真相》，中央编译出版社，1999，第191页。

美国逻辑实证主义者卡尔·古斯塔夫·亨佩尔进一步拓展。亨佩尔在研究中结识了德国著数学家戴维·希尔伯特，后者将数学建立在坚实的逻辑基础上的主张给亨佩尔留下了深刻的印象。因此，尽管早在百年之前关于历史学科研究与自然科学研究的区别就被人们不断地讨论过，二者具有不同的性质、区别之认识也获得较多的认可，但亨佩尔仍旧力主历史学科与自然科学在研究方法上具有同一性，否则历史学科无论如何不能获得合理的位置。他在1942年的《哲学杂志》上发表了《普遍规律在历史中的作用》一文，其中论述了他之所以坚持这种认识的必要性与可行性。亨佩尔以历史叙事实践的现实过程为依据，反对将历史学与自学方法对立起来的观点，他在该篇论文中表示，那种认为历史学只是对过去各个事件的叙述而不是追求对这些事件可能起支配作用之规律的观点，如果只是限定为对某些历史学特别感兴趣的某类问题的归纳，或许是不能被否认的，但如果完全排除对历史事件起支配作用的规律，那么这些没有逻辑的历史事件陈述最终将会失去全部意义，那是断然不能被接受的。既然历史学家不仅需要叙述事件本身，而且还要使其具有可以理解的逻辑，那么，这些使历史事件成为可理解的规则与自然科学中的普遍规律相较就没有什么特殊的地方。

因此亨佩尔认为，历史学与其他科学相比并无什么特殊性。不过，作为一名熟知哲学史的科学哲学家，亨佩尔深知思辨历史哲学中那种先验的历史规律之弊端，因而他对历史规律的理解具有特定的含义，他不可能再次启用那种先验的历史规律观念，取而代之的是一种经验的历史规律的观念，这也是他的正当身份——一个逻辑实证主义者。

对于一个逻辑实证主义者而言，精确使用语言被认为是获取正当认识的第一步。所以分析的哲学指出，当历史叙事通过一定语言文本展开的过程中，语言文本内经常使用诸如"因此""所以""由此""因为""自然地""明显地"等表示关联的词汇，就是说明历史规律的一种模式，语言的关联就意味着语言所指示的对象关联，语言的这种使用方式在历史学科中与自然科学中是一样，没有必要坚持历史学要获得真正解释与理解就必须将社会科学与自然科学明显区别开。亨佩尔认为，即使按照二者对立的方式来处理，那也不能保证历史解释的可靠性。作为一位通晓哲学史与科学史的历史思考者，亨佩尔以历史研究的现实案例说明，历史学，尤其是现代历史学的基本素材离不开自然科学的支持，自然科学不仅为史料提供可靠的时间、地点等内容信息，也为组织这些史料提供方法。

语言的精确使用是思想表达的关键，分析哲学对语言形式因素的关注与重视使陷入认识论困境的历史研究获得灵感。从此，对历史的理解与解释，甚至对具体历史事件的因果关系研究就此转向一种语言分析的模式，转向对历史文本结构的理解。这种研究方式改变了历史理解的态度，使历史话语、文学话语与科学话语之间的区别不再像从前那样严格，这是一种被称为"叙述主义历史哲学"的新现象。①

其次，语言哲学与结构主义或后结构主义的发展也促成了后现代叙述主义的产生。语言在现代哲学中被视为传达思想的工具，是思想表现的符号系统。早期的逻辑实证主义研究试图运用逻辑分析，提出一种精确的人工语言，并渴望借此获得理解的客观效果。在这种思潮的影响下，历史研究中也曾出现要求澄清语言的使用的问题，同样也产生过对历史学是否拥有独特的专业化语言的争论。而争论的结果是，历史文本作为语言的产物，完全是由其他言语产物的基础构成，历史学没有专用语言，历史文本的语言与日常语言没有差别。

但随着对语言研究的深入，语言哲学渐渐从逻辑实证主义的控制中摆脱出来。如索绪尔所言，语言并不是传达意义或意义单元的工具，反之，意义乃是语言的一种功能。这也意味着，人们并不是使用语言来传递自己思想的，而是人们所思想的东西是由语言所决定的，因此，我们的认识一定与我们所使用的语言相关。而后来这种思想方式被放大进而又走到了它的极端——人们永远也不可能达到对象的真实，因为真实永远被语言遮蔽着。这种语言哲学思想被结构主义思想吸收进而形成了"结构主义语言学"流派。"结构主义语言学"从而认为，语言根深蒂固的特点是不稳定性和意义的不确定性，由于这种不稳定性和

---

① 参见严建强、王渊明：《西方历史哲学》，浙江人民出版社，1997，第250页。

不确定性,也就不存在理解与阐释的绝对权威。所以,理解与阐释活动是一种自由放任的活动,它更接近于游戏的性质。从语言内部来看,语言文本并不指示客观事实,并不指涉它和外在世界的特定关系,甚至语言文本也与其作者无关,起主导作用的完全是文本本身。其后,一种被称为"后结构主义"的理论甚至采取了更为激进的手法,它声称要消灭文本的作者,让文本成为没有作者的纯粹文本。

结构主义语言学着力揭示文本中的前提假设与意识形态,提示历史理论与史学实践应该预知语言的这类性质;指出了文本中被压抑的东西与要表达的东西一样多,现代主义预设的那些想当然的观念,如"自我""心灵",甚至"结构"本身,都是语言和意识形态制造出来的内容,告诫那些要求使历史文本摆脱修辞风格并借此还原历史学的客观真实性的历史学家根本就没有理解语言的性质。如利科在《时间与叙述》中所指出的那样,历史学与文学的关系并不像想象中那样清晰明确,历史叙述的虚构成分比实在论者们承认的要多。此类思想转变在历史研究中渐渐获得了广泛的认可,这直接推动对历史叙事文本的研究逐渐取代了对历史本体与历史认识的研究。在语言学与结构主义的哲学思潮共同影响下,历史研究的重心发生了明显的偏移,和赫克斯特当初所预言的一样,历史哲学将面临重大的范式转变。这种理论转变的确具有革命性的一面,但问题也是显然的,这在其后的发展中显示得更为清晰,唯语言主义、唯结构主义同时也使传统的语言观念陷入矛盾,而语言无论如何都是属于人的,因而其实质上使人的观念陷入矛盾。一种没有人的历史文本,在形而上学中的确具备其思想形态上的理想性,但在历史与实践的现实中是不可能被接受的。

另外,现代解释学对历史研究中这种语言学转向的影响也是深刻的。历史哲学向语言学转向更像是解释学研究在历史领域中的一个示范。解释学又称诠释学,是一种以文本理解为对象且拥有久远历史的研究理论,其思想源头甚至可以追溯到人类远古时期。远古文明中卜辞卦象的意义问题就是解释学所面对的文本内容,解释学的原始形态在思维逻辑上是复合的,既有直觉的、诗性的思维,也包含抽象的逻辑思维。因而可以理解,在希腊语中,"解释学"一词的词根是"Hermes",其意思就是"神之信息",这暗示了古代希腊人期望将文本中隐晦的神意转换为可理解的内容。由于人类历史上的文化传承几乎都是以文本为媒介,这就决定了解释学这项工作与人类文化文本的历史共存。在西方宗教神学文化主导时期,奥古斯丁等一批历史神学家需要对宗教的教义文本重新注解,在此契机下逐步把从前零散的解释学观点与问题进行理论上的系统化,尤其表现在以《圣经》文本为研究对象,提出如何诠释其文本与宗教原则的一致性问题,这对解释学理论的进一步发展作用明显。

现代解释学则是奠基于德国哲学家恩斯特·施莱尔马赫和威廉·狄尔泰等人的研究基础之上,但解释学作为一种具有影响的思想流派则形成于二十世纪。现代解释学集合了哲学、宗教学、语言学、社会学以及文艺理论中有关意义、理解和解释等问题,并将这些内容融为一体而形成具有一定系统性的哲学观念与思想规则。虽然解释学的研究对象与文本的理解方法相关,但现代解释学在后来发展中已经不再是一种方法论,因为它的核心旨趣并不停留在方法论的层次上。基于从前的研究基础之上,现代解释学在发展中出现了很多具有影响力的诠释理念,如关于文本理解的三个层次思想,即"历史的理解""语法的理解""精神的理解"。所谓"历史的理解"指的是对作品内容的理解,这个层次旨在通过文本语义把握精神形成的内容,所谓"语法的理解"指的是对作品形式的理解,这个层次旨在通过文本语法分析把握精神如何形成这些内容,而所谓"精神的理解"则是属于真正的和最高的理解,它将内容(是何)和形式(如何是)追溯至其原始的和谐统一。形式与内容在此被统一为一个整体,使其从一种哲学观念变成一种可以操作的实践原则。

现代解释学逐渐把文本理解视为一种精神重建的历史并从主体结构与实践内容来推进这一理论,现代解释学在其发展过程中历经多个阶段,在每个发展阶段上表现出来的思想观点与理论旨趣皆有区别。施莱尔马赫是推动解释学从神圣文本向世俗文本、从局部解释学到一般解释学转变的代表人物,施莱尔马赫从现代科学发展的模式中得到启发,认为解释学可以从仅仅解释神圣文本的独断教条中解放出来,而成为一种不限于解释个别文本且具有一般规则的解释学。

其后狄尔泰等人从文本与主体相互建构关系出发，使方法论性质的一般解释学成为以理解主体性为核心的本体论性质的解释学，这种以人的精神性存在为内容的本体论解释学实质上是研究如何通过文体到达理解主体性的过程。在这个阶段上，解释学的对象不再是作为客体的物化文本，文本与人的存在已经成为双向互动的结构整体，理解过程不再是对文本的外在解释，而是对人的存在方式的揭示，不是对深藏于文本里的作者意向的探究，而是对文本所展示的存在世界的阐释。由此，现代解释学不可避免地进入历史领域，成为一门关于人的历史性的学说：人的现实性存在总是处于一定理解境遇之中，并在一定的历史理解中不断地加以解释和修正，如伽达默尔所说："理解从来就不是一种对于某个所与对象的主观行为，而是属于效果历史，这就是，理解属于被理解东西的存在。"[1]

当解释学实现向实践哲学的解释学转向后，这就是现代解释学所到达的另一个发展阶段，这种肩负理论与实践双重任务的解释学也被视为解释学的理想形态，因为在此阶段上的解释学不再要求以客观性而是以实践本身参与作为人类文化价值鉴别的最高评判标准，解释学作为哲学来说就是一种实践哲学，它已不再是一套纯粹理性的知识观念，也不再是一套单纯方法论上的技术手段，而是一种直接参与历史与实践的批判和反思活动。在解释学走向实践阶段中，德国哲学家伽达默尔的贡献与影响甚广，伽达默尔以美学、历史与语言三个研究领域为例而指出，人文科学不可避免地具有历史相对性与文化差距性，这缘于人的存在受制于历史传统，其认识会有不可消除的"前见"，当前的认识受制于历史因素，理解的共同体只能建构在主体间的"视界融合"之上。伽达默尔将语言归为解释学的重要基础，"理解的基础并不在于使某个理解者置身于他人的思想中，或直接参与到他的内心活动之中。正如我们所说的，所谓理解就是在语言上取得相互一致，而不是说使自己置身于他人的思想之中并设身处地地领会他

---

[1] 伽达默尔：《真理与方法》（上卷），洪汉鼎译，上海译文出版社，1999，第8页。

人的体验。"①

因而，当现代解释学走向实践与历史阶段，它就不再是一种指导人们如何理解文本的方法论技艺，而是旨在展示在解释中发生了什么，尤其是那些与人的实践相关切的内容，正如伽达默尔所说："我本人的真正主张过去是，现在仍然是一种哲学的主张：问题不是我们做什么，也不是我们应当做什么，而是什么东西超越我们的愿望和行动而与我们一起发生。"②现代解释学的实践性、多元性、开放性及其对语言的关注，尤其是强调回归与纯粹科学和技术相区别的"实践智慧"，使其成为当代思潮中最引人注目的一个思想流派。与后现代性中的非确定性、相对性、去中心主义有别，在实践向度的解释学观念中，虽然也有非确定性层面的讨论，但其实质指向的是意义的开放性与历史的多面性，而并不意味理解与解释的不可能，其所指的相对性并不是主张什么都行的虚无主义，其所言的多元性也并不是否认客观真理的主观主义，只不过是这种新的客观性观念具备了另一种不同的特质，即实践性或创造性。现代解释学回应了当代思潮发展中的一些实实在在的问题，在此过程中把语言形式与语言意义创造性地联系到一起，这对历史研究极具吸引力，从而成为后现代历史叙事学转向历史文本之语言形式研究的直接推手。

第二节
后现代历史学叙事学的话语方式与历史逻辑

在当代思潮不同流派的思想影响下，历史领域也出现了一种将语言形式与语言意义联系到一起的研究方向，这就是一种被称为语言学转向的历史哲学，后

---

① 伽达默尔:《真理与方法》(上卷),洪汉鼎译,上海译文出版社,1999,第489－490页。
② 伽达默尔:《真理与方法》(上卷),洪汉鼎译,上海译文出版社,1999,第4页。

现代历史叙事学就是其中最具代表性的理论。在此理论中，历史文本的语言形式与历史文本内容成为不可分割的整体，历史文本的形式因素成为主导历史理解的一个重要内容。

一、后现代主义的历史话语方式

语言学转向的这种历史研究又被称为"新叙述主义"，其根本特征表现为，以后现代主义方式改变了传统历史叙述结构中文本内容与文本形式的观念。新叙述主义主张重新看待历史事实与历史叙述的边界，它不仅反对"小写"的历史叙事方式，即事实的实证主义，如经验证实方式，也反对"大写"的实证主义，如解释的覆盖律理论。因而，在新叙述主义看来，分析的思维下历史问题的症结就在于其长期地把证实问题与阐释问题混淆在一起，而历史叙述中的文本或语言比起分析思维下的那些历史研究者所讨论的问题更具有优先性，因为历史叙述中的语言文本已经不再仅是传统视角下的那种修辞性的形式，而是对文本内容的理解具有决定性因素的必要形式，是历史学须臾不能离开的内在结构。

新叙述主义相信新的视角与方式转换能够带来新的理解与新的世界，这对历史领域来说尤其如此。在其观点看来，历史叙述是史学实践赖以组织历史素材并赋予历史事实以意义，从而使历史得以被理解的根本手段，在历史叙述中，内容与形式、目的与手段有着等同的效用与意义。如果传统历史叙述把文本的叙述形式看作历史认识这块蛋糕上的装饰性奶油，那么新叙述主义则认为，这块蛋糕上的奶油已不仅附着在蛋糕的表面，而是已经融入这块蛋糕的深层。它不是人们想当然的那种仅具装饰性的单一功能，因为叙述的文本形式不仅影响历史著作的外表，而且也会影响历史著作的实质，这直接影响传达历史认识的能力，是历史理解何以可能的关键。"叙事不仅仅是一种可以用来、也可以不用来再现在发展过程方面的真实事件中的推论形式，而且更重要的是，它包含具有鲜明意识形态甚至特殊政治意蕴的本体论与认识论选择"[①]，新叙述主义的后现

[①] 海登·怀特：《形式的内容》，北京文津出版社，2005，前言第1页。

代历史叙事学就是坚持这种观念，"叙事远非仅仅是可以塞入不同内容的话语形式，实际上，内容在言谈或书写中被现实化之前，叙事已经具有了某种内容。"①由此可见，后现代主义的一些突出特征显然也可以在历史研究领域中得到印证。这种历史研究方式反转了传统的历史理解方式，从叙事的角度上颠倒了传统的历史学结构。如后现代历史叙事学所做的那样，它专注于历史文本的形式分析，文本语言形式与语言结构成为关注的重心，它试图证明历史叙述的主体因素，如政治、道德、审美、信仰等意识形态蕴涵，对于历史理解的重要影响。所以，语言学转向的这种历史研究路数明显不同于分析的历史哲学的研究方式，它不仅完全抛弃了历史的认识论研究方式，也完全弃置了有关历史存在的本体论问题。

回顾历史叙事实践的形成与发展过程便可理解后历史时代下新叙述主义的初衷。所谓的"新叙事"是相对于传统叙事方式而言的，而传统叙事根植于悠久的史学理论与实践的历史中，它有着悠久的传统根基。在中国的先秦文明时代，历史叙述形态就已经非常繁荣，在西方也一样，它是自修昔底德、希罗多德以来就存在的遗产，甚至更早。历史文本是历史叙述的成果，历史叙述必须以一定历史文本的形式呈现，而当自发的历史叙述进展到自觉的历史叙述阶段，历史叙述的内在矛盾才被清楚地意识到。

其一是历史叙述客观性与历史叙述功能的矛盾，即求真与致用的矛盾。历史叙述要求客观真实这是毋庸置疑的，而历史叙述的功用则更为首要，如修昔底德当初对其所做的工作所期望的那样，"如果那些想要清楚地了解过去所发生的事情将来也会发生的类似事件（因为人性总是人性）的人，认为我的著作还有一点益处的话，那么我就心满意足了。"②只是后来在历史叙事进展中，人们往往并没有处理好二者的关系，于是便出现了两种倾向：一种倾向是放大了历史的功用，导致历史叙述功用被放大，这种滥用不可避免地扭曲了历史叙述的客观性；

---

① 海登·怀特:《形式的内容》,北京文津出版社,2005,前言第 3 页。
② 参见修昔底德:《伯罗奔尼撒战争史》,商务印书馆,1985,第 18 页。

而另一种倾向则是由于慑于历史之真而畏惧历史之用。其二是历史文本内容与历史文本形式的矛盾，即"文"与"质"的矛盾。通常所言的"言而无文，流之不远"是对历史文本的修辞性的要求，"文"是历史叙述的形式，但却不是完全外在的，因为若"文"之不在，则"质"之不存，然而，历史的"文""质"应该是有边界的，而如何做到"文质彬彬"的切合状态，这往往在传统历史叙事实践中很难达成一致意见。

但带有后现代风格的这种新叙述主义完全跳出传统视界，一批新叙述主义者通过对自己新观念的陈述，力图说服人们相信传统方式的不可行。如保尔·利科的《时间与叙述》与《叙述的作用》、弗兰克·安克斯特的《叙述逻辑：一项关于历史学家语言的语义分析》、罗兰·巴特尔的《历史话语》这些论著，都对历史叙述行为作为再现历史的方式进行深入的讨论与研究，并为此重新规定了一系列历史研究课题："什么是一个具体历史意识的结构？同别的阐释方法相比较，什么是历史阐释的认识论的地位？什么是历史表述的可行模式？什么是历史表述的基础？历史阐述具有什么样的权威，它对已掌握的一般关于现实的知识特别是对人文科学有什么贡献？"①新叙述主义要求通过对叙述性质的研究来回答这样一些问题。在这场运动中，最具有代表性的莫过于海登·怀特的后现代历史叙述学理论，《元史学：19世纪欧洲的历史想象》（*Metahistory: The Historical Imagination in Nineteenth-Century Europe*）是其最具影响力的代表作。如弗兰克·安克斯密特所指出的，在海登·怀特的《元历史》出版后，以语言为中心的新叙述主义才显露出它的真实面貌。

海登·怀特其他具有影响力的著作还包括《历史的负担》（*The Burden of History*）、《叙事的回归线》（*Tropics of Discourse*）、《形式之内容》（*The Content of the Form*）、《借喻的现实主义》（*Figural Realism*）、《比喻实在论：模拟效果研究》（*Figural Realism: Studies in the Mimesis Effect*）等，这些论著所论证的内容与《元史学：十九世纪欧洲的历史想象》的思想主旨完全一致。在这些论

---

①转引自张京媛主编：《新历史主义与文学批评》，北京大学出版社，1993，第160页。

著中,怀特的抱负之一就是卸除传统叙事观念下"历史的负担"。依照他的意见,在这个后历史时代的文化氛围中,历史学家的首要任务乃是重新确立历史研究的尊严,以此才能与广大知识群体的目标和路径达成一致。怀特力图通过转换历史研究方式以便使历史学家从传统历史观念所造成的困境中解放出来,这样才能减轻历史研究的负担、重建历史研究的尊严。怀特在其新叙述主义视角下首先澄清这种负担在历史叙事中的具体表现过程,"一个多世纪以来,许多历史学家发现,使用费边策略对付相关知识领域的批评很有用处。这个策略是这样运作的:当由于方法的软弱、组织性隐喻的粗糙或社会学和心理学前提的合混而受到社会科学学家的批评时,历史学家便回答说,历史从未要求纯科学的地位,它依赖分析方法,也同样依靠直觉,因此,才应该用仅在数学和实验学科里正常使用的批评标准来评价历史的判断。所有这些意味着,历史是一种艺术。但是,当由于未能探入人类意识比较神秘的层次,不愿意使用当代文学再现模式而受到文学艺术家的谴责时,历史学家便又折回到这样的观点上来:历史毕竟是一门半科学,历史数据是不能接受'自由的'艺术操纵的,而历史叙事的形式也不是选择的问题,而是历史资料本身的性质所要求的。"[1]所以,怀特认为,这种"费边策略"曾经在一段时间里武装了历史学家,让他们相信历史学能够在艺术与科学之间、在认识上中立的一个中间地带占有一席之地。然而,随着这类研究的深入发展,这种"费边策略"越来越力不从心。这是因为,在传统的解释系统中,对于科学与艺术的理解并不是在多元的视野中来进行的,并不是把科学与艺术都同等看作世界的表征方式。归根到底,传统的客观性的观念根植与他们关于科学与艺术的观念中,所以历史在科学与艺术的原有概念下来寻找适合自己的中间地带,最后只能导致一个自相矛盾的历史观念的产生,必然带来历史学崩溃的思想危机。

针对这种情况,怀特加以进一步分析而指出,当历史学家声称历史是科学与艺术的综合时,他们一般指的是十九世纪末的社会科学和十九世纪中叶的艺术

---

[1] 海登·怀特:《后现代历史叙事学》,陈永国、张万娟译,中国社会科学出版社,2003,第33页。

的综合，这就是说，他们是用糟糕的科学和糟糕的艺术来研究过去。这些关于科学和艺术的陈旧观念之所以很糟糕，是因为许多历史学家继续把历史事实看作"给定的"，而且拒不承认这些事实与其说是发现的，毋宁说是由研究者眼前的现象所提出的问题构建的。总之，他们抱着早已过时的客观性观念不放，因而，当历史学家试图以他们所说的"艺术"方式把他们就"事实"的"发现"关联起来时，他们一致回避当代文化研究的贡献，如文学叙事中之再现技巧、解释学传达的文本结构之实践性质，其结果必然是使历史的理解"逐渐老化"。由此怀特认为，如果要解除"历史的负担"就必须架构新的历史观念，必须采取逆于传统的方式与手段才能完成任务。比如，必须抛弃从前的学科壁垒观念，重新理解科学、艺术、文学、历史、哲学等学科界限，必须将它们同等地理解为表征世界的不同方式，而不是将它们孤立在各自的学科范围内形成截然不同的对立。为此，怀特还借助历史学与现代艺术、历史学与现代科学之间的关系为例，力图说明新叙述主义不同于传统的目的与性质。为了实现这一抱负，怀特推出了他的新叙事观念，即后现代历史叙事学理论。他选择借助历史文本的语言形式分析方式以实现卸除历史负担的目的。

二、以语言文本为中心的历史叙事逻辑

在后现代历史叙述学理论中，怀特扩展了"叙事"一词的内涵，"叙事"概念既指叙述形式（写作形式），也指由这种形式所表现的内容，二者合为一体。在怀特看来，所有的历史文本都是叙事文本，而任何文本都离不开形式，因而对叙事文本形式的研究就显得相当重要。这是因为，在新叙事观念下，历史叙述形式已不再是脱离内容的形式，它已经与内容取得同等的地位，或者说，它本身就具有内容的性质。接下来，怀特在《元史学：十九世纪欧洲的历史想象》《形式的内容：叙事话语与历史再现》等著作中，全面系统地介绍了他的后现代历史叙事学的新观念。

不过，连怀特本人也承认，他不是一个专业的历史学家，从来没有撰述过类似职业历史学家所撰述的那类历史作品，他不研究历史本体问题，也没有接手分

析的历史哲学面对的历史认识论问题，而是把史学实践成果，包括历史撰述文本与历史撰述方法，作为他研究的对象，由此而形成他的后现代历史叙事学理论。海登·怀特观点的特别之处在于：历史修撰形成的文本形式与其他文本形式，如文学文本形式，没有本质上的区别，历史是以叙事散文话语为形式的语言结构，是历史学家在词汇、句法、语法、语义方面建立的"语言蓝图"，他的任务就是在不同的"语言蓝图"中找出共同的形式因素，以便"追溯变化，勾勒出所论时代的历史想象的深层结构"。[1] 建构"语言蓝图"之于现实而言，可操作的内容就是历史文本。怀特通过广泛的研究，发现每一位历史学家所创作的历史文本都表现出自己的叙事风格，这种叙事风格包括"情节化模式"、形式论证模式与"意识形态蕴涵模式"，历史文本就是借此被编排、组织而巧妙地形成的，其组织过程包括多个基本环节。

　　首先是"情节化模式"的编排过程。它是历史文本中通过情节编排进行解释的过程，是通过识别所叙事的种类为叙事提供意义的过程。简而言之，"情节化模式"也就是把一系列事件编成一种特殊种类的故事从而使其具有可理解性。怀特先后区分出四种"情节编排模式"，它们分别是：浪漫式的、悲剧式的、喜剧式的与讽刺式的。怀特以具体历史文本为例说明，不同的历史学家会使用不同的模式来编排故事，不存在什么决定性的标准，这就像人们喝咖啡时加不加糖一样，几乎完全取决于一种偏好。"例如，米什莱将他写作的所有历史构成浪漫剧模式，兰克的是喜剧模式，托克维尔的是悲剧模式，布克哈特的是讽刺模式。"[2]就它们的表现形式与表现效果来说，"它也是一种关于成功的戏剧，这种成功即善良战胜邪恶、美德战胜罪孽、光明战胜黑暗以及人类最终超脱出自己因为原罪堕落而被囚禁的世界。讽刺剧的原型主题恰好与这种救赎式的浪漫剧针锋相对；事实上，它是一种反救赎的戏剧"[3]。另外，"喜剧和悲剧显示出一种可能性，即人类至少从堕落的情形下得到部分解脱，以及从他在这个世

---

[1]海登·怀特:《元史学:十九世纪欧洲的历史想象》,陈新译,译林出版社,2004,前言。
[2]海登·怀特:《元史学:十九世纪欧洲的历史想象》,陈新译,译林出版社,2004,第9页。
[3]海登·怀特:《元史学:十九世纪欧洲的历史想象》,陈新译,译林出版社,2004,第11–12页。

界中发现自身处于分裂状态的情况中获得暂时性的解放。可是……在喜剧中，由于通过那种活跃在人类社会和自然界中的力量达到暂时妥协的前景，人类获得征服其世界的短暂胜利，从而使人们保持着希望……在悲剧中除了虚伪和虚幻的场合之外，再没有欢乐时刻……"①不得不承认，怀特对历史文本的这种"情节化模式"的编排分析的确史无前例，如果不考虑他编排的是关于历史叙事的文本，这种别出心裁的方案肯定存在广泛认可的空间。

其次是"形式论证模式"的编排过程。它通过运用一定的解释原则，为叙述的故事提供了一种解释模式，从而说明历史叙述的中心思想。"形式论证模式"可以分为多种类型，如形式主义的、有机论的、机械论的和语境论的。简单地说，形式主义的解释旨在识别与确定特定研究客体的特性；有机论的解释把个别看作各个过程的组成部分，整体在性质上并不是各个部分的总和，这种方法通过整合个体进程与整体进程赋予历史以意义；机械论的解释注重对因果规律的研究；语境论的解释则是把事件置于它们所发生的情形当中来获得解释。"形式论证模式"中的这几种解释类型都能够用来提供解释原则，从而赋予历史叙述中所描述对象以某种意义，但是它们之间的关系通常是斗争性的，尤其是在历史学家讨论究竟何种叙述模式是最佳的时候。

再次是"意识形态蕴涵模式"的编排过程。在讨论叙事的"意识形态蕴涵模式"中，海登·怀特专门划定了"意识形态"一词的意义范围："我用'意识形态'一词指的是一系列规定，它使我们在当前的社会实践范围内采取一种立场并遵照执行（要么改变，要么保持当前状态）；伴随着这些规定的是，它们都声称具有'科学'或'现实'的权威性。"②其实怀特的意思很明显，传统"意识形态"的观念都是被理性主义或种种权威绑架的，而这里的"意识形态"具有自由的流动性，具有反权威、反理性主义的规定性。在此基础上，他细分出"意识形态蕴涵模式"内多种解释立场，如无政府主义的、保守主义的、激进主义的

---

①海登·怀特：《元史学：十九世纪欧洲的历史想象》，陈新译，译林出版社，2004，第11页。
②海登·怀特：《元史学：十九世纪欧洲的历史想象》，陈新译，译林出版社，2004，第28页。

与自由主义的。怀特进一步指出,所有这些立场都承认变革不可避免,但是在变革的可取性及其最佳幅度上则持有不同观点。比如,保守主义者对有计划地改变社会现状表示怀疑;而自由派、激进派与无政府主义的态度则与之不同,在自由派、激进派与无政府主义之间,自由主义者提倡对社会进行机械调节,激进主义者确信结构变革的必要性,要求在新的基础上重建社会,无政府主义者也确信结构变革的必要性,但其倾心于废弃"社会",而要求代之以一种"共同体"。

至此,后现代历史叙事学的理论结构通过"解释效果的三个层面"及其每个层面的"多元"布局清晰地展示出来。怀特据此认为,历史叙事是"情节化模式""论证模式"与"意识形态蕴涵模式"的某种特定组合,并且任何一种模式中的任何一元并不是与其他模式中的任何一元任意相容的。各元之间可能有相互抵触的地方,同时,各元之间也有特定的亲和关系,这些亲和关系如下表。①

表1 情节化模式、论证模式与意识形态蕴涵模式的特点

情节化模式	论证模式	意识形态蕴涵模式
浪漫式的	形式主义的	无政府主义的
悲剧式的	机械论的	激进主义的
喜剧式的	有机论的	保守主义的
讽刺式的	情境论的	自由主义的

怀特相信,具有鉴别力的历史学家能够充分利用各单元之间的亲和性使历史叙事达到一种审美的平衡,使历史文本具有可理解的效果,使作为实在的历史诗意再现。这就是说,历史叙述再现历史的过程是诗性的,因为在历史学家自己的意识系统中,它是前认知的、未加批判的。就其构成性而言,它既与认知有关,也与想象有关。怀特通过表1中这些概念归类似乎给人一种严谨的科学研究的印象。

---

① 海登·怀特:《元史学:十九世纪欧洲的历史想象》,陈新译,译林出版社,2004,第38页。

让历史成为一种具有想象力的诗学，这听起来的确很浪漫，但距离说服其他人还很远。因而怀特还有很多工作要做，比如，他从历史文本的语言修辞层面上又做出了四种区分，使历史叙事显示出四种修辞层次，即四种比喻法：隐喻、借喻、提喻与反讽，它们的主要功能是为有意识的理解做准备。这四种比喻的作用不同：隐喻是基于相似原则来使用，强调事物的同一性；借喻是基于邻近的原则来使用，强调事物的外在性；提喻是基于部分服从整体的原则来使用，强调事物的内在性；反讽则基于对立性原则来使用，在肯定的层面上证实被否定的东西。怀特深信，如果历史叙述是有条理的，那么它必定依赖于起决定作用的比喻表达模式，历史叙述是从比喻上来把握作为实在的历史的。所以，通过以上这些叙事策略分析可以看出，在历史学家能够把这些策略应用于历史叙述之前，这些结构与模式就必须被预先构想了，历史学家既创造了其分析的对象，也预先设定了其解释的策略与模式。

后现代历史叙事学为自身规定的中心任务就是重新确定文本形式与文本内容之间的关系，重新审视历史与自然科学、文学、艺术等研究领域之间的关系，为"费边策略"的困境解围，从而最后达到其所设定的解除历史负担的目标。因而，人们可以发现，在后现代历史叙事学理论中，历史的本体问题被弃置，历史认识的客观性观念被弱化处置，同时，历史学科同自然科学和其他人文学科之间的界线被模糊化处理。从文本的建构角度出发，历史学作为表征世界的一种认知规范与其他表征世界的认知规范之间没有绝对边界之分，它们之间的区别仅在于文本的建构策略不同，即只不过是不同类型文本之间的区别。所以，从文本的语言形式看，历史学建构的基础同样是假想性的或形而上学的，这种建构过程与文学的共同之处要远大于同科学的共同之处。因而，历史学与文学之间的距离被夸大了，而历史学同自然科学之间的亲密关系也没有原先想象的那样。如怀特所说："作为创造过程的产物，历史的文学性与诗性要强于科学性和概念性；并且我将历史说成是事实的虚构化和过去实在的虚构化。"[1]如果人们想要

---

[1] 海登·怀特：《元史学：十九世纪欧洲的历史想象》，陈新译，译林出版社，2004，第7页。

形成一种真正历史性的概念，就必须采纳一种与当前正统意识形态有别的立场。从此，人们便可以理解为什么怀特把他的历史研究描述为一种"元历史"的立场，也可以借此理解为什么他的新叙事理论是一种"历史的诗学"而非"历史的哲学"。

三、新叙述主义的思想意蕴与理论效应

（一）新叙述主义的思想意蕴

与传统历史研究相比较，怀特的后现代历史叙事学理论明显地表现出对传统历史观念的反动。在《元历史》的开篇处，怀特特意引用巴什拉德《火的精神分析》中的一句话："人所能知者，必先已入梦。"这个被其引用为篇首的立论显然与常识有别，因为按照传统思维方式，"事"先于"知"，即在本体论意义上，历史实在先于历史认识，而"知"先于"梦"，正如人们通常所说，日之所思，夜之所梦。但若将"知"置于"事"先，将"梦"置于"知"先，这显然是颠倒了传统思维模式的结果，怀特谋求历史研究创新的意图由此可见一斑。从前的批判哲学思维模式也曾有过这样的革命性颠倒，但颠倒的结果却不能使人满意，如"一切历史都是当代史""一切历史都是思想史"等认识论批判命题所导致的逻辑结果：不是作为实在的历史决定我们的历史认识内容，而是我们的历史认识过程制造了历史的实在。批判哲学的形而上学逻辑一旦以历史为对象进行推演，就立刻导致一种历史认识论上的哥白尼效应，历史实在随即沉寂在认识结构的黑暗之中而成为"历史的物自体"。在这种境况下，历史的新思维的确必须另辟蹊径。

海登·怀特在《元历史：十九世纪欧洲的历史想象》《叙事的回归线》《形式之内容》《借喻的现实主义》等著作中系统地表达了他的新叙事理念。在思想架构上，他通过创造"元历史"这个概念以显示其研究视角的非传统性。理解"元历史"这个概念需要回到怀特的语言原文中，"元历史"是由怀特自己杜撰的英文词汇"Meta-history"翻译而来。单从中文语境很难读懂"元历史"的含义，但在英文中的意思却十分明了。"Meta-history"是由英语前缀"meta"与

"history"一词合成而来，"meta"作为前缀，在构词法中的基本意思为"变化""变换""超越""之外""不在范围内"，等等。因而，理解该词的前缀就能基本把握怀特的匠心设计了。中国大陆学者把"Meta-history"译为"元历史"或"元史学"，不过，这两者译法在形式上差别很明显，因为"历史"和"史学"是指涉两个不同的内容，前者是"事件"，是"发生的事情本身"；后者是"故事"，是对"事件"的描述与再现，从《元历史》一书所表达的意思来看，怀特所更新的对象既是传统史学的观念也是传统历史的观念，或者说，他是通过首先更新传统史学的观念进而解构传统历史的观念。[1] 遵照这一理解，无论"Meta-history"一词译为"元史学"还是译成"元历史"，都只能表达新叙述主义思想的一部分。故而，台湾学者刘世安把"Meta-history"译为"史元"，这样就使其具有双重含义，使其兼具"历史之元"与"史学之元"的观念。不过这样一来，虽然避免了上述译法上的缺点，但也有过度概念化的嫌疑。

无论如何，怀特的这种特殊构词能够清楚地显示他的基本立场不同寻常，这至少体现在两个方面上：其一，"元历史"的思想内容一定是对传统的超越与反动，不仅是对传统历史认识思维的超越与反动，也是对传统历史本体观念的超越与反动；其二，"元历史"的思想方法也必须另起炉灶。"元历史"之"元"，不仅包含了中文意义上的"要素""居首""第一""首要"之意，也贯通了该词英文前缀所表达的"变化""变换""超越""之外""不再范围内"的意义。在"元历史"的视角下，边缘并不在中心之外，形式寓于内容之中，"诗意的"也并非"随机的"。如此一来，这种新叙事观念就产生了巨大的争议。在消极视角上，可以批判怀特消解了历史学作为一门学科的严肃性；而在积极视角上，也可以认为，怀特使历史学与其他学科之间的隔膜解除了，比如，使历史与审美的诗学之间失去了距离，使史与诗之间恒久以来的坚硬壁垒轰然倒塌。

怀特的旨趣当然是后者而不是前者，为了说明这种选择是值得信任的，怀特

---

[1] Hayden White, Metahistory: The Historical Imagination in 19th-Century Europe, Johns Hopkins University Press, 1973, p1–4.

在他的历史叙事学思想框架下又补充了一种"历史的转义"理论，这一点也能清晰说明新叙述主义的思想蕴含。怀特特意从词源学上追溯"转义"一词的历史含义，借以说明"转义"与历史话语的内在关联，所谓的"转义（tropic）"，在其英语词源上的基本意思是"旋转""途径""比喻"等。怀特借用该词以说明，历史文本也具有"转义"的性质，也需要在"转义"的话语方式中来理解，而不能把它理解成具有明确逻辑的命题性知识，它只是对一个时代精神的统摄、默会与观风察势，它全然不是"宏大叙事"方式中的那种所谓的"内在必然性"观念。也就是说，在"转义"的层面上，历史文本既不是纯粹虚构，也不是逻辑证明，它是基于一种时代精神的历史感，而不是基于传统的理性主义观念。另外，"转义"的意义还指一种状态向另一种状态的转换、流变、回归的运动（如"tropic"在英文中被引申的一个意思是"回归线"，它是太阳每年在地球上直射来回移动的分界线）。这个术语至少蕴含两重含义：其一，"转义"是需要接受的常态，正如阳光在地球的南北回归线内的直射运动那样自然而然，虽然在"发现"回归线之前，人们都习惯认为太阳照常升起，但在"发现"回归线之后，才能理解回归线并不由太阳本身引起，而是地球围绕太阳公转的结果，需要从地球与太阳的运动关系中来理解。将"转义"观念移植到历史领域，具有类似效果：所有的历史解释都依赖于意义之间的对立关系，而非历史文本和意义之间的假定关系，以往我们过于关注历史实态之间的关系，这很容易陷入实体本体论思维，而忽略了来自各种转义之间关系的理论投射，只要把历史思考从历史本体转移到历史语言文本就一定能够领会到这层关系。

怀特据此认为，作为历史实在的"事件"转化成可理解、有意义的历史叙述过程是一种话语技巧。这个过程是修辞的而非逻辑的，是基于诗性思维"感觉到的和想象出的"，而不是理性的和抽象的。更进一步说，从"事件"到"故事"的转换是一种"发明"而非"发现"，而且"故事"的真实性与隐喻的真实性相仿。怀特以史学的具体文本编撰内容为例并指出，不仅编年史中的"事件"是有选择的，而且"故事"的情节结构也是根据预设的主题而确定的，历史叙事话语因而就是虚构中的虚构。①也就是说,历史叙事与文学叙事在本质上是一样的,都具有同样的审美内涵和语言结构形式,如果没有更好的选择,那么通过语言结构的形式分析来理解历史无疑就是一个值得一试的出路,人们可以借此对历史叙事话语进行解码,把握那些经过独特解释的历史文本的深层结构与隐含的内容。除非历史撰述完全摆脱了想象的内容,否则,我们就没有理由去拒绝"元历史"所提供的方法。可以理解,怀特是借"虚构"的概念对抗传统的历史理解方式,他的"虚构"当然并非指的是虚无,但关键的问题是,怀特如何使人们相信,"虚构"也能够成为一种合理,而且不能只在文学、审美、艺术领域内适用,也要适用于历史领域。

  对此,怀特需要在史学实践中给予说明。他非常同意柯林伍德在《历史的观念》中所表述的那种观点:"有一天凯撒在罗马,又有一天在高卢,而关于他从一个地方到另一个地方的旅行,他们却什么也没告诉我们,但是我们却以完美的良知而补充了这一点。"②对于柯林伍德来说,这一"良知"是先验的而不是虚幻的,否则历史就是历史小说家的虚构了。但历史主义是不能容许直接的先验性内容的,所以柯林伍德使用了一个类比来说明这种先验性内涵:"如果我们眺望大海,看见有一艘船,五分钟之后再望过去,又看见它在另一个不同的地方;那么,当我们不曾眺望的时候,我们就会发觉自己不得不想象它曾经占据过各个中间的位置。这已经是历史思维的一个例子了;而当我们被告知凯撒在这些连续的时间里是在这些不同的地方时,我们就发现自己不得不想象凯撒曾从罗马旅行到高卢。"③如果仅在文本建构的意义论之,这就是通常历史文本的实际生成过程。怀特认同柯林伍德的观点倒也无可厚非,因为在理解物理世界的运动变化时,我们也确实是存在这类先验性的心灵活动。但我们同时也应认识到这类心灵活动的抽象性,但它是否能够一样适用于历史世界,这并不是一个不证自明的问题。

---

① Hayden White, Metahistory: The Historical Imagination in 19th-Century Europe, Johns Hopkins University Press, 1973, p5-7.
② 柯林武德:《历史的观念》,何兆武译,中国社会科学出版社,1986,第273页。
③ 同上。

（二）新叙述主义的理论效应

怀特的新叙事主义给当代历史研究带来巨大的争议，因为在他的后现代历史叙事学中所展现的逻辑并非纯粹的捕风捉影与虚张声势，尤其是他对史学撰述实践生成结构的分析似乎言之凿凿，但是，反对的声音从始至终也一直没有停息过。在反对者看来，新叙事主义存在明显没有解决好的问题。首先，怀特不能回避他的研究方法具有语言决定论的嫌疑，在文本分析下的历史话语中，历史学家成为语言模式的囚徒，其描述对象与其历史观念受到特定语言模式的限制。而且"一旦历史学家选择了他（她）的策略或修辞，就会成为这种策略的俘虏"①。其次，他的话语转义理论消解了"历史实在"与"历史故事"在结构层面上的差别，但最终没有厘清"想象"究竟在什么程度上是与"历史实在"对应的，当我们把历史降格处理为"虚构"之后，仅仅获得一时的空间的解放姿态是不够的，重建历史的新观念才是核心问题——虽然解放的姿态所释放的空间（由消除学科壁垒所营造）对于重建也十分必要。再次，在"转义"观念下，当历史成为审美的对象之后，这种话语模式的确可以消除历史学科的僵硬印象，但并没有足够地说明"美化"之后史学理性的合理性问题，即它何以是一种历史文本而不是其他文本？例如，如何理解历史学著作中出现的诸如"天命玄鸟，降而生商"的这类撰述内容是一个历史学的命题，而不是一个诗意的虚构或神话叙事呢？

怀特在回应这些问题上付出了数十年的努力，并在长期的思考中一直为他的理论进行辩护，这在实际上促使其历史思想不断发展与更新。怀特认为，其历史话语的"转义"观念虽然隐含着现代语言哲学与结构主义的思想，但绝非是语言决定论，至少与结构主义语言学理论中所流露的那种语言决定论观念相差很远。而对语言的修辞学分析仅仅是为"转义"的不同策略所提供可分析的方案而已，这是因为语言的性质使历史撰述发生形态一定是叙事性的，而叙事结构与语言结构在具体的历史文本中属于同一个文化范畴，正如在日常语言里我们

---

① 伊格尔斯："在学术与诗歌之间的历史编纂"，载《书写历史》，生活·读书·新知三联书店，2003，第7页。

无法拒绝使用修辞是一样的，其形式与内容存在结构上的一致性，或者说，形式与内容是等值的，修辞本身就是内容的一部分。怀特就此提出了一个让人很难否认的问题："难道有什么人真正相信神话和文学虚构不能指涉真实世界、讲述世界的真相、提供关于真实世界的知识吗？"①

在巨大的理论争议中，怀特坚称其理论并没有混淆"历史事件"与"历史故事"的区别，而是在历史话语的结构内重新审视它们之间的关系，把它们置于一个开放的氛围内，并通过二者之间类似反讽的结构关联，揭示传统历史观念的固执性。如他所言，"我认为虚构这一概念应从现代边泌主义和费英格主义的意义上来理解……我总是把'事实'当作构建……只要历史涉及讲故事，就必然涉及对现实的虚构。"②在回应朋友兼论敌伊格尔斯的质问中，他又借助于文学反映现实的一面来回答历史之所以成为历史的那一面："究竟是什么导致我们注意历史与文学之间的关系问题？伊格尔斯把历史与文学之间的差别看作是一个对立面……伊格尔斯似乎把全部的'文学'当作虚构，而没有认识到大量的文学作品并不是虚构的，大量的虚构作品并不是文学的。伊格尔斯——相当非历史地——似乎认为'文学'意味着'虚构'作品。"③怀特自认为新叙事理论在创造新的历史理解方式的同时，也解放了传统视域中僵化的学科观念，能够打通历史与文学、艺术、科学等学科之间长久以来的壁垒，使历史具有审美的诗意、艺术的韵味、科学的涵养，并拥有通过历史而走向未来的可能性，从而实现在更为广阔的视野下使历史、文学、艺术、宗教、政治、道德、科学等学科文化内容共融共生。

新叙事主义的理论效应至今还在持续，怀特对反对者的回应并没有得到认可，而怀特所提出的那些回应式反问同样也没有谁能直接回答，但这并不意味着历史研究进入僵局。在现今看来，怀特理论的特别之处乃在于以历史思考为起

---

① Hayden White, Figural Realism: Studies in the Mimesis Effect, The Johns Hopkins Press, 1999, p22.
② 海登·怀特："旧事重提：历史编撰是艺术还是科学？"，载《书写历史》，生活·读书·新知三联书店，2003 版，第 25 页。
③ 海登·怀特："旧事重提：历史编撰是艺术还是科学？"，载《书写历史》，生活·读书·新知三联书店，2003 版，第 28 页。

点，给人文科学开启广阔的历史思维，尤其是对文学理论领域的影响，使传统的文学批评理论受益匪浅。二十世纪西方文学思想曾被描述为"整体开放、局部封闭"的状况，在开放并蓄的整体格局下，各个文学理论之间却互不通约，这种互不通约的根源在于现代文学理论普遍存在使用"文学性"消解"历史性"的倾向，使文学割断了自身与历史的联系，从而导致文学自身的危机。如果通过这种新叙事主义所提出的历史与文学共享因素的观点，就能够赋予文学叙事以宏大的历史感，能够极大地拓展现代文学的研究视野，同时也能够消解历史文本与非历史文本之间的巨大鸿沟，并解除传统文学观念下作为"前景"的文学与作为"背景"的历史现实之间的对立。怀特敏锐地觉察到文学的历史性与历史的文学性特质，这一开放性观念的开启使历史与文学达成了一种"视界融合"的效果。

不仅如此，这种历史效应从文学领域传递到更广的范围，对整个人文科学领域来说都具有不可低估的价值。这种历史的思维机巧地跨越了几乎人文科学的全部领域，拆解了不同学科之间的传统壁垒，使不同学科之间兼容并蓄、百花争芳。新叙事主义在方法论上广纳文学理论、语言哲学、解释学、结构主义、后结构主义等现代思想的研究方法，同时又能清醒地认识到现代性的弊端，勇敢地直面压迫现实的意识形态、经济霸权、文化中心主义等问题，启示人们需要走出传统模式下那种别无选择的生活状况，以一种开放的、超越性的态度来看待这个多元的、并不完全符合理想的世界。由此也可以说，如果认为怀特不是一个历史学家的话，这倒也并不意味是对怀特个人名誉的贬低。

总而言之，以怀特为代表的新叙述主义推动了认识论的历史哲学向语言学转向的路径发展，使这种后现代历史叙事学理论把传统历史研究中的解释与证实拆分开来，指出了被传统历史研究忽视了的"文本的外壳"，提醒人们注意到这样一种事实：历史认识中的不一致不仅涉及过去本身，而且还涉及为了了解过去而由历史学家创造出来的语言的对象。历史研究的语言学转向摆脱了传统历史研究尾随分析哲学亦步亦趋的卑微境况与认识论的狭隘视域，使历史研究赶上了当代西方思潮的发展前沿，并保持对其他学科所开辟的新领域的关注。虽然人们不会一致赞同由语言文本归纳出的历史逻辑，但也没有漠视这一理论所揭示的问题是存在的。后现代历史叙事学的初衷并不是不负责任地去拆解人们对于历史的理想信念,并不是招摇过市地去卖弄其思想的异质性,从而去背负人们加给后现代主义的一些贬义词。它的初衷是要求我们保持审视现实的姿态,走出"别无选择的生活"状况,以一种多元的、开放的、多面的、超越性的态度来看待表征世界的诸多人类文化模式。

但是无论如何,语言学转向的新叙事主义是在后现代主义运动过程中诞生的,这使其无法摆脱其时代的历史局限性。尽管新叙述主义的初衷并不是蓄谋制造一种历史虚无主义,但实际上却制造了这种效果,由此而导致了历史领域的一个所谓的"后历史时代"状况。如果沿着这种逻辑一直走下去,任何历史本体的研究都无法确立,历史认识的客观性也不可能达成,历史理性与史学理性将一同消失,历史研究依然还是负重难行。即使在其理论内部,包括怀特本人也承认这一点,新叙事主义所面对的只是历史的文本,而不是历史实践本身,而且只是对历史文本的语言研究,甚至仅限于对语言纯粹形式的研究,这就决定了新叙事主义理论的形而上学性质。它对语言文本的形式主义理解方式无疑使其落入结构主义的窠臼与语言的桎梏之中。"怀特的错误在于他认为因为所有的历史记述包含虚构因素,所以它们基本上是虚构的,可以不受真理的控制。"[1]人们实际中能够看到的是,后现代历史话语所关切的是文本而非历史本身。在新叙述主义观念里没有人的世界,它面对的根本不是人的生存状况,因此它根本不解决人类历史所面临的现实问题。就其根本而言,尽管其研究方式具有巨大的历史性,它仍然是非历史的,只不过是使用历史的方式来消解历史罢了。后现代主义完全排斥"中心"、排斥"总体化"、排斥"形而上学"的思想走向,使其在反对现代性问题上完全走向了极端,在这种历史秩序失落的话语氛围中,历史的理解只能是"在一个无根基性、无方向性表述的世界里的一个无根基性、无方向性的表述"[2]。

---

[1] 海登·怀特:"旧事重提:历史编撰是艺术还是科学?",载《书写历史》,上海三联书店,第25页。
[2] 伊格尔斯:《历史叙事学与后现代主义》,《东岳论丛》,李丽君译,第25卷第6期,第28页。

第五章

唯物史观视域下新历史叙事建构的逻辑

与西方历史哲学不同,历史唯物主义所研究的不是观念中的历史,它没有停留在历史逻辑的抽象演义中,也没有停留在历史经验材料的整理上,更没有在历史之外预置种种先验模式,而是将历史应有的具体内容与其相适应的逻辑统一起来,在历史逻辑一致的原则下展开研究工作,这使历史唯物主义能够以全新的思维方式提供一种从根本上把握历史的可能性。

第一节 历史唯物主义的思想变革

在实践观念的思维方式下,历史唯物主义以其历史的思维逻辑消解了思辨的历史哲学的先验历史模式,驱除了思辨的历史哲学在历史本身问题上的神秘性,吁求在历史实践中解决历史的合目的性和合规律性的统一问题,以此使历史与逻辑在现实的人及其活动中得以和解。历史唯物主义也超越了分析哲学模式下的历史思维，克服了其主观主义与相对主义的缺陷，消除了历史认识中的"物自体"，使历史认识的客观性在人的历史性活动中得以实现。同时，历史唯物主义在发展中也时刻关注现实问题与时代变迁，并力求回应后现代主义思潮对历史观念的挑战。

一、面向历史本身的新思维

由马克思、恩格斯创立的历史唯物主义转变了西方人长久以来唯逻辑主义的思维倾向，重新构筑了理解人、理解历史的新思维。如果使用西方传统思想体系内的概念来表达，也可以说，马克思、恩格斯的思想革命实现了"实体存在论"向"历史生存论"的转变，其实践观点的思维方式使居于天国的形而上学哲学问题转变为现实世界中具体的历史运动。这一走向历史的思想革命超越了本体论形而上学的历史视界，在新的历史思维中重新界定了"生活"与"意识"的关系问题，从而为解读历史的核心问题奠定基础。要理解历史唯物主义理论的新思维就必须从马克思、恩格斯所开启的思想革命出发。

西方思想长久以来都是以形而上学的方式运作的，即使是在现代科学诞生之后也不例外，尽管现代科学技术极大地推动了社会生产力的发展，推动了世界历史的巨大变迁，但其实质上仍然是一种形而上学思维。英国历史学家、哲学家沃尔什指出："近代西方哲学起源于对十六世纪晚期和十七世纪初期由数学和物理学所做出的非凡进步的反思；而它与自然科学的联系从那时起就始终没有间断。知识本身就等于由科学方法所获得的知识，这个方程式是由笛卡儿和培根的时代到康德的时代几乎每一个主要的哲学家所得出的。"[1]所以，尽管现代世界创造了辉煌的物质文化，但技术理性的压倒式扩张并未能证明自身的合理性，相反却带来更多的现实社会问题。而历史唯物主义针对现实问题并通过对社会历史运动的具体内容分析创立了理解历史的新途径，在理论与实践的双重

---

[1] 柯林武德：《历史的观念》，何兆武译，中国社会科学出版社，1986，第20、34页。

层面上实现了从形而上学思维向历史思维的跨越。

回顾西方思想的传统便可发现,西方思想传统基本上没有脱离形而上学的思维。从泰勒斯直至黑格尔的思想发展过程中,基本上是一种实体本体论思维方式,从其思维特点看,总是从某种终极存在与初始本原的实体出发,在二元对立方式下,将历史运动仅仅视为概念、意识或精神运动。这些思想理论不可能为人们提供一种理解人本身的解释原则。历史唯物主义有的放矢,实现了对传统思维的革命性变革,并且针对历史与实践的具体问题,揭示了现实世界中不合理的社会关系与社会状态,为历史的理解提供了一种新的思维方式和新的解释原则。

历史唯物主义对传统思维的革命性变革体现在多个维度上。首先,历史唯物主义是一种"通过人并为了人而对人的本质的真正占有"的解释原则,是不同于实体存在论形态的一种"生存存在论"或"实践存在论",一切存在都是历史实践的生成。这就根本有别于从前的那种思维:"凡存在的……必然是现成的;凡无法作为现成的东西加以客观指正的,就根本不存在。"①深谙传统思维缺点的一些现代西方思想流派也深有同感:"生存不是如此存在,而是能够存在,就是说,我不是生存着,而是可能的生存;我没有自我,而是正在达到自我。"②其次,作为历史唯物主义理论核心概念的"实践"观念,也是一个历史性内容,实践的目的不是对"现成存在"的认知,而是对人的生存意义的探究,是对有意义的、可能的历史运动内容的追求,而不是对现有存在的肯定。再次,马克思、恩格斯在创立历史唯物主义之时在哲学观上已经实现了对以往意识哲学的彻底批判,实现了哲学观上的历史转向,历史唯物主义作为一种哲学观或方法论所提供的是一种历史的思维方式与历史的解释原则。"不管是认识者还是被认识的物,都不是'本体论上的''现成事物',而是'历史性的',即它们都具有历史性的存在方式。"③当历史唯物主义使用这一原则去考察现实对象

---

① 海德格尔:《存在与时间》,生活·读书·新知三联书店,1987,第329页。
② 转引汉斯·萨内尔:《雅斯贝尔斯》,中国社会科学出版社,1992,第162页。
③ 伽达默尔:《真理与方法》,上海译文出版社,1999,第336页。

时，不再是那种被"本质化"的形而上学观念，不再是抽象的与历史运动内容无关的"自在存在"，而是在具体实践活动中不断自我生成的历史过程。这种历史性存在是被"人化""历史化""价值化"的生成性存在。此时，无论是人还是人所面对的外部世界，都需要通过人与外部世界之间的实践关系来理解，否则，孤立地认识一个意识世界或自然世界都只能是一个经院哲学问题，这在马克思的《关于费尔巴哈的提纲》中早已明示。因此，历史唯物主义理论是一种与传统形而上学历史观完全不同的历史解释原则。

不仅如此，历史唯物主义通过对"生活与意识关系"传统观念的批判开辟新的思想视域，如恩格斯所指出，历史唯物主义"已经根本不再是哲学，而只是世界观"[1]。恩格斯这里所说的"哲学"，指的就是实体本体论思维的意识哲学理论，这种意识哲学讨论内容基本上局限于思维与存在的关系问题内，而不是历史与实践问题，而历史与实践才是历史唯物主义面对的场域。在《德意志意识形态》一书中，马克思、恩格斯把历史唯物主义的基本问题归结为"生活"与"意识"的关系问题，即社会存在与社会意识的关系问题。历史唯物主义重新界定了"生活"与"意识"的关系问题之后，最终实现了对物质决定论的超越。历史唯物主义不再如旧唯物主义那样用物质解释意识或如唯心主义那样用思维解释存在，历史唯物主义的解释方式是以人的生存活动来解释人的全部世界，马克思在《黑格尔法哲学批判导言》中所言的"人的根本就是人本身"就是这一思想模式的清晰表达。

历史唯物主义合理地解释了人的本质力量的对象化历史及异化过程。人的本质力量的对象化就是人通过实践把自己的需要、目的、意识、意志以及能动性凝聚在一个实践对象之上，如果不是从内部的实践关系而是从外部的意识关系来理解，必然会造成不可克服的矛盾。比如，旧唯物主义在理解实践主客体的时候就遇到这样的问题，而从唯物史观出发就会发现，"历史的每一阶段都遇到有一定的物质结果、一定的数量的生产力总和，人和自然以及人和人之间在历史

---

[1] 中央编译局：《马克思恩格斯选集》第3卷，人民出版社，1995，第481页

上的关系，都遇到有前一代传给后一代的大量生产力、资金和环境，尽管一方面这些生产力、资金和环境为新的一代所改变，但另一方面，他们也预先规定新的一代的生活条件，使他得到一定的发展和具有特殊的性质。 由此可见，这种观点表明：人创造环境，同样环境也创造人。"①在此，历史唯物主义中人与环境的关系不再是意识的关系问题，而是"环境的改变和人的活动的一致，只能被看作是并合理地理解为革命的实践"②的历史性关系。 "历史不外是各个世代的依次交替。 每一代都利用以前各代遗留下来的资料、资金和生产力；由于这个缘故，每一代一方面在完全改变了的环境下继续从事所继承的活动，另一方面又通过完全改变了的活动变更旧的环境。"③因而，历史唯物主义实现了历史观念的时代变革，在辩证理性方式中实现了对历史本身的合理解读。

二、实践向度的新历史理性

历史唯物主义作为一种全新的历史理论已经具有与以往历史哲学完全不同的思想模式，它没有思辨历史哲学的形而上学体系，也不再局限于分析哲学思维下历史认识论的探讨，更不会像新叙事主义那样以对历史文本的研究替代对历史本身的研究，历史唯物主义的新历史理性与实践叙事逻辑摆脱了传统理性主义理解历史的逻辑困境从而具备全新内涵。 传统历史观念中的形而上学概念对理解历史唯物主义完全无效。 例如，德国哲学家、历史研究者卡尔·洛维特在其《世界历史与救赎历史：历史哲学的神学前提》一书中，将历史唯物主义理论与《圣经》、奥古斯丁的《上帝之城》与黑格尔的《历史哲学》排在同一序列中，并且历史唯物主义理论被安排在黑格尔历史理论之后的位置上。 沃尔什认为，历史唯物主义很多地方没有脱离历史哲学模式，但它没有被完全抛弃的原因仅仅是由于历史唯物主义能够向历史学家提供一种处理经验的程序，而历史唯物主义却不是一种富有成果的程序，"归根到底要证明马克思主义这块点心就是

---

① 中央编译局:《马克思恩格斯选集》第1卷,人民出版社,1995,第92页。
② 中央编译局:《马克思恩格斯选集》第1卷,人民出版社,1972,第17页。
③ 中央编译局:《马克思恩格斯选集》第1卷,人民出版社,1995,第88页。

要吃吃看，而马克思请来品尝他那点心的却并不是哲学家"。① 沃尔什甚至说："如果我们愿意的话，我们可以把马克思的历史哲学说成是黑格尔历史哲学的一个修订版。"②由此可见，没有理解历史唯物主义的理论特质就很容易把历史唯物主义同思辨的历史哲学混为一类，以至于历史唯物主义被当成一种脱离经验事实的形而上学观。

历史唯物主义的新历史理性立足的基础是现实而非从前的形而上学。西方历史哲学对于历史的理解始终没有发现这个历史的现实基础，这导致西方历史哲学的发展道路始终是从一个片面滑向另一个片面。历史唯物主义克服了传统形而上学历史观，在实践基础上建构了一种面向时代发展与现实问题的新历史理性。

首先，历史唯物主义以现实实践为基础，改变了从前的观察与理解历史的方式。新历史理性要求从社会生产与生活的物质实践的立足点出发来理解历史的本质，这使得历史唯物主义从思想前提上把"对天国的批判"转换为对"尘世的批判"。在马克思看来，"从天上降到地上"的观察方法是意识哲学的观察方法，它是"从人们所说的、所想象的、所设想的东西出发，也不是从只存在于口头上所说的、思考出来的、想象出来的、设想出来的人出发"③；与之不同，历史唯物主义是一种从"地上升到天上"的观察方法，是从"从事实际活动的人"出发。"前一种观察方法从意识出发，把意识看作是有生命的个人。符合实际生活的第二种观察方法则是从现实的、有生命的个人本身出发，把意识仅仅看作是他们的意识。"④从具体的实践活动出发，这作为观察历史的起点也是两种历史观、两种世界观的本质区别，它使马克思的哲学观、历史观、世界观与形而上学的区别首先表现为这个前提与开端上的区别。历史唯物主义从现实的前提出发，就是从具体的生产生活活动出发，就是从"市民社会"出发，就是从在一定

---

①沃尔什:《历史哲学导论》,何兆武、张文杰译,广西师范大学出版社,2001,第172页。
②沃尔什:《历史哲学导论》,何兆武、张文杰译,广西师范大学出版社,2001,第167页。
③中央编译局:《马克思恩格斯选集》第1卷,人民出版社,1972,第30页。
④中央编译局:《马克思恩格斯选集》第1卷,人民出版社,1972,第31页。

生产力与生产关系下从事实践活动的人出发。在《德意志意识形态》中,马克思、恩格斯对历史发展前提表述得非常具体:"我们开始要谈的前提不是任意提出的,不是教条,而是一些只有在想象中才能撇开的现实前提。这是一些现实的个人,是他们的活动和他们的物质生活条件,包括他们已有的和由他们自己的活动创造出来的物质生活条件。因此,这些前提可以用纯粹经验的方法来确认。"①历史发展的前提,当然也应该是认识与理解历史发展过程的起点。

其次,历史唯物主义的新历史理性表现在对历史主体的理解上。历史唯物主义通过对历史前提的指认,实现了从"抽象的人"向"现实的人"的转变。"全部历史的第一个前提无疑是有生命的个人的存在。因此,第一个需要确认的事实就是这些个人的肉体组织以及由此产生的个人对其他自然的关系。当然,我们在这里既不能深入研究人们自身的生理特性,也不能深入研究人们所处的各种自然条件——地质条件、山岳水文地理条件、气候条件以及其他条件。任何历史记载都应当从这些自然基础以及它们在历史进程中由于人们的活动而发生的变更出发。"②在《关于费尔巴哈的提纲》中,历史唯物主义彻底地批判人的抽象观念:"费尔巴哈把宗教的本质归结为人的本质,但是,人的本质不是单个人固有的抽象物,在其现实性上,它是一切社会关系的总和。费尔巴哈不是对这种现实的本质进行批判,所以他不得不:(1)撇开历史的进程,孤立地观察宗教感性,并假定出一种抽象的——孤立的——人类个体;(2)所以,他只能把人的本质理解为'类',理解为一种内在的、无声的、把许多个人纯粹自然地联系起来的共同性。"③所以,意识哲学的思维中种种抽象的对象实际上是皆属于一定的社会形式的产物,皆来源于社会实践的具体过程:"费尔巴哈从来没有看到真实存在着的、活动的人,而是停留在抽象的'人'上,并且仅仅限于在感情范围内承认'现实的、单独的、肉体的人',也就是说,除了爱与友情以

---

① 中央编译局:《马克思恩格斯选集》第 2 卷,人民出版社,2012,第 146 页。
② 中央编译局:《马克思恩格斯选集》第 2 卷,人民出版社,2012,第 146 - 147 页。
③ 中央编译局:《马克思恩格斯选集》第 1 卷,人民出版社,1972,第 18 页。

外,他不知道'人与人之间'还有什么其他的'人的关系'。"①在《路德维希·费尔巴哈和德国古典哲学的终结》中,恩格斯也指出了历史唯物主义对抽象历史主体观念的超越:"费尔巴哈不能找到从他自己所极端憎恶的抽象王国通向活生生的现实世界的道路,他仅仅抓住自然界和人;但是,在他那里自然界和人都只是空话,无论关于现实的自然界或是关于现实的人,他都不能说出任何确定的东西。"②形而上学的抽象理性无法做到这一点,这就注定使其落入"可怜的结局"。

所以,历史唯物主义要实现"通过人并且为了人而对人的本质的真正占有",就首先需要把人放到历史的正当位置。"个人怎样表现自己的生活,他们自己就是怎样。因此,他们是什么样的,这同他们的生产是一致的——既和他们生产什么一致,又和他们怎样生产一致"③,通过物质社会实际的具体实践过程,历史唯物主义就把"现实的个人"的社会历史维度全部地呈现出来,人才第一次站到自己应该的位置上,第一次拥有了自己的历史,拥有了可以自己创造自己的空间。

历史唯物主义在创立时期所面临的已经不是十七、十八世纪机械唯物主义所处理的物质与意识的抽象关系,而是以德国古典哲学为代表的意识哲学没有解决也无力解决的"德意志意识形态"问题,即意识与对象、理论与现实问题。"德意志意识形态"只是用不同的方式解释世界,而历史唯物主义意在于改变这个世界,意识哲学内根深蒂固的形而上学思维使其不可能完成解释世界与改造世界的任务,所以,"德国的批判,直到它的最后挣扎,都没有离开过哲学的基地。这个批判虽然没有研究过它的一般哲学前提,但是它谈到的全部问题终究是一定的哲学体系,即黑格尔体系的基地上产生的。不仅是它的回答,而且连它所提出的问题本身,都包含着神秘主义。"④导致滑向"神秘主义"的一个根

---

① 中央编译局:《马克思恩格斯选集》第1卷,人民出版社,1972,第50页。
② 中央编译局:《马克思恩格斯选集》第4卷,人民出版社,1972,第236页。
③ 中央编译局:《马克思恩格斯选集》第1卷,人民出版社,1972,第25页。
④ 中央编译局:《马克思恩格斯选集》第1卷,人民出版社,1972,第22页。

本原因就是意识哲学不理解人的本质，而历史唯物主义从根本上指出了，"人的本质并不是单个人所固有的抽象物。在其现实性上，它是一切社会关系的总和"①。

历史唯物主义从根源上揭示了传统理性主义的根本问题，指出了以"抽象的人"以及"对抽象的人的崇拜"为历史思考的出发点是"德意志意识形态"的一个基本特征，而这一特征是渊源已久的"实体存在论"的产物。这种本体论思维从永恒实体出发来理解一切认识对象，其思维方式的基本特征表现为从多追问一、从特殊追问一般、从变追问不变、从暂时追问永恒、从相对追问绝对、从现象追问本质、从感性世界追问不可实现的超验世界。这种本质主义的思维方式所遵循的是"存在者不变，变者不存在"的绝对逻辑，把一切处于变化中的具体历史过程都视为不真实的虚幻现象，而那个不可实现的超验世界被视为绝对真理。因而，传统理性主义下对人的思考就必然成为一个人的本质问题，其最后的结论也只能是，"人的本质是一个与动物相区别的抽象的人类共性"，现实的人被变成了一个精心制作的"概念的木乃伊"。而历史唯物主义把现实的人及其实践活动作为思考历史的开端，历史的理解从此找到坚实的理论根基。

三、历史与逻辑一致的新原则

从现实的人及其实践活动这个前提出发，历史唯物主义从颠倒的意识哲学中发现了被颠倒的世界逻辑，在辩证的思维下，历史唯物主义得以把颠倒的世界与其逻辑重新颠倒过来。在颠倒的世界中，没有历史的运动，只有绝对逻辑自我演绎的荒谬。历史唯物主义认为，首先要改变颠倒的逻辑，这个颠倒的世界才能被重新颠倒过来。为此，历史唯物主义提供了理解历史的新原则，即历史与逻辑一致性原则。遵从这一历史理解原则，既要做到从历史现象的发展中看到逻辑的合理推演，又要能够从逻辑推演中看到历史现象的合理发展，这种合二为一的历史理解原则兼顾历史的实际发展过程和理论推演的明晰性与正当性。

---

① 中央编译局：《马克思恩格斯选集》第1卷，人民出版社，1972，第18页。

但在具体理论思考中却常常出现了巨大偏差，这一理解历史的基本原则在历史唯物主义出现之前一直被扭曲。

关于逻辑与历史的统一的思想，并不是马克思与恩格斯的首创，而是黑格尔第一次明确地提出历史与逻辑的一致性原则，但他的思想体系是建立在唯心主义基础之上的。黑格尔把逻辑的发展视为历史哲学体系发展的内在环节，而哲学体系的发展又仅仅是绝对理念发展的特殊阶段，逻辑与历史的统一只是历史屈从于逻辑的过程。黑格尔并没有把历史的真正内容交给历史，而是将其作为哲学思辨逻辑的一种证明，或者说，历史只是检验其逻辑结构的一种工具。历史唯物主义从历史本身的内容出发，批判地改造了黑格尔的逻辑与历史的哲学思辨关系，使之成为解释世界与改造世界的基本方法。

首先，逻辑与历史的统一是辩证的统一，历史和逻辑并不等同。在形而上学思维中，逻辑仅仅被视为一种思维形式，是纯粹思想的规律，而不考虑思想的具体内容，这就必然造就逻辑外在于历史的虚妄，导致对现实的理解中出现种种如"阿基里斯跑不过乌龟""飞矢不动"的谬论。黑格尔看到了从前形而上学的弱点，但他的逻辑与历史的统一是以消灭历史为代价的，这在以解释世界为宗旨的思想体系中似乎没有遇到什么问题。但历史唯物主义不仅需要解释历史世界何以可能，更需要使一个新世界成为可能，历史湮灭于逻辑的唯心主义绝不是历史唯物主义的选项。历史唯物主义认为，理解逻辑与历史的一致性在于真正理解理论的逻辑进程与人类实践具体历史发展内容之一致性，而不是在抽象的观念中理解同一个意识性内容。如恩格斯所言："历史从哪里开始，思想进程也应当从哪里开始，而思想进程的进一步发展不过是历史过程在抽象的、理论上前后一贯的形式上的反映；这种反映是经过修正的，然而是按照现实的历史过程本身的规律修正的，这时，每一个要素可以在它完全成熟而具有典型性的发展点上加以考察。"[1]因而，逻辑与历史的统一是差别性的统一，因为具体的历史发展过程常常包含着无数的细节内容和偶然因素，甚至通过迂回曲折的道路表现

---

[1] 中央编译局：《马克思恩格斯选集》第2卷，人民出版社，2012，第14页。

历史的逻辑,而思维的逻辑则是对包含无数的细节内容和偶然因素的历史全部内容的总结和概括,思维的逻辑是撇开历史发展的各种细节内容和偶然因素,以纯粹的理论形态从形式上把握历史发展的过程,并使这一过程成为可理解的、可预测的,所以恩格斯才将此形象地理解为一种"经过修正的"历史。

其次,在历史研究的方法论上,运用逻辑与历史一致性原则,就要求在历史研究中辩证地处理历史方法和逻辑方法的相互关系。历史方法是依照历史对象本身的发展进程、依照人类生产与生活的具体实践内容揭示社会发展的规律性。人类的具体实践过程虽然充满细节性,但是,"到了一定的时候,人们就会惊奇地发现,从前没有看到的东西现在到处都露出自己的痕迹"①。而历史研究中的逻辑方法则是使用概念、范畴、理论等形式理解历史发展中人类生产与生活的具体实践内容,即从"完全成熟而具有典范形式的发展点上"考察对象。逻辑方法的优点是能够获取历史对象发展到最高点的知识,是了解历史对象的发展过程的一种有效手段,从成熟点看对象的过去,可以比较清楚地认识对象发展的内在联系,包括那些处于萌芽状态或表现得模糊不清的东西,但这里有一个重要的前提:这些被使用的概念、范畴、理论等形式必须从人类生产与生活的具体实践内容中来。总之,历史与逻辑的一致性原则根植于历史的内容之中,"逻辑的方式是唯一适用的方式。但是,实际上这种方式无非是历史的方式,不过摆脱了历史的形式以及起扰乱作用的偶然性而已"②。

另外,历史与逻辑的辩证统一不仅是历史唯物主义的方法论原则,也是历史唯物主义的历史性思维特质的体现,历史性思维是历史唯物主义的生命与活力所在,它包含着三重基本内涵,即"具体性""暂时性"与"系统性"。所谓的"具体性"指的是,在历史唯物主义视野中任何现实的存在都是有条件的具体存在,对现实的把握就是对多样性具体条件的把握,把握住了具体条件也就能抓住真正的现实,与其相反,非历史性思维总是从抽象的本质出发去推导现实的存

---

① 中央编译局:《马克思恩格斯选集》第4卷,人民出版社,1995,第579页。
② 中央编译局:《马克思恩格斯文集》第2卷,人民出版社,2009,第603页。

在，而结果只能是是现实成为抽象的存在。比如，在关于人的理解问题上，非历史性思维把人的本质视为一种固定的、理想性存在，并且是与人的现实存在无关的、无条件的存在。因而，条件性是历史性的表现与内容，条件性就是现实性，历史唯物主义的历史性思维之鲜明特质就表现为对条件性的研究与关注。所谓的"暂时性"指的是，一切历史存在都是处于永恒的发展过程之中，任何历史对象都无永恒本质或本性可言，没有永恒的本质，只有永恒的发展。这种暂时性与非永恒性是在人的历史性活动中表现出来的，人的历史性活动造成了外部世界及人自身的无限发展过程，使人类世界表现出与自然世界完全不同的发展道路。这是因为，自然界虽有运动、变化但只是日复一日的重复，匮乏目的与创新的发展内容，正如"太阳下山明早依旧爬上来，花儿谢了明年还是一样的开"，自然界的变化只是与本身永远同一的运动，所以在自然世界这里没有任何历史可言。历史中的存在则全然不同，所以理解历史的思维也应如此。所谓的"系统性"指的是，历史唯物主义对历史的理解总是置于由历史具体内容构成的系统与关系内来理解，尤其是置于肯定与否定的运动关系中来理解，即"在对现有事物的肯定的理解中同时包含了对现存事物的否定的理解"[1]。诉诸系统性思维，我们才能合理地理解诸如"人创造环境，同样环境创造人"的历史命题，"历史的每一个阶段都遇到有一定的物质结果、一定数量的生产力总和，人和自然以及人与人之间在历史上形成的关系，都遇到有前一代传给后一代的大量生产力、资金和环境，尽管一方面这些生产力、资金和环境为新一代所改变，但另一方面，它们也预先规定新的一代的生活跳进，使它得到一定的发展和具有特殊的性质"[2]。排斥系统性思维，人与自然的历史命题就永远是一个悖论，而唯心主义只好以"目的论"来弥补因历史性思维的缺乏所带来的困难，最后，"事情被思辨地颠倒成这样，好像后一个时期的历史乃是前一个时期的历史的目的，例如，好像美洲的发现的根本目的就是要引起法国革命"[3]。

---

[1] 中央编译局：《马克思恩格斯选集》第 2 卷，人民出版社，1972，第 218 页。
[2] 中央编译局：《马克思恩格斯选集》第 1 卷，人民出版社，1972，第 43 页。
[3] 同上。

这种从"具体性""暂时性"与"系统性"切入理解历史运动的思维就是历史唯物主义辩证思维的核心:"辩证法在对现存事物的肯定的理解中同时包含对现存事物的否定的理解,即对现存事物的必然灭亡的理解;辩证法对每一种既成的形式都是从不断的运动中,因而也是从它的暂时性方面去理解;辩证法不崇拜任何东西,按其本质来说,它是批判的和革命的。"[1]由此,历史唯物主义在"武器的批判"中找到了切合的"批判的武器",使它的全部问题已转变为"使现存世界革命化,实际地反对和改变事物的现状"。[2]

第二节
实践思维方式下的新叙事逻辑

历史唯物主义的实践逻辑,不仅是现实世界历史运动的根本逻辑,也是认识与理解这一历史运动过程所必须遵循的根本逻辑。历史唯物主义在实践思维方式下建构了新的历史理性与史学理性,从根本上超越了传统思想体系下历史的形而上学观念,从而在本体论、认识论与方法论上夯实了历史的根基。

一、实践逻辑下的历史内容

在所有关于历史思考的问题中,人们最为关心、最需求解的是"历史是什么"这个问题。在历史唯物主义产生之前,虽然各种历史理论都在尝试解决这个问题,但它们的答案最终只是要么停留在实体本体论思想体系之中,要么直接回避对该问题的回答。而对于这个属于历史本体性质问题的不同回答方式,能够判断出不同的历史思维方式:思辨的历史哲学是一种历史的实体思维,分析的

---

[1]中央编译局:《马克思恩格斯文集》第2卷,人民出版社,2009,第22页。
[2]中央编译局:《马克思恩格斯选集》第1卷,人民出版社,1972,第48页。

历史哲学是分析哲学的历史版,语言学转向的历史哲学则是历史研究中的结构主义与语言中心主义。在这些理论中所能找到的,要么是错误的答案,要么是没有答案。

历史唯物主义的实践逻辑开启了历史理解的新思维,并且有能力对这个本体历史问题进行直接回答。历史唯物主义的实践逻辑作为一种新的历史思维重塑了历史本体的观念,以历史的现实前提与人的具体生存活动内容人为基础,彻底地揭示了历史本体的全部内容。"全部历史的第一个前提无疑是有生命的个人的存在"[1],只要从这个前提出发,就会发现,"历史不过是追求着自己目的的人的活动而已"[2]。形而上学思维下的实体本体被历史的实践内容所取代,从而使从前的抽象本体问题在具体的历史实践运动中得以消解,使诸如历史规律、历史目的、历史进程、历史意义等一系列历史本体问题有了现实答案与实际意义。

作为一种历史的新思维,历史唯物主义的实践逻辑不再去寻求本质主义的世界的本原或本体作为理论的开端与基础,而是要"使现实世界革命化,实际地改变现存的事物"[3],历史唯物主义的旨趣不仅在于解释世界的理论,更着意于创造一个新世界,所以它把传统本质主义的历史本体论改造为具有创造性的历史本体,使历史的全部内容转换为人的解放和自由何以可能的生存论问题。在创造新世界的目标下,历史唯物主义的历史本体意蕴也就获得了全新的内涵。与独立自存的永恒不变实体全然不同,历史唯物主义的实践本体是一种动态的、开放的、不断生成与发展的内容,在这个意义上,实践就根本不是一个"本体",历史唯物主义理论不需要一个独立自存的本体作为体系的支撑。这是因为,历史唯物主义的革命性思维决定了不需要独立的本体论、认识论、方法论体系,其本体论、认识论、方法论都不过是解释世界与创造世界之实践过程中的环节而已。在实践观点的思维方式下,本体论、认识论以及方法论问题全部被融

---

[1] 中央编译局:《马克思恩格斯选集》第2卷,人民出版社,2012,第146页。
[2] 中央编译局:《马克思恩格斯文集》第2卷,人民出版社,2009,第295页。
[3] 中央编译局:《马克思恩格斯选集》第1卷,人民出版社,1995,第75页。

入具体的社会历史实践过程中,当全部的社会历史被理解为一个实践的过程时,历史唯物主义也就有能力来解答"历史是什么"这个首要的问题了。

基于历史唯物主义的实践逻辑,历史本体问题第一次得到合理的解答:"全部人类活动或全部人类关系的本质基础……历史什么事情也没有做,它'并不拥有任何无穷无尽的丰富性',它并没有在任何战斗中作战;创造一切,拥有这一切的并为这一切而斗争的,不是'历史',而是人,现实的、活生生的人。'历史'并不是把人当作达到自己目的的工具而利用的某种特殊的人格。"①历史唯心主义之不了解历史的实践性质,才导致对历史本体问题的困惑,马克思早在《关于费尔巴哈的提纲》中就指出:"全部社会生活在本质上是实践的。凡是把理论引向神秘主义的神秘东西,都能在人的实践中以及对这个实践的理解中得到合理的解决。"②历史唯物主义发现了社会历史的实践本质,发现了历史的真正内容就是人们的实际生活过程。在确定了历史的真实面目之后,历史唯物主义的实践逻辑阐述了自己的历史观念,它从社会存在决定社会意识的前提出发,论述了生产力与生产关系、经济基础与上层建筑之间的矛盾运动,揭示了社会历史的实践本质,澄清了真实而具体的历史内容。历史唯物主义的解释原则自始至终坚持对人的理解与对历史的理解的一致性,从前的历史抽象观念被具体的社会历史发展内容彻底地驱除,有关历史规律、历史目的、历史进程、历史意义等历史本体问题,在新历史理性逻辑中获得了与历史实际内容相切合的答案。

二、实践逻辑下的历史运动

形而上学历史观最大难题就是无法解释历史的现实运动,尤其是无法理解历史的合目的性与合规律性的统一,即无法理解历史发展的规律性与历史主体的创造性统一。在历史唯物主义视野下,既然历史的全部内容不过是人们追求

---

① 中央编译局:《马克思恩格斯全集》第 2 卷,人民出版社,1972,第 118–119 页。
② 中央编译局:《马克思恩格斯文集》第 1 卷,人民出版社,2012,第 34 页。

自己的目的的活动而已。那么，这一历史进程不仅要遵循历史规律，而且也要合乎人的目的，所以，历史唯物主义必须说明合目的性与合规律性是共同构成人类历史发展进程的基本逻辑。虽然人类历史中存在不合预期的偶然现象，但这特殊情形正是历史总体进程中实现历史预期过程不可或缺的环节。只有在实践观点的思维方式下，人类历史的全部实践内容才能在根本上被理解，脱离实践的基础，就会出现以历史的目的性压制历史的规律性或者以历史的规律性压制历史的目的性，最终必然导致一系列难以自圆其说的理论难题与实践困境。

在以往的历史理论中，人们关于历史发展合规律性问题的争论并不是很激烈，因为只要对历史现象进行经验的观察，都不难得出这一结论，比如，希罗多德在书写《历史》的时候就已经开始期望去发现这种合规律性的一些具体原则，其《历史》书写的目的之一就是"为了对往事的记忆不至于随时光的流逝而从人们头脑中抹杀，以便希腊人及外邦人所做的伟大而光辉的业绩，特别是他们彼此战争的理由，不至于失去荣誉"。[①] 同样，司马迁赋予历史的任务中也有寻求历史规律性内容，这就是其所谓的"究天人之际，通古今之变"。所以，虽然也存在完全否认历史规律性的观念，但单一的认同历史的合规性并不是普遍的问题，争论较多的而是历史的合目的性问题以及合规律性与合目的性能否统一的问题。

解决这个问题的根本在于如何正确理解历史主体问题。西方思想发展到近代之后，主体的地位在思想运动中越来越突显，如笛卡尔的"我思故我在"、康德的"人为自然立法"、费希特的"绝对自我"等命题所揭示的内容都与主体问题相关，遗憾的是，这些理论对主体作用的重视仅仅局限在意识领域，而非历史领域。虽然在历史领域内，如维柯、康德、黑格尔等人也曾论证过历史主体的创造性作用，但在思想本质上并没有给予历史主体公正的待遇，在历史主体受制于外在于历史的因素下，历史主体的创造性仅仅是历史的表象。所以，尽管在历史唯物主义产生以前，很多历史理论也曾对历史主体地位有过正面肯定，然而

[①] 转引格鲁内尔：《历史哲学：批判的论文》，隗仁莲译，广西师范大学出版社，2003，第157页。

由于这些理论并不了解真正的历史的现实内容，不理解实践的革命性运动，也就根本无法解决历史的合目的性与合规律性的统一问题，于是只好设计出"天意""自然的计划""理性的狡计"等神秘主义的内容来代替对历史发展规律与历史主体创造性的描述。理解历史的合目的性以及二者的统一，并不能单一地研究目的性本身，而必须满足两个条件，其一是必须重新理解规律性与目的性的历史内涵，其二是必须将二者的关系置于历史实践的运动过程中来理解。

在历史唯物主义的实践逻辑下，历史发展的规律与自然事物发展的规律有本质区别。从规律发生的主体看，自然规律研究的对象是自然界，但这个自然界在进入历史世界之前，它是自在存在；而历史研究的对象是实践内容，这个对象就生成于人的目的性活动中，所以历史研究对象就是人本身的存在，它是一种自为存在。自在存在的自然世界是一种自发的、无目的的存在，而自为存在的历史世界是一种自觉的、有目的的存在。社会活动的主体是现实的人，在现实情况下，人们总是按照自己设定的目标从事社会活动。从规律的表现形式看，自然规律以物质实体为对象，其表现形式是外在的，具有可直接经验上的重复性，这种规律可以通过自然界运动变化过程直接观察到，甚至也可以在实验程序中模拟与再现。而历史研究的对象是人本身，是复杂的实践运动，历史规律在此体现在社会关系上，而不是体现在社会现象上。历史现象是直接的，如历史上所发生的那些历史事件，被历史的当事人直接观察到的，其后又通过他们的历史叙述被其他人间接地观察到。这些被观察到的内容具有不可重复性，比如，历史上不会有两次"商鞅变法"、两次"明治维新"、两次"格底斯堡演说"，作为经验的历史事件都是不可重复的。但是，这并不意味着历史没有规律可言，因为历史规律所指涉的并不是历史的经验界，不是一系列的历史事件本身，而是对历史主体之实践关系的表达，这种关系并不是可以直接观察到的。那种从历史现象的不可重复性出发否认历史规律的可能性，就是从根本上混淆了自然规律与历史规律的含义。从规律的作用方式看，自然规律的发生与施用是在自然界各种自然因素自发的、无目的的相互作用的过程中实现的，而历史规律的发生与施用的条件则是在历史主体自觉的、有目的的实践活动中实现的，并且只有通过主体自觉的、有目的的活动才能实现。离开了历史主体自身的目的性活动以及历史个体之间的相互作用，历史规律就失去了赖以存在的载体和发挥作用的场所，这种历史规律本身就是历史目的性的表达。因而，在历史唯物主义理论中，历史规律根本不是外在于人而只服从于绝对理念的抽象逻辑。

所以，在历史唯物主义视野下，历史的规律性就是人们实践活动的规律性。由于实践活动是在与自然世界的交互作用中展开的，所以，历史的规律性必然表现在人与自然的交互作用过程中，只有当人们认识到历史主体与其对象的交互作用与过程，历史规律才能进入历史主体世界并为主体有意识地掌握与运用。这种交互关系体现在三个基本方面：其一是人与自然的关系，它是社会历史的基础性关系；其二是个人与社会的关系，它是社会整体对局部个人的特殊关系，是相互的主客体关系；其三是代际关系，这是一种历史继承性关系。这些条件因素决定历史发展的规律性既不是与人的目的性无关的绝对精神的展开过程，也不是完全听从历史个体的随心所欲的创造。如恩格斯所指出的："发展史却有一点是和自然发展史根本不相同的。在自然界中全是不自觉的，盲目的动力……反之，在社会历史领域内进行活动的，全是具有意识的、经过思虑或凭激情行动的、追求某种目的的人；任何事情的发生都不是没有自觉的意图，没有预期的目的行为……但是……它丝毫不能改变这样的事实：历史进程是受内在的一般规律支配的……在表面上，总的说来好像也是偶然性在支配着……但是，在表面上是偶然性起作用的地方，这种偶然性始终是受内部隐蔽的规律支配的，而问题只是在于发现这些规律。"[①]在此，恩格斯正确地指出了社会发展的规律性与人们的自觉活动之间的辩证关系，把支配人们行为的直接动因现实化，并说明人们的目的、意图都是在一定生产生活条件下形成并受这些历史条件所制约，这些历史条件既是人类活动的前提也是人类活动的结果。作为前提历史条件，它规定了历史发展的合规律性，作为结果的历史条件，它是人的目的性活动过程的体现，历史发展的合目的性与合规律性就是在自觉自为的实践运

[①] 中央编译局：《马克思恩格斯选集》第4卷，人民出版社，1972，第243页。

动过程中实现的。与其相反,思辨的历史哲学不在历史之内去寻找历史的规律与目的,反而从历史之外,从意识、精神方面把非历史因素输入历史,从而造成对历史的"反动"。

历史唯物主义的实践逻辑实现了合目的性与合规律性的统一,同时也体现了历史唯物主义的真理尺度与价值尺度的统一,反过来也可以说,历史唯物主义在历史领域坚持真理尺度与价值尺度的统一,使合目的性与合规律性的统一成为可能。马克思在《1844年经济学哲学手稿》中曾以实践的具体内容对"两个尺度"进行详细的论证说明,"诚然,动物也进行生产。它也替自己构筑巢穴或居所,如蜜蜂、海狸、蚂蚁等所做的那样。但是动物只生产它自己或它的幼仔所直接需要的东西,动物的生产是片面的,而人的生产则是全面的;动物只是在肉体需要的支配之下生产,而人则摆脱肉体的需要进行生产,而且只有在他摆脱了这种需要时才真正地进行生产;动物只生产自己本身,而人则在生产整个自然界;动物的产品直接同它的肉体相联系,而人则自由地与自己的产品相对立。动物只是按照它所属的那个物种的标准和需要来进行塑造,而人则懂得按照任何物种的尺度来进行生产,并且随时随地都能用内在固有的尺度来衡量对象。"①所以唯物史观认为,为生存所需的本能的"内在尺度",与历史条件赋予的"任何一个种的尺度"的统一,才是人类实践的合理尺度,才是推动社会发展所需要的尺度,当然也是理解人类实践与社会发展过程所必需的尺度。

三、实践逻辑下的历史认识

历史唯物主义将实践引入对历史认识真理性问题的解答,历史认识不再是一个与历史内容无关的抽象主客体关系,而是将历史认识的对象纳入历史认识的实践系统中,在创造世界的意义上寻求历史认识的真理。奠定在历史全新内涵的基础上,历史唯物主义不仅为历史的理解提供了新的认识论原则,也为历史的理解提供了适合的方法论指导,更有力地克服了历史形而上学在历史认识问

---

① 中央编译局:《马克思恩格斯全集》第42卷,人民出版社,2017,第96-97页。

题上的主观主义、相对主义与虚无主义。

历史唯物主义首先以其实践逻辑破除历史认识过程中的形而上学思维，拓展了思辨历史哲学在历史认识方面的不足，消解了分析哲学思维下的"历史的物自体"，也破除了新叙事主义对语言文本的崇拜。传统历史认识的最大问题在于脱离具体实践内容而仅在抽象观念中演绎认识的真理，使历史研究成为形而上学在历史领域的投射，正如西方形而上学史的结局一样，在传统理性主义思维下建立的全部历史观念最终与这种形而上学一并坍塌。历史唯物主义的建立推动了从传统向现代的转变，使人们从这种形而上学的迷梦中醒悟过来。马克思在《关于费尔巴哈的提纲》中就已经提出了破除认识过程中形而上学真理观的方案，这对历史认识过程同样适用："人的思维是否具有客观真理性，这并不是一个理论的问题，而是一个实践的问题。人应该在实践中证明自己思维的真理性，及自己思维的现实性和力量，亦即自己思维的此岸性。关于离开实践的思维是否具有现实性的争论，是一个纯粹经院哲学的问题。"[1]历史唯物主义在此明确地指出了历史认识是一个实践过程，而不是一个纯粹逻辑演绎的过程。

历史认识结构包含历史认识的主体与历史认识的客体，主客体的关系不仅是认识关系，也是实践关系。历史认识的客观性问题既涉及历史事件本身的客观性问题，也涉及对历史事件的理解与阐述的客观性问题。一旦把"此岸"的实践关系排除在历史认识过程之外，那么历史事实的客观性问题，要么成为"彼岸"的纯粹经院哲学问题、成为认识主体之外的"历史物自体"，要么走向主观主义，使历史认识成为历史认识主体的心灵和思想的函数，这就使历史认识问题完全无法求解。

在历史唯物主义的实践逻辑下，全部社会生活在本质上是实践的，而人们的实践活动就是历史的全部内容。人类的实践活动过程显然不同于自然界的物质运动过程，这就决定了以人类实践活动过程为对象的历史认识之客观性观念与

---

[1] 中央编译局：《马克思恩格斯选集》第 1 卷，人民出版社，2012，第 133 页。

自然科学中以物质运动过程为对象的客观性观念将必然不同。所以，历史唯物主义在确立历史认识客观性的过程中，首先区别了历史认识与科学认识的不同性质，矫正了历史研究中的科学主义模式。实践活动的主体是具有情感、欲望、意志、理性的具体的人，因而实践活动不仅包含理性的内容，也包含不能完全用科学方法去实证与量化的感性因素。而唯心主义没有认识到任何历史认识都是对一定条件下具体实践活动的认识，因而走上一条错误的道路，从而造成"对事物，现实，感性，只是从客体或者直观的形式去理解，而不是把他们当作人的感性活动，当作实践去理解"①。

在坚持"太阳之下无新事"的实证主义那里，社会历史实践活动被当作与自然世界中物质运动同样的形式来理解，历史研究方法与自然研究方法别无二致，甚至把自己的任务弄成一个"作为一门科学出现的历史学何以可能"的问题。马克思曾对此批评道："在日常生活中任何一个小店主都能精明的判断别人的假貌与真相，然而我们的历史编纂学还没有获取这种平凡的认识，不论每一个时代关于自己说了些什么和想象些什么，它都一概相信。"②历史研究中的科学主义正是从这种实证理念出发，企图使历史的理解成为科学的幻想，而实际上却仅仅是一种意识形态的幻想。

虽然历史的分析思维区别对待历史研究与自然科学研究，但这种区分却是以坚持一个极端为前提的，历史研究的人文主义如新康德主义与新黑格尔主义，的确是把历史研究与自然科学研究明确地区分开来，主张历史的自律性，但人文主义态度从历史认识主体的精神性内容出发，夸大了历史认识主客体之间的鸿沟，使历史认识最终成为一个高贵的梦。历史唯物主义认为，历史认识是关于人及其实践的认识，人及其实践运动才是历史认识的核心，而非意识形态或语言文本。历史研究中的意识形态与历史语言文本并不能孤立地作为历史认识的对象，而只有纳入人们的实践行动的具体环节，才能消除历史认识中的主观主义、

---

①中央编译局：《马克思恩格斯选集》第1卷，人民出版社，2012，第133页。
②中央编译局：《马克思恩格斯选集》第1卷，人民出版社，1995，第102页。

相对主义的困境。由此,历史唯物主义在叙事形态上有力地克服了在历史认识客观性上的障碍,既超越了以事实为中心的叙事理念,也超越了以史家为中心的叙事理念。①

具体到历史叙事实践层面,在历史唯物主义的实践逻辑下,历史认识主体的主观性并不妨碍历史认识的客观性,历史认识的客观性并不在于主观性的彻底解除,个体的主观性并不足以构成对客观性认识的危害。历史具体事件的确具有过往不再的"空场"特性,这与自然科学研究对象具有可复制的"在场"特性完全不同,但这并不意味着历史事件完全销声匿迹,并不等于历史事件只存在于历史认识主体的头脑之中。在历史唯物主义看来,历史事件仍然可以在经验的层面上呈现,其一方面是以物质的形式遗留的"在场"证据,如那些历史遗迹、遗物、遗文,另一方面是历史事件之后不同时代对该历史事件的记载与追述的材料。这些物质性历史遗留通过其历史空间内的实践关系还原,仍然是可以间接地获得对历史事件的认识,并可获得其物质性历史遗留之外的精神信息。"总之,在历史遗迹及史实记载与原始历史事实之间存在着由普遍接受的标准方法程序保证了的严格的可翻译性,而这最终又是由史料原则上的可经验实证性所决定的。"②从事历史撰述的历史学家在实际工作中也正是这么做的,历史史料的确立技术层次上可以借科学技术工作来完成,自然科学参与历史认识的一些环节是认识过程具体化的一个自然过程,这在现实世界的史学实践中并没有成为无法消除的理论分歧。

出现巨大分歧的地方是历史的理解与阐释的客观性,即通过对历史事件发生的因果性解释使其成为历史整体中一个可以理解的序列。在广义上,每一个历史主体在历史活动中都是历史认识实践的主体,都具有理解历史与阐述历史的能力与活动,但在狭义上,历史的理解与阐释被局限为历史学家的专门工作,从技术层面出发,要求学科研究的专业性与技术性的确是不可或缺的,正如自然

----

① 张耕华:《历史哲学引论》,复旦大学出版社,2004,第25页。
② 周建漳:《历史的理解与解释》,社会科学文献出版社,2005,第187页。

科学研究是自然科学家的任务一样。但对于以历史为对象的研究而言，情况则有很大区别。一旦把历史认识主体限制在历史学家范围内，历史认识主体的范围就被大大地缩小了，这将意味着历史的实践领域被一同缩小了，在历史实践中获取历史认识的真理也就失去了实现的历史空间。这是历史认识论批判停留在主体性问题中打转的原因之一，将历史理解仅仅视为历史学家个体的理解，那么历史学将必然只是历史学家个体思想的函数，群众史观才是解决"一万年来谁著史"这个命题的关键视角，而非英才史观。分析的历史哲学固执于狭隘的历史学科研究主体范围内，仅仅强调历史撰述与阐释中主观性因素的不能抹除性，忽略了更广泛的实践主体与实践场域，没有意识到全部的历史实践主体与实践场域才是消除主观主义与相对主义唯一可能的路径。否则，要消除历史认识中主客体矛盾就只剩下唯一的一条道路，即像柯林武德所做的那样，把历史上升为一种思想性的存在，其"一切历史都是思想史"是思想统治历史逻辑的最后结局。

西方现代思想后来的发展对认识过程中主体性因素表现出相对缓和的态度，甚至其一些观点还颇具洞见，虽然这些洞见并非立足于历史唯物主义的视角，但在实质上是认同了认识过程的实践路径。如海德格尔、伽达默尔等人认为，在历史认识结构中，认识主体总是生活在历史之流的某一阶段上，不可能悬置在没有"前有""前判断"的真空地带，这种"前有""前判断"由其时代的文化背景、价值观念、生存条件、交往方式等历史基础所决定，缺乏这种有历史具体条件形成的"座架"，认识与理解就不可能发生，历史认识总是具有个性的认识主体的认识，一种缺乏历史学家的语言风格、个性特征、审美情趣、价值观念、道德立场的历史撰述，绝对不是一种客观的历史撰述，那种要求消灭自我的历史学根本无法给读者提供历史理解的视角，而没有视角就没有理解，这对于以历史为对象的理解尤其如此。对此，卡西尔的概括更为直接精当："伟大的历史学家的与众不同之处正是他的个人经验的丰富性和多样性、深刻性和强烈性。否则他的著作就一定是死气沉沉、平庸无力的。但是在这种方式下，我们怎么可能希望达到历史知识的最终客观性,我们怎么可能发现事物和事件的真理呢?"①卡西尔所指的"最终客观性"就是形而上学史观中所追求的永恒真理。

获得历史认识的真理并非历史唯物主义的终极目的,人的解放才是理论的最终指向,而只有在人的解放意义上,历史认识的矛盾才能得以和解。马克思在创立历史唯物主义过程中所提出的一些基本理论观点,在解放的尺度上为人们提供了历史理解的可能性,如"剧作者"与"剧中人"的基本理论,这一理论既可视为对历史实践内容的一种解答,也可视为对历史认识方法的一种启示。

马克思在批判蒲鲁东颠倒思想与现实关系的错误时曾指出,现实的历史不是观念、范畴和原理在其中出现的那种历史顺序。"我们就必然要仔细研究一下:十一世纪的人们是怎样的,十八世纪的人们是怎样的,他们各自的需要、他们的生产力、生产方式以及生产中使用的原料是怎样的;最后,由这一切生存条件所产生的人与人之间的关系是怎样的。难道探讨这一切问题不就是研究每个世纪中人们的现实的、世俗的历史,不就是把这些人既当成他们本身的历史剧的剧作者又当成剧中人物吗?但是,只要你们把人们当成他们本身历史的剧中的人物和剧作者,你们就是迂回曲折地回到真正的出发点,因为你们抛弃了最初作为出发点的永恒的原理。"②马克思在此不仅指出了历史的真正内容,也揭示了认识历史的基本方法。历史认识过程中包含一系列社会历史发展的基本矛盾问题,如主体与客体、主观与客观、感性与理性、自由与必然、理想与现实、真理与价值、理论与实践、有限与无限,等等。其中,"剧中人"与"剧作者"之间的关系是认识历史发展运动中基本矛盾问题的一种形象的表达,体现了历史唯物主义对历史实际内容的理解,同时也阐明了历史唯物主义在历史认识问题上的方法论原则。从永恒原理出发而不是从历史真实内容出发的蒲鲁东主义者只能"在思想家所走的这条迂回曲折的道路上缓慢行进,离开历史的康庄大道还有一大段路程"③。

---

① 卡西尔:《人论》,甘阳译,上海译文出版社,2003,第294页。
② 中央编译局:《马克思恩格斯选集》第1卷,人民出版社,2012,第226页。
③ 中央编译局:《马克思恩格斯选集》第1卷,人民出版社,2012,第226-227页。

历史唯物主义指明了历史发展的实践逻辑与根本内容,说明对社会历史发展的认识既不能简单地还原为自然世界的物质变迁,也不能归结为思想世界的意识演化,历史中的人是历史实践的主体,也是历史认识实践的主体,同时又作为历史认识实践的客体而存在,"人双重地存在着:从主体上说,作为他自身而存在着,从客体上说,又存在于自己生存的这些自然无机条件之中"①。在历史发展中与对这种历史发展的认识都是如此,"剧中人"与"剧作者"彼此不可分离,"剧中人"是历史创造内容的主体,离开了"剧中人"的角色,历史是空白的,"剧作者"则无从设计,而"剧作者"是历史创造目的的主体,离开了"剧作者"的角色,历史是荒谬的,"剧中人"也无法实现其本质。马克思依据其时代的现实而指出,在资本主义社会关系的束缚下,历史的发展却背离了人的原初意愿并不断深入地限制与奴役人的活动,并使现实中的人丧失了"剧作者"的角色,从而丧失了人的自我实现的可能性。对于历史的实际进展与历史进展过程的认识是同样的,要改变"剧中人"与"剧作者"的分裂状态,"全部问题都在于使现存世界革命化,实际地反对并改变现存的事物"②。

另外,历史唯物主义在历史认识中使用"从后思索"的方法论原则,真正实现了对历史的发现。历史唯物主义之所以要采取"从后思索"的认识方法,其立足点在于:历史场域中从事一定实践活动的人首先面对的并不是如何认识过去,而是如何认识现在,因为现在的历史是由过去的历史发展而来的,现在是历史的充分展开,过去的历史以浓缩的形式包含在充分发展与展开的现实社会之中。所以,只有从现在出发,才能找到正确理解全部历史的钥匙,只要对最发达的社会结构现实进行剖析,并由此前溯,以前的社会结构也就一目了然了。马克思曾把这种历史认识的方法论原则形象地比喻为"人体解剖对于猴体解剖是一把钥匙"③,这在现实的历史实践环节中是显而易见的,"低等动物身上表

---

① 中央编译局:《马克思恩格斯全集》第 30 卷,人民出版社,1995,第 484 页。
② 中央编译局:《马克思恩格斯全集》第 30 卷,人民出版社,1995,第 75 页。
③ 中央编译局:《马克思恩格斯文集》第 8 卷,人民出版社,2009,第 29 页。

露的高等动物的征兆，反而只有在高等动物本身已被认识后才能理解"①。"从后思索"的原则缘于历史的发展性本质，历史向前发展的每一步，人们因其位居的历史高度擢升从而也不断地改变观察与理解的视角，正所谓长江后浪推前浪，历史认识的真理乃历史中的真理。"从后思索法"是一种认识与理解历史的逆向思维，在历史时序的关联中实现了历史与逻辑的完全统一，在具体维度上它包含着三个方面：其一是从现在向过去的时间逆向，这一时间逆向本质上是实践逆向，以此确认历史认识的起点是"现实的个人"而非永恒的存在；其二是从现在结果向过去原因的逻辑逆向，以此打破了科学主义从前因到后果的因果必然率；其三是从现实向潜在的发展逆向，扬弃了亚里士多德以来从潜在到现实的单一思维逻辑，实现了认识思维与实践思维的开放性。

由此可见，历史唯物主义"从后思索"的认识方式显然不同于科学思维中从简单到复杂的思维方式，显示了历史唯物主义不同于自然科学思维的明显特点，把历史研究从科学主义思维中解脱出来，从而把历史从"被观物"的位置上擢升到其应有的位置上来。历史唯物主义对历史的认识就不再是在幕后来观察历史，不再是"密那发的猫头鹰要等黄昏到来才能起飞"②，作为一种方法论原则，"从后思索"是历史唯物主义分析社会历史现实常用的方式，如《资本论》在认识与分析资本的原始积累、社会分工、剩余价值产出等过程中，得益于这一逆向思维方式的应用，历史唯物主义在对资本主义历史现实的分析中获得了物质性与精神性、实践性与理论性的双重论证，进而实际地确证了人类历史发展的合目的性与合规律性的统一。

时代发展日新月异，历史唯物主义作为一种发展的理论也应当与时代的发展相平行，建立在由马克思、恩格斯所创立的历史唯物主义一些基本的历史原则之上，当代历史唯物主义的发展应有自己的理论自信，历史唯物主义不仅能够明确地回答思辨历史哲学的本体论问题，也有能力超越分析思维中历史认识论上

---

① 中央编译局：《马克思恩格斯选集》第2卷，人民出版社，1972，第108页。
② 黑格尔：《法哲学原理》，范扬、张企泰译，商务印书馆，1961，第14页。

的贫困，更在实践向度上超越了后现代主义"文本历史"的偏执。由此，历史唯物主义也就终结了那种启示录腔调的种种历史终结式观念。历史唯物主义作为一种开放的思想体系，根植于一种对话性、开放性、生成性与批判性话语环境与实践氛围中，而当今时代的不同文化、不同意识形态之间的历史话语权力较量从未休止过，历史唯物主义作为一种历史理论应该拥有属于自己的历史话语，应该努力在超越狭隘的历史观念中建构适合于时代的历史观念，应该勇敢面对现实的挑战并做出及时的回应而不能矜持在自己原有的概念中。

  人类未来的命运依赖于我们对历史的感受，依赖于我们对历史的觉醒状态及其深度与广度，依赖于我们对历史的省察及基于其上的创造。在历史的长河中，如果缺乏历史的自觉、缺乏理解历史的正确观念，我们的每一个未来都会因为丧失意义与活力而枯萎，我们就会在未来之中丧失自我，也就不再会拥有未来。假若我们与这样一种未来同在，也只是我们的躯体存在于未来的机械时间中，但这个未来中，我们却没有能力拥有自己，而能够拥有的可能只是一些物质的碎片而已，这样的未来只能是我们的对立面。

第六章
历史叙事策略的多元选择与历史共同体展望

  传统历史理性危机直接驱动当代历史共同体话语体系的建构需求，而新历史理性建构是这一话语体系建构的核心。这种探索工作正在经历着一个多元文化价值观念、多种历史书写视角和多样历史叙事主题的复杂博弈与自主建构，因此，建构新历史理性的方案已不再单独寄望于纯粹历史理性本身的逻辑演绎与概念推理，而是更多地楔入历史叙事的实践活动中。这种行动优于理念的变革与时代思潮更唱迭和，使理解历史的逻辑与探索具体历史叙事策略的历史叙事实践叠合于一体，成为当代历史理性建构的现实路径。虽然每一次历史理性的跃迁都会促动历史叙事实践的更新，但历史叙事实践乃是历史理性在现实层面上的支撑，因而每一次历史叙事实践的深入反过来也促动历史思维的提升。这种不断的提升过程早在传统史学实践中就已经发生并且从来没有停止过，如发生在中国唐代的历史叙事实践与叙事思想的创新就是这个过程中的一个典型范例。

第一节
叙事解放的历史范例

唐代历史叙事实践的繁荣既有特定的时代促成因素，也是其历史思维创新的逻辑结果。这种具有强烈批判意识的历史思维创新突出地表现为对传统叙事理念的变革以及对叙事实践内在矛盾与核心问题的深刻揭露，以此成就了这一时期内叙事观念的解放与叙事实践的繁荣，这对于当代历史理论与实践的探索仍具有积极的研究意义与价值。

一、唐代叙事史学的发展与史学叙事思想的创新

中国传统史学形态经历了不同类型的治史理念。归纳起来，传统史学存在着以《史记》为代表的"叙事史学"模式，以"心学"观念为主导的"义理史学"模式，以及以突显逻辑实证思想的"考据史学"模式。当传统史学在经历"义理史学"和"考据史学"的孕育与繁荣之后，发现无论"义理史学"和"考据史学"的理论如何精深，都无法规避史学叙事问题。因而，现代史学提出了复归历史叙事思想与方法的要求。而唐代史学的发展正处于传统"叙事史学"的顶峰阶段，也正是在这一阶段，历史叙事观念的主要矛盾和焦点问题在史学思想的自觉省察中集中爆发，处于传统叙事史学顶峰时期的唐代史学家，在对历史叙事体例、方法、理念的考量中聚焦了史学思想的核心问题和矛盾的精髓。这些问题和矛盾是自人类有史学意识以来就萦绕在心头的困惑，从孔子到章学诚、从希罗多德到海登·怀特，他们无一不为此"历史的负担"[1]而深陷其中。因此，对唐代史学叙事方式及其史学思想的研究就成为史学史上的重要内容。

---

[1] Hayden White. The Burden of History. History and Theory, vol. 5, no 2, 1966, p111.

（一）唐代史学文化发展的历史氛围与特点

高度繁荣的史学文化构成唐代繁盛历史的重要内容，所谓"盛世修史"的古谚至少在唐代是名副其实的。在被认定为中国"正史"的"二十四史"中，《晋书》《梁书》《陈书》《北齐书》《周书》《南史》《北史》和《隋书》都出自这一时期；"三通"之首《通典》，史学史论著《史通》，都是唐代的开创性著作。除此之外，唐代的各类专史、方志、野史、杂说等，门类繁杂，数量庞大。这种现象在历史上是非常罕见的。唐代史学文化的繁荣，既是史学自身发展的逻辑结果，也是唐代宏大历史氛围的必然效应。

从史学文化自身发展的惯性上来说，在由政治分裂、社会动乱迈向重新统一的重大历史变迁中，史学在中国传统文化结构中作为"鉴古资今"之需，被唐代社会普遍关注。作为"鉴古"之需，正所谓"往昔是非，可为来今龟镜"[1]，唐代历史书写首先被赋予了历史经验教训归结的职能。一方面是政治权力中心的要求，如唐高祖李渊授命予史官之言，"史官记事，考论得失，究尽变通，所以裁成义类，惩恶劝善，多识前古，贻鉴将来"[2]；另一方面也是史家自觉的职能，如令狐德棻奏言，"窃见近代已来，多无正史，梁、陈及齐犹有文籍，至周、隋遭大业离乱，多有遗阙……陛下既受禅于隋……如文史不存，何以贻鉴今古。如臣愚见，并请修之"[3]。

而作为"资今"之务，唐代修史的盛世可从两个层次来理解，"资今"首要之务在于谋求政治合法性与秩序认同。从东汉到曹魏，再从曹魏到晋，以至唐王朝的建立也不例外，许多王朝的确立都是通过旧朝"逊位"的方式取而代之的，能为新朝提供合法性保障的最得力手段就是撰修前朝的历史。在所谓的"二十四史"中，有九部"正史"具有同样的特点：每一部"正史"都是在随后的朝代内撰修的。这在时间顺序上是一件十分自然的事件，但这种"自然"本身是不自然的，而是基于政治目的并按照"国亡史成"这一原则进行安排。汇

---

[1]《旧唐书》卷一四七《杜佑传》，第3007页。
[2]《旧唐书》卷七三《令狐德棻传》，第1929页。
[3]《旧唐书》卷七三《令狐德棻传》，第1929页。

编前朝的历史，似乎可以自然地确立当下历史的合法性。其次，"资今"之务也在于给当下发生的历史提供某些合理性的根据，或在无法理解其合理性情况下为未来的理解提供历史的视角。对于唐代而言，在历经"贞观之治""开元盛世"等繁华之后，唐王朝危机四伏，田制、兵制、吏治等诸多上层建筑内部到处弥散着败坏的细胞。"安史之乱"的爆发瞬间打破了盛唐的迷梦，土地集中、落镇割据、宦官擅权、朋党之争等政治、经济与社会问题一时成为唐后期的社会顽疾。怀"资今"之志而成《通典》，这是唐代典籍史学家杜佑的平生夙愿，在《通典·自序》中，杜佑明确表明自己编写此书的目的是"征诸人事，将施有政"。更有唐相李吉甫，以"成当今之务，树将来之势"为任，而作《元和郡县图志》，冀以此书"佐明王扼天下之吭，制群生之命，收地保势胜之利，示形束壤制之端"。

从唐代的政治影响方面而言，在唐代以前，"正史"的修撰主体通常是非官方的，由个别史家或个别学史派以私人或半私人的形式完成，但自唐代起，政治权力机构在撰史中居于统治地位，唐代的史学文化被擢升到上层建筑的核心位置，并继而成为国家意识的重要内容，从而史学研究成为政治权力的象征。《史通》通过历史现象的描述表达了这一上层建筑内部的激变："皇家之建国也，乃别置史馆。通籍禁门，西京则与鸾渚为邻，东都则与凤池相接，而馆宇华丽，酒馔丰厚。得厕其流者，实一时之美事。"[1]官方参与的结果，便是此前职场中被视为道旁苦李的史官趋为权力中心的位置，以至于当时那些奔竞之士竟以居史职为喜。

就历史修撰的机构化与制度化而言，史学在唐代的机构化与制度化建设中完全是里程碑式的存在。唐以前，史官、史馆、监修机构等撰史单元虽然都出现过，但都未曾形成像唐代这样的体制。例如，在唐建立史馆制度之前，撰史作为一种专职工作在中国具有久远的历史，在《周官》《礼记》等书中就已经对周以前所置的史官情况有详尽的表述。早期史官的职责范围甚广，并不寓于撰

---

[1] 刘知几:《史通·史官建置》,中华书局,1994,第104页。

史的狭隘范围。时至汉代,汉武帝置太史令,太史令不再掌史事,仅限于司天文立法之事,但武帝于宫内置女史,这与其后的"起居注"又有着莫大的关联。曹魏时期,魏明帝太和年间设置佐著作令史、著作郎等专职,主要担负当代史修撰。南北朝时期依旧保留有类似史官之职,并渐有撰修前代史与撰修国史的分别,其时已经出现朝臣兼修国史的记录,"其有才堪撰述,学综文史,虽居他官,或兼领著作"①。只是在短暂的隋朝,其史官建置没有赢得创新的机会。相对于史官制度而言,修史机构出现得更晚一些。据《史通·史官建置》所载,曹魏以前,不曾有稳定的修史机构,魏晋时期才开始有了明确负责撰史的国家机构,隋以前虽均有沿袭,但在沿袭中又不乏诸多动迁,唐代典章史家杜佑曾对这段历史进行概括:"自汉以后,至于隋朝,中间唯魏明太中,史职隶中书,其余悉多隶秘书。大唐武德初,因隋旧制,史官属秘书省著作局。"②从史料记载来看,作为唐代"国史"专修机构,"秘书内省"是唐初建置的一种临时修史机构,《唐会要·修前代史》又详细说明了"秘书内省"于行政机构内的位置,"于中书置秘书内省,以修五代史","五代史成,废秘书内省"。③但史馆作为政府编史修志的独立机构随后不久被正式确立,据《旧唐书》记载:"贞观三年闰十二月,始移史馆于禁中,在门下省北,宰相监修国史,自是著作郎始罢史职。"④

另外,以统分兼容的"监修国史"制度,以及以《起居注》《时政记》等为内容的史料积累与保存制度,与唐代史馆的设置一样,具有同等的重大意义。这些在唐代所创设的史学研究体制,作为一种完备的专门官僚机构一直被完整留存,直至千余年后中国帝制的结束。由此可见,唐代史学的繁荣和思想创新无法脱离这一历史时代的宏大背景。

(二)唐代史学批判意识与叙事思想创新

唐代历史叙事的繁荣,既表现为撰述前史工作的巨大成就,更表现为史学思

---

① 刘知几:《史通·史官建置》,中华书局,1994,第 99 页。
② 刘知几:《史通·史官建置》,中华书局,1994,第 109 页。
③《唐会要》卷六三《史馆上》,第 1091 页。
④《旧唐书》卷四十三、志第二十三《职官二》,第 1852 页。

想的超时代性跃迁。在中国古典史学史上，"叙事史学"的时期最久，内容最为丰富，而唐代历史叙事几乎达到了空前的水平，其叙事思想的深邃性和震撼力，即使对于现代史学思想而言，也很难说能够超越其上。

从史学发生学角度看，广泛意义上的叙事史学观念历经了代代相传的"口述历史"、录当下之简的"记事历史"与如椽之笔所陈的"叙事历史"。在狭义的史学观念下，"口述历史""记事历史"和"叙事历史"是三个不同的历史再现阶段，但现代史学依其叙事性本质而将其统归于叙事史学的范畴。成熟的历史叙事是战国至唐代中国史学的伟大成就，因为其后的"义理史学"与"辞章史学"占据了古典史学的核心位置。可以说，历史叙事从初始到成熟经历了一个相当漫长的历史过程，从非自觉的、代代相传的口述到"甲骨问事"，再到春秋时期连续性历史记录文本的出现，叙事史学才跨入历史自觉时期。早期史学由记事而叙事的历程，在有案可稽的范围内，《春秋》是自觉的叙事史学方式创新的尝试，其后的《左传》确立了以事系人的叙事典范，作为唐代以前最大的史学叙事观念的创新，莫过于《史记》对以人系事多重叙事风格范式的缔造，而唐代的史学正是基于其上的创造与批判。

作为叙事史学内容本身，唐代的前史撰述工作成果卓著。贞观三年（公元629年），太宗诏修五代时期的历史，至贞观十年（公元636年），梁、陈、北齐、北周、隋五史遂成，合称为《五代纪传》，共二百二十五卷。贞观十七年（公元643年），太宗复诏修《五代史志》，高宗显庆元年成书，共三十卷。贞观十八年（公元644年）始重修《晋书》，至贞观二十年（公元646年）书成，共一百三十卷。其间，有《南史》《北史》共一百八十卷面世，《南史》《北史》虽属私人刀笔，却因其依于《五代纪传》的背景而获得官方认可。仅此所述的史著，就在中国史学上占有举足轻重的地位。

与辉煌的史著创作相辉映，更为杰出的是这一时期对史学叙事思想的创造性发展，亦可以说，唐代的历史叙事内容与历史叙事思想相得益彰、各有千秋。刘知几的《史通》与杜佑《通典》正是这一叙事史学处于顶峰时期的最为闪光的思想映射。《史通》成书于唐中宗景龙四年（公元710年），是史学史上第一部系统的史学思想巨著。《史通·自序》开宗明义:"若《史通》之为书也,盖伤当时载笔之士,其义不纯。思欲辩其指归,殚其体统。"①故而刘知几从史学史出发,阐述了时代需求的叙事史学思想。

作为史学的思想巨著,《史通》的主体阐述了史学叙事的时代要求,从史学思想的高度指出了史学叙事的性质、要求和方法原则。《史通》的核心思想可以用其所提倡的"史有三长"论进行概括:当世之史才须有"三长","世无其人,故史才少也。三长,谓才也,学也,识也。"②如果用现代概念来诠释,那么,所谓的"才",应属技艺的范畴,与天赋相类,而非一般自然资质所能胜任;所谓的"学",应属经验的范畴,非有苦功莫能降服;所谓的"识",应属历史观的范畴,据于其上,那就大有天地了。刘氏曾在答礼部尚书郑惟忠之问时,将三者的关系阐述为:"史有'三长':'才''学''识'。世罕兼之,故史者少。夫有学无才,犹愚贾操金,不能殖货;有才无学,犹巧匠无梗枏斧斤,弗能成室。善恶必书,使骄君贼臣知惧,此为无可加者。"③对应于现代史学概念系统,刘氏所说的"学"被纳入了史学对象的范畴,而"才"与"识"被相应地纳入历史认知主体的范畴,虽然刘氏并没有突出"三长论"中的任一要素,但显而易见,刘氏对于历史叙事中主体性思想的洞察颇有超时代韵味,在一定程度上可与柯林伍德,甚至与海登·怀特的思想相比肩,因为"三长论"清楚地表明了历史认知主体不仅决定叙事的内容与性质,甚至可能撼动历史的本体观念。作为清代"辞章史学"大师的章学诚,在刘知几"三长论"之后附入"史德"而成"四长论",但"史德"仍是史学主体性范畴内的因素,从这一点上说,"四长"并未逾"三长"之外。更让世人惊觉的是,"三长论"中对于历史叙事性质的理解和界定,具有非凡的超时代性,迄今仍是现代史学聚焦的核心问题。

作为一种方法论的探讨,《史通》多处阐述了史学叙事的方法问题,最为集中的讨论见于《直书篇》《曲笔篇》《杂说篇》内,此所谓"直笔"与"曲笔"

---

① 刘知几撰,浦起龙释:《史通通释》,上海古籍出版社,1978,第291页。
② 《旧唐书》卷一〇二《列传五十二》,第2381页。
③ 《旧唐书》卷一〇二《列传五十二》,第2381页。

的问题,亦所谓"实录直书"与"激扬名教"的问题。 何谓直笔? 《史通·杂说篇》释为:"夫所谓直笔者,不掩恶,不虚美,书之有益于褒贬,不书无损于劝诫。"然而,《史通》在论"直笔"之下径直进入"曲笔"之论,在一般人看来,刘氏的自相矛盾是显而易见的。 一方面,《史通》倡扬"实录直书"的叙事方式,《史通·载文》中说:"若马卿之《子虚》《上林》,扬雄之《甘泉》《羽猎》,班固《两都》,马融《广成》,喻过其体,词没其义,繁华而失实,无裨劝奖,有长奸诈,而前后《史》《汉》皆书诸列传,不其谬乎!"①在古典世界,"实录直书"被视为史学的优秀传统,也被视为史家的最高荣誉。 从《春秋》始,代代相传,《史记》被历代认为是赢得这一荣誉的最佳候选,至唐代,刘氏撰《史通》概而括之。

但另一方面,似乎也可以发现,刘氏又为"激扬名教"的价值法则所困,因为同在《史通》内,这些作为一种叙事方式的"曲笔",又被误解为是史学叙事方法论之外的一种纯粹的"价值辩护"。 如"子为父隐,直在其中"的"《论语》之顺"和"略外别内,掩恶扬善"的"《春秋》之义",也被纳入了《史通》"曲笔"的讨论领域。 刘氏据此批评王充和司马相如等人未能尽"曲笔之妙",因为王充在《论衡》之《自纪》中"述其父祖不肖,为州闾所鄙",司马相如亦曾自述其"客游临邛,窃妻卓氏"之风流逸事。 刘氏认为,王充"盛矜于己,而厚辱其先",而司马相如"以《春秋》所讳,持为美谈,虽事或非虚,而理无可取"。 因为"虽直道不足,而名教存焉"其实,刘氏所说的"直笔",并不能直白地理解为"直书其事,不掩其瑕",而只能理解为"曲笔"下的"直笔","激扬名教"视界下的"实录直书"。 否则,就无所谓"史识"之说。

相对于古典叙事史学,现代史学在"实录直书"的问题上也曾陷入科学主义的思维模式之内而分身乏术,历史学的合法性甚至不复存在;在认识论转向的史学思想内,历史的镜式观念始终不散,而语言学转向的史学理论在打通"曲笔"与"直笔"、"实录直书"与"激扬名教"、文学与史学之壁垒的同时,却又使

---

① 刘知几撰,浦起龙释:《史通通释》,上海古籍出版社,1978,第124页。

认识论意义上的史学与本体意义上的历史同时陷入"终结"的后现代状况之中。

史学叙事何以可能,对于唐代的史学思想而言,这不仅需要"学"与"识"的造诣,也需要历史观、世界观的规约,需要与社会价值秩序的要求相符合,而这些规约与符合不是机械的,而是与事易时宜相适应的价值定夺。"直书实录"是时代观念规约下的叙事,作为叙事的主体不能无视价值的社会选择性。

在探讨一种方法论的同时,《史通》也是对史学叙事性质问题的研究,刘氏阐明了史学叙事作为一种"后来之笔",它是一种与书写方式、修辞方式相关,与文学和语言本身同为一体的历史再现方式。历史叙事不能逸出文学的视界,正所谓"文之将史,其流一焉","夫史之称美者,以叙事为先"。然而,这些思想都是在狭隘的观念下无法理解的思想,当现代史学的研究视野重归历史叙事的讨论时,人们才惊讶地发现,这一古典时代下所爆发的史学思想所拥有的超时代性魅力。

(三) 史学叙事思想的内在矛盾与核心问题的展露

盛极一时的唐代叙事史学留给世人丰盛的史学作品与仍可得益于当下的史学方法,也在史学思想领域内开启了隐藏在史学叙事内部的激烈矛盾。但这些矛盾不仅仅属于唐代的史学,相反,这些矛盾是所有叙事史学都必然会遭遇的问题。从史学进入叙事方式的那一刻开始,这些史学思想的矛盾就一直孕育其中。从古典到现代,史学叙事一度在这些矛盾中顾此失彼,当我们自觉地力求规避一种境遇的矛盾之时,却常常发现又不自觉地陷入了另一种矛盾的境遇。唐代的史学思想以其宏伟的视野和宽广胸襟在包容这些矛盾的同时,也给现代史学预留了一定的思想空间。其中,现代史学最为集中的关注,莫过于对史学叙事的主体性和历史叙事性质的讨论。

唐代史学空前的机构化与制度化建设,使得唐代的叙事史学成为公认的"官方史学"。唐代所作的历史撰述成为"官方的历史",这也是"二十四史"遭人诟病的主要原因之一。"官方史学"的内在要求就是标准性、统一性与普遍性,并最大限度地适应国家意识形态的要求,因而,史学的叙事主体较为倾向于采纳保守的、固有的意见,难以接受创新思想,甚至直接服从国家意志。唐人刘知几当年愤而退出史馆,独著《史通》,原因正在于此。官修之史在体裁与结论上,都很难找到创新的东西,自然批评者众。

然而,《史通》在"激扬名教"的义理之下赋予"官方历史"以合法的地位,这在史学批判上一度被深深误解。然而,史学的批判意识不应该就此停止,"激扬名教"的深层意义乃根植于叙事主体生存背景的社会性。如果继续沿着这条逻辑脉络深入思考的话,我们就必须要面对一个更为严肃的问题,即当庞大的国家机器对史学的控制渐渐隐去之后,一部没有"国家主体"的"私人历史"是否可能?在从古典史学向现代史学的迈进中,人们对这个问题的答案越来越失望。从中国史学史的事实即可看到,私人撰修的史著在六朝、南宋、明朝中后期都十分流行,但就其叙事方式和性质来看,这些"私人历史"与"国家历史"无异——仅仅是叙事主体的不同而已。同样,清代史家章学诚以"方"与"圆"的类比来释义这种"官方史学"与叙事主体之间的微妙关系,"方"与"圆",始终是一对矛盾,若史家完全拒绝这一矛盾,即完全拒绝史学叙述,史学也就无从谈起。

相反,在可控的范围内适宜地表达一定的意见,乃叙事主体的责任,现代史学称之为"史权"。唐代史学思想对此持有同样的意见。《史通·论赞》肯定了历史叙事中的论赞部分是叙事史学不可或缺的内容。"夫论者所以辩疑惑,释凝滞。若愚智共了,固无俟商榷。丘明'君子曰'者,其义实在于斯。"在刘氏看来,论赞的益处其一在于"辩疑惑"的内容之需,于"私论"求"公论",现代西方解释学借助于对文本的分析,已经非常清楚地阐明了这一问题。诸如"君子曰""赞曰""论曰""臣光曰",理应是史学包容的内容,"君子曰"完全可以是一己之见。我们可能永远都无法公正地看待"偏见",但我们可以在慎思明辨诸多"偏见"中获得适于时代的意见。其二,论赞也是史著文本的形式需求。"史之有论也,盖欲事无重出,文省可知。"如太史公曰:"观张良貌如美妇人;项羽重瞳,岂舜苗裔。此则别加他语,以补书中,所谓事无重出者也。又如班固赞曰:石建之浣衣,君子非之;杨王孙裸葬,贤于秦始皇远矣。此则片言如约，而诸义甚备，所谓文省可知者也。"①当然，假若仅为文势而造作，则不在此论，如"司马迁始限以篇终，各书一论。必理有非要，则强生其文，史论之烦，实萌于此"②。而患上主体性恐惧症的那些史家却坚持，"修史与专家著述不同；专家著述可据一人之私见，奉旨修史必合一代之公评，未可用意见肆讥弹也。"③而唐代的这些史学观念则与此明显相左。

　　让人相当失望的是，当现代史学在讨论史学叙事主体性的时候，却一度陷入了一种科学主义狭隘视域内，以至迷误于去追逐一个"合法的历史学何以可能"的问题。当居于现代思想前沿的康德在纯粹的形而上学领域内扫除了客观的观念之后，现代史学随即又陷入了一个"历史的物自体"之内，不再是本体意义上的历史（即过去发生的实在）决定史学叙事的内容，而似乎是历史叙事创造了作为本体的历史。这种历史研究的思维和研究路数，在现代西方史学史上一度无法自拔，在新黑格尔主义史学观念下，对历史叙事主体结构的研究落入史学叙事的核心，"一切历史都是思想史"④自然就成为其逻辑的归宿。"尽管这个命题仅仅是外观的荒谬，但在历史著作的实际中，这一命题的正确性很容易证实，并获得丰富和清晰的例证。"⑤但真实的内容不堪承受外观的荒谬，在后现代思潮的影响下，形式与内容一体化的观念被引入了史学研究，这就是后现代历史叙事学。后现代历史叙事学要求重新审视历史叙事的历史、方式和性质。

　　后现代历史叙事学又被称为历史研究的"修辞的转向"，这种叙述主义完全改变了传统叙事思想，主张重新看待历史事实与历史叙事形式之间的界限。历史叙事形式不仅应当作为文本、语言修辞与编纂形式，而且还应当上升到方法论与认识论的角度来考虑，它的形式是与内容紧密联系的。"叙事不仅仅是一种可以用来、也可以不用来再现在发展过程方面的真实事件中的推论形式，而且更

---

① 刘知几撰，浦起龙释：《史通通释》，上海古籍出版社，1978，第81页。
② 刘知几撰，浦起龙释：《史通通释》，上海古籍出版社，1978，第82页。
③ 汪荣祖：《史学九章》，生活·读书·新知三联书店，2006，第99页。
④ 柯林武德：《历史的观念》，何兆武译，中国社会科学出版社，1986，第244页。
⑤ 克罗齐：《历史学的理论和实际》，商务印书馆，1982，第6页。

重要的是，它包含具有鲜明意识形态，甚至特殊政治意蕴的本体论与认识论选择"①，在这种"元史学"②的观念下，被聚焦的历史文本从内部走向外部，从单一走向零散，从封闭走向开放。历史的内容引入了文学的叙事观念，与此同时，文学叙事获得了巨大历史空间。"文"与"史"在此机缘下达成了一种"视界融合"的效果，它机巧地跨越了不同学科之间的传统壁垒，使史学、文学、哲学等学科兼容并蓄、相得益彰。虽然"历史的诗学"并没有从事历史叙事本身的建设，但其创造的那种极富诗意的历史想象图景的确是生活世界难以拒绝的诱惑。

而反观唐代史学对历史叙事的理解，如《史通》使小说入列历史叙事的范畴，将"偏纪""小录""逸事""琐言""郡书""家史""别传"一类的"杂述"统归为与"正史"并列的史学题材中，这在今天看来，唐代史学对历史叙事之文学性的包容，正是历经坎坷的现代史学蓦然回首时，众里寻他千百度的内容。

二、唐代蒙学文本的叙事理念与文化效应

唐代蒙学是唐代文化整体结构中的一个重要构成部分，唐代蒙学文本的编撰实现了对传统的继承与创新，其编撰理念与蒙学原则在唐代文化的发展中发挥了巨大的文化功能与宏伟的历史效应，使唐人于蒙学阶段所获得的精神气质与文化涵养成为塑造唐代社会繁盛的一个重要历史因素，唐代蒙学文本内容与编撰形式展示了唐代社会历史的具体面貌，同时也为今人理解唐代历史叙事理念提供了一个重要视角。

(一) 唐代蒙学文本对历史文献的传承

中国传统蒙学历史悠久，早在先秦时期，蒙学文化就已经出现，《史籀篇》相传就是周宣王时代创作的蒙学材料。王国维在《〈史籀篇〉疏证》的注叙中

---

① 海登·怀特:《形式的内容》,北京文津出版社,2005,前言,第1页。
② 参见海登·怀特:《史元:十九世纪欧洲的历史意象》,刘世安译,台北麦田出版社,1999。

说："《史籀篇》者，周时史官教学童书也。"①《易经》内所言的"匪我求童蒙，童蒙求我，初筮告，再三渎，渎则不告，利贞"②，则是一种方法论上的蒙学理念阐释。我们可以从许多类似的古典文献中窥视先秦时期蒙学的发展状况。秦汉以来，更多的蒙学教育题材面世。秦时期有太史胡毋敬编撰的《博学篇》、中车府令赵高编撰的《爰历篇》、丞相李斯等人编撰的《苍颉篇》，据说这些蒙学文本的编撰内容大都是取材于此前的《史籀篇》，中国现今最具历史价值的目录学古典文献《汉书·艺文志》中对此曾有提及，其"文字多取《史籀篇》而篆体复颇异，所谓秦篆者也"。

汉代蒙学题材更加丰富，出现"以类相从"而编纂成的蒙学文本，其中不少篇章对后世蒙学编纂与蒙学传播产生深远的影响，如汉初所编撰的《三苍》。《三苍》乃根据秦人《苍颉篇》《爰历篇》《博学篇》综合编纂的结果，所以《三苍》又以其首篇为名被通称为《苍颉篇》。③《三苍》全书使用四字一句的编撰形式，六十字为一章，每章十五句，全书共五十五章，共收录三千三百字。《三苍》成书后，不仅仅在蒙学范围内颇具影响，甚至也成为古代文献学的研究对象，以致很多人纷纷为之做注。虽然《三苍》在唐之前就已经遗失了，但《三苍》的蒙学编撰思想与辑佚工作在蒙学文化繁盛的唐代依然持续。此外，另有汉武帝时司马相如的《凡将篇》、汉成帝时李长的《元尚篇》、汉平帝时扬雄的《训纂篇》，后来，班固再续《训纂篇》十三章。在社会离乱的汉末，曾为汉献帝左中郎将的蔡邕著有《劝学篇》，概因其时生民涂炭，学风不复，致此书佚失，其编撰思想与部分条目仅在后世引文中散见。其中，汉元帝时史游所作的《急就篇》对后世的影响最为深远，从汉到唐沿用上千年之久，也是现存的较为完整的古代蒙学题材文本。

所谓"急就"，一说为，在蒙学阶段，若在阅读之际，逢生僻之字，可缓急而就之，取其功用之意，故为"急就"；另一说为，以"急就"为书名，有如

---

①王国维：《王国维遗书》（第六册），上海古籍出版社版，1983，第1页。
②王弼注、孔颖达疏：《周易正义》，北京大学出版社，1999，第37页。
③参见班固：《汉书·艺文志》，中华书局，1962，第1721页。

《论语》中以"学而"篇、"宪问"篇等为篇名一般，取其篇首二字以名之，而非有意要以此赋予撰述内容以深刻的含义，仅为方便编撰的权宜之计。《急就篇》在文本的书写形式上，有三言、四言、七言不等，而不讲求行文上的刻板对仗。在内容上，《急就篇》正如其在开篇内所言"急就奇觚与众异，罗列诸物名姓字，分别部居不杂厕，用日约少诚快意，勉力务之必有喜"，开宗明义地道出了《急就篇》乃一种按门类编排并以识字为主要目标的蒙学读物。再从体例上看，《急救篇》在姓氏名字、器用百物、政治职官三个部类中将常用汉语词语编成韵语。全篇不论是三言、四言或七言，均按一定韵律安排，因此朗朗上口，既易于诵记，也富有美感。《急就篇》在唐代作为蒙学题材被继续沿用，其流行程度可以从唐代经学家、训诂学家颜师古的《〈急就篇〉注叙》中窥其一斑："蓬门野贱，穷乡幼学，递相承禀，犹竞习之。"一部蒙学读物能从汉代延续到唐代达六百余年之久并依然流行，这一现象在文化史中是不多见的，这与《急就篇》本身切合蒙学文化传播的诸多历史因素密不可分。

魏晋南北朝时期，有记录的蒙学题材还有很多，但现今大都已亡佚，仅存篇名。如三国时期吴项竣编撰的《始学篇》、西晋时期束皙编撰的《发蒙记》、东晋时期王羲之编撰的《小学篇》、顾恺之编撰的《启蒙记》等，这些蒙学名篇在《隋书·经籍志》中有过记载。不过，在流传下来且影响甚广的蒙学篇目中，属南朝梁周兴嗣编纂的《千字文》最为著名，这本经典蒙学文本不仅被唐代蒙学教育所沿用，而且在中国蒙学教育史上流传千年之久，并与后世出现的《百家姓》《三字经》搭配形成"蒙学丛书"，并称为"三、百、千"。在中国古代蒙学文本编撰中，《千字文》的编撰近乎奇迹，有关这部蒙学经典的创作过程，历史上传说的版本繁多，事实情况至今已难见分明，而李绰的《尚书故实》内载："《千字文》，梁周兴嗣编次，而有王右军书者，人皆不晓其始。乃梁武教诸王书，令殷铁石于大王书中拓一千字不重者，每字片纸，杂碎无序，武帝召兴嗣谓曰：'卿有才思，为我韵之。'兴嗣一夕编缀进上，鬓发皆白。"[1]虽然一夜白

---

[1] 刘占泉:《汉语文教材概论》,北京大学出版社,2004,第59页。

头的情节常是故事中增加传奇色彩的惯用伎俩,但这种说法的背后实际显示了后人对《千字文》编纂成就的赞叹。唐代史家身份的姚思廉在《梁书》中对《千字文》渊源的说明被认为可信度更高:"高祖以三桥旧宅为光宅寺,敕兴嗣与陆倕各制寺碑,及成俱奏,高祖用兴嗣所制者。自是《铜表铭》《栅塘碣》《北伐檄》《次韵王羲之书千字》,并使兴嗣为文。"①周兴嗣熟知诗歌的韵律形式对启蒙教育的重要意义,因而成就《千字文》这种通篇韵之以歌的四言长诗面貌。

在内容上,《千字文》并不是一千个单字的堆积,而是一千个常用单字在一定的韵律组织下形成若干句子,这些句子在语言形式上具有一定的条理,在叙述内容上囊括了蒙学认知的重要内容。《千字文》从"天地玄黄,宇宙洪荒"开始,到"谓语助者,焉哉乎也"结束,其中不仅述说了天地万物的自然景观,也涵盖了传统文化中的社会规范与人生哲学。既可视其为一部中国古代蒙学的"自然百科全书",也可视其为一部"人文百科全书"。《千字文》在唐代蒙学文化传播的过程中,又不断地被续编和改编,这在《旧唐书·艺文志》中可以明确地查证到。对唐代社会而言,《千字文》的影响不仅在蒙学领域,也渗透到唐代社会文化交往的诸多方面。比如,唐代书法家怀素、高闲等人寄情于《千字文》的挥毫泼墨,此外,大量的唐人笔记中记录了有关《千字文》的文字游戏、行酒令等文化景观。这些内容都反映出《千字文》在当时风行的情况,及其对唐人社会生活文化的广泛影响。

(二)唐代蒙学的文本撰述理念更新

唐代蒙学文化空前繁荣,其蒙学理念也得到前所未有的更新。这不仅体现在唐代蒙学体制的深化方面,也体现在丰富的蒙学文本面世以及蒙学文本编撰思想的革新方面。唐代蒙学编撰主要围绕三个方面展开,其一是以生计之需为目的,涵盖账目、书信、文告等内容的应用题材;其二是以人伦训教为目的,囊括父慈子孝、兄友弟恭等内容的道德题材;其三是以为政以德、为政以礼、仁政

---

① 姚思廉:《梁书》(卷四十九之列传四十三),中华书局,1973,第445页。

爱民为内容的政治题材。① 这些蒙学题材分类情况清晰地显示,唐代社会的文化框架与教育规划在蒙学阶段就已基本划定。因此也可以说,要把握唐朝这样一个重大的历史时段,其蒙学文化的发展是不可忽略的,对其蒙学文化内容的研究将有助于进一步解读唐代文化的社会理想、价值取向与审美气度,有助于我们更为感性地理解唐时期的精神风貌与文化气质。以下分别从这一时期比较有影响的几类文本编撰情况进行具体的说明。

其一是在音义认知过程中提供通识教育的蒙学文本编撰。在被誉为现代通识教育圣经的《哈佛通识教育红皮书》中,"通识教育"一词被理解为一种追求统一目标下的多元文化教育,为受教育者提供通行于不同群体之间的知识与价值。② 当然,这一概念界定也只是局限于文化全球化形势下的现代解释视野。就中国文化传播史而言,现代通识教育所涵盖的理念在中国传统观念中源远流长。中国传统文化之所以能在那个广阔的历史空间内在全社会得到认同,这与其社会为其成员提供的知识与价值的功能密不可分,而传统蒙学就是这一功能的担当者。因而,中国传统蒙学理念与现代教育中所倡导的通识教育有共通之处。蒙学教育首先是知识内容的架构,依次才是价值观念的养成。如《易经》中所言的"多识前言往行,以蓄其德",《中庸》第十二章内所说的"博学之、审问之、慎思之、明辨之、笃行之",《文子·微明》内载"通智得而不劳",以及《论衡》中所讲的"博览古今为通人",等等。贯穿在这样的观念下,传统教育过程在弘扬雅言、朗声文牍之中,普及人文自然,晓谕古今之事,进而成就了德智兼备的人才。因此,传统通识教育重在于"育"而非"教"。从唐代蒙学编撰的分类中,我们可以深切地体验到这种蒙学理念的贯彻过程。如《杂抄》《初学记》《俗务要名林》等,则是这类文本中比较有影响的书目。

《杂抄》是唐代蒙学编撰的书目中流行范围较广的一部,因敦煌遗书中发现多个《杂抄》写本,其中一个写本内载"《杂抄》一卷,一名《珠玉抄》,二名

---

① 参见王定保著,阳羡生校点:《唐摭言校注》(卷九),上海社会科学院出版社,2003,第81页。
② 参见哈佛委员会:《哈佛通识教育红皮书》,李曼丽译,北京大学出版社,2010,第115页。

《益智文》,三名《随身宝》"①。 所以,《杂抄》现在又名《珠玉抄》《益智文》《随身宝》。 因写本中提及杜嗣先贞观时期撰写的《兔园策府》这一历史事件,所以今人推测《杂抄》的成书时间大约在唐朝后期。《杂抄》的编撰者不详,在敦煌遗书《杂抄》写本中,有两处题记分别标示为"辛巳年十一月十一日三界寺学士郎梁流庆书记之也"②,"丁巳年正月十八日净土寺学仕郎贺安住自手书写读诵过记耳"③。 这两处记录了《杂抄》在流传过程中的两位抄录者,因此可以判断,《杂抄》在敦煌文化中的出现直观地显示了唐代蒙学的广泛影响。

《杂抄》的编撰体例不同一般,全书均采用一问一答的论对形式,卷首设置标题,如"论三皇五帝""论三川八水五岳四渎""论九州九经三史三才""论六国六艺五味""论五谷五果五射五德"。 由这些标题即可看出,《杂抄》是一部百科全书式的蒙学通识教育教科书。 书中论对的内容庞杂,声韵和谐,形式规律,如"何名三皇? 伏羲,神农,黄帝。 三皇何姓? 伏羲姓风,神农姓姜,黄帝姓姬。 何名四渎? 江淮河济。 各出何山? 江出岷山,河出昆嵛山,淮出桐柏山,济出王屋山"。《杂抄》不限于识字目的,更着重于文化的普及。 书中不仅涵盖了唐代社会生活的知识,也囊括了对传统文化的启蒙与解读。 如卷中在"辩年节日"的标题下,分别说明了中国传统节日的名称、历史来源及其社会风俗。 在"经史何人修撰制注?"的标题下,开列多达二十五种书目的作者及注释者,囊括了传统文化中诸多名人名篇。《杂抄》的编撰者熟知,传统文化的普及离不开基础知识的积累,因此在《杂抄》内,知识性问题的论对相当普遍,如在"辩古人留教迹"标题下,罗列了大量的知识问答,如:"何人种五谷? 神农……何人造礼乐? 周公。 何人演易? 文王。"进而,《杂抄》在识字与基础知识普及中,同时关注着启蒙阶段的思想教育与文化熏陶。《杂抄》甚至把人生哲学也作为一种启蒙课题,如书中一处说明人生应把握学习时机的

---

① 参见黄永年:《释敦煌写本〈杂抄〉中的"面衣"》,《敦煌学辑刊》1982年第3期,第20–22页。
② 敦煌研究院编:《敦煌遗书总目索引新编》,中华书局,2000,第208页。
③ 敦煌研究院编:《敦煌遗书总目索引新编》,中华书局,2000,第291页。

哲理性论述:"小儿学者如日出之光,长而学者如日中之光,老而学者如燃灯之光。人生不学,冥冥如夜行。"当然,书中也不乏对传统文化中"礼""义"观念的灌输。但无论如何,《杂抄》作为一种启蒙文本,几乎涵盖了传统蒙学文化的方方面面,难怪研究敦煌学的日本人那波利贞将《杂抄》视为一部"庶民常识的百科全书"①。

其二是以俗谚形式推行社会教化与道德训导的蒙学文本编撰。每一个时代都有与其社会生活息息相关的行为规则和生活理念。在一个安定和谐的社会中,这些行为规则和社会理念往往是在蒙学阶段培育的,而并非中途置入的,唐代蒙学顺从了这一认知规律。因而可以发现,推行社会教化与德性培育的蒙学文本品类在唐时期为数众多,并且在编撰方式上,这类蒙学文本着力于作品的可读性,其内容既有经典名句的采摘,也收录时代的流行谚语,通篇通俗易懂,又不失教化意义与启蒙目的。如《太公家教》《新集严父教》《新集文词九经钞》等篇目都属于此类作品,它们在唐代及其后的很长一段时期一直流行甚广。

今人所见的《太公家教》源自敦煌遗书的写本,迄今为止,在敦煌遗书中所发现的这些写本多达三十六种,但每本皆无确切的署名,因而其书的编撰者现仍未有确切的考证结果。但《太公家教》的成书时间是可以大致确定的,因为唐人的一些撰述与文集中曾提及此书。李习之《答朱载言书》内载:"其理往往有是者,而辞章不能工者有之矣,刘氏《人物者》、王氏《中说》、俗传《太公家教》是也。"②其后,宋代王明清在《玉照新志》内又一次确认:"世传《太公家教》其书极浅陋鄙俚,然见之唐李习之《文集》。"③由此可以明确地断定,此书成书于唐朝后期。至于此书的原名,也是有争议的,但这些问题在此并不影响我们对唐代蒙学文本编撰理念的总体把握。在研究敦煌文化的现代参考文献中,《鸣沙石室佚书》收录的《太公家教》有五百八十句,共计两千六百

---

① 日那波利贞:《唐钞本〈杂抄〉考:唐代庶民教育史研究资料》,《唐代社会文化史研究》,东京创文社,1977,第255页。
② 郭绍虞主编:《中国历代文论选》,上海古籍出版社,1979,第165页。
③ 王重民:《敦煌古籍叙录》,中华书局,1979,第222页。

一十字。

《太公家教》主要为四字短句,如:"牛羊不圈,苦于狼虎;禾熟不收,苦于雀鼠。"其间也夹杂五字、六字与七字句,如"瓜田不整履,李下不整冠,圣君虽渴,不饮盗泉之水","忠臣无境外之交,弟子有束修之好"。作为唐代最为流行的一部蒙学作品,《太公家教》最显著的特点是语言风格的日常化、大众化,其用语通俗,一些语句与日常口语十分接近。从蒙学阶段的认知特点看,感性化、口语化的语言文本更适合这一时期的认知水平和能力,这大概是其在当时广为流行的一种原因。但凡事各有利弊,这种通俗语言与时代文风有很大区别,因而又在流传中颇受诟病。宋人严有翼在《艺苑雌黄》中论及杜荀鹤诗作之鄙劣时,以《太公家教》作为比照:"《唐风集》中诗极卑下,如云'要知前路事,不及在家时',又云'不觉裹头成大汉,初看骑马作儿童'之句,前辈方之《太公家教》。"①宋人张淏在《云谷杂记》中对杜荀鹤诗作的微词,也印证了后世对《太公家教》语言风格的看法:"其他往往伤于俚俗,前辈因之为《太公家教》,正以其语多鄙近也。"②《太公家教》宋代以后在中原地区已经亡佚,若从传播语言学的角度而言,归咎为"言之无文,行而不远",似乎也是其中一条自然而然的原因。

《太公家教》在推行社会教化与传统道德方面是十分明显的。虽然一些教化内容与品德训示在当今社会已失去时代意义,但这种借助俗言谚语的编撰形式在社会教养与道德训导方面的强大功用是不可忽视的。其中所采撷的一些俗谚至今仍脍炙人口,如"近朱者赤,近墨者黑;蓬生麻中,不扶自直","凡人不可貌相,海水不可斗量","得人一牛,还人一马,往而不来,非成礼也","香饵之下,必有悬钩之鱼;重赏之下,必有勇夫","积财千万,不如明解一经;良田千顷,不如薄艺随躯",等等。这些内容直白、形式简单的文本语言几乎完美地实现了编撰者所赋予其中的启蒙功能。

---

① 胡仔:《苕溪渔隐丛话后集》(卷十五),清乾隆刻本,第74页。
② 张淏:《云谷杂记》(卷二),清武英殿聚珍版,第18页。

此外，类似此类的蒙学篇目还有《新集严父教》《新集文词九经钞》等。《新集严父教》的语言编撰风格及社会功能与《太公家教》相近，所不同的是，《新集严父教》采用了口语化的歌诀体编撰方式。全篇形式简明，声韵清晰，语言通俗，喻理形象，如其内所言："家中所生男，常依严父教。养子切须教，逢人先作笑！礼大则须学，寻思也大好。"①《新集文词九经钞》也是敦煌遗书中的发现，巴黎藏有此书两卷。《新集文词九经钞》的作者不详，但其有明确的作者自序，自序中清楚地表明了此书的撰写目的："包括九经，罗含内外。通阐三史，是要无遗。今古参详，礼仪咸备。忠臣孝子，从此而生；节妇义夫，亦因此起。"②王重民在《敦煌古籍叙录》内对此书的评价是："杂辑九经诸子中佳言粹语，颇有助于修身，盖在《开蒙要训》之上，为入德之门也。卷内刘通、刘会之言，《九谏》《要决》文书，与古经史并引，而其人不见于正史，其书亦未见著录，则并当时社会上通行之童蒙书也。"③

其三是以典故韵语形式提供社会历史知识的蒙学文本编撰。唐代还盛行一种以隶事文风编撰而成的蒙学文本。"隶事"本是南朝齐梁时代文人的一种文字游戏，文人聚众邀请，比拼遣词造句与博引用典，后来演化为一种文风。这种隶事文风着重造语与用事，在字句上追求堆叠与对韵。如六朝时期的骈文，正是隶事文风发展的典型，它把上层社会中士族文人的审美趣味与骄奢心理表现得淋漓尽致。尽管这种奢靡文风在后来遭到了抵制，但其影响却是深远的。唐代一些蒙学文本的编撰即是一例，如《蒙求》《兔园策府》《蠃金》等篇目就是沿用隶事文风的一种做法，其内容多是将典故编成韵语，因而能够提供除基础识字之外的历史故事和典章文化的初步启蒙。以下以《蒙求》与《兔园策府》为代表篇目进行说明。

《蒙求》是盛唐至北宋最为通行的蒙学篇目，唐李翰编著，其成书时间被推

---

①向达：《唐代长安与西域文明》，生活·读书·新知三联书店，1957，第249页。
②王重民：《敦煌古籍叙录》，中华书局，1979，第214页。
③王重民：《敦煌古籍叙录》，中华书局，1979，第213-214页。

定在盛唐时期。① 敦煌研究院、法国国家图书馆、大英图书馆皆藏有其残卷,台北"故宫博物院"藏有其日抄本。《蒙求》在蒙学发展史上可称为上承《千字文》下启《三字经》的关键性篇目,从已考证出的传播范围看,该书不仅远播敦煌,也在唐时期传入日本,从皇室至民间,广为传抄诵读。其编撰理念对于唐代以后的蒙学文本发展与蒙学文化传播具有极大的影响。《蒙求》深受南朝以来流行的隶事文风影响,全书以四言韵语编撰而成,其篇幅不长,但内容丰富,句式多为主谓结构,每两句一组,逢偶句押韵,每八句换韵。如其文从"王戎简要,裴楷清通。孔明卧龙,吕望非熊。杨震关西,丁宽易东。谢安高洁,王导公忠"开始,直到文末的最后四句之前为止,"浩浩万古,不可备甄。芟繁撷华,尔曹勉旃"则是单独押韵的最后四句。除文末的四句之外,基本上每句都含有一个历史文化典故,如需引出同一历史事物的两个典故,就分别用典,但并不编在一处,如"张翰适意,陶潜归去"在前一处,"渊明把菊,真长望月"在后一处。《蒙求》全篇博引的典故达五百九十多个,在旁征博引中,编撰者将典故内容相近者排列类比,以达到赏善罚恶的教化效果。但凡事皆有利弊,这种处处引经据典的蒙学篇目在蒙学阶段是很难适应的,因此,在《蒙求》的一些版本中,这些用典之处都被一一做了注解,基本上是"每行注两句"②。如对书中内容"杨震关西,丁宽易东"的注解:"《后汉书》卷五四《杨震传》:杨震字伯起,弘农华阴人也……震少好学,受欧阳《尚书》于太常桓郁,明经博览,无不穷究。诸儒为之语曰:关西孔子杨伯起。《汉书·儒林传》:丁宽字子襄,梁人也。初,梁项生从田何受《易》,时宽为项生从者,读《易》精敏,才过项生,遂事何。学成,何谢宽。宽东归,何谓门人曰:《易》以东矣。"③ 如此一来,《蒙求》把基础识字、声韵启蒙和历史文化熏陶合二为一。《蒙学》的时代适应性正如唐杜荀鹤《赠李镡》诗中所描绘的一般:"地炉不暖柴枝湿,

---

① 参见李军:《〈蒙求〉作者李瀚生平事迹考实》,《敦煌学辑刊》2018年第3期,第176-186页。
② 王重民:《敦煌古籍叙录》,中华书局,1979,第207页。
③ 参见《文渊阁四库全书》第八九二册《子部·类书类》内(唐)李翰撰、(宋)徐子光补注:《蒙求集注》,上海古籍出版社,1987年影印版,第653页。

犹把《蒙求》授小儿"。所以,那种"遂举世诵之,以为发蒙之首"之类的评价在现今看来也是可以理解的。

在唐时期流行甚广的这类蒙学篇目还有《兔园策府》,现代学者考证其编撰者为唐代杜嗣先。① 这是一部文字尔雅且具隶事之风的用典蒙篇,内容包括自然名物、社会礼仪、历史文化、政事谈论等。全文以自问自对的形式展开,在问对中引经据史以训示"明德""亲民""至善"之类的传统理义。此书在唐代流行甚广,甚至远播域外,但南宋以后亡佚,其后虽有史志文献著录,但对此记载的事项不尽相同。至敦煌遗书面世之后,从中发现《兔园策府》残卷,经拼凑解读之后,大致可窥原书概貌。

在隶事文风的影响下,《兔园策府》在编撰方式上采取了四六骈体的语言,借问答形式,引经史为注,论古今事理。如在"均州壤"篇内的问对:"问:庶士交正,垂范前经,地利必分,腾规往训。由是张衡摛赋,辨沃堉于二京,裴秀制图,审高卑于六体。然则窊隆异等,劳逸不同,将均贡篚之差,寔在京坻之积……可否之理,应有令图,劝道之宜,咸敷厥旨。"然后紧接着是对上述提问的阐释:"对:窃闻人唯邦本,本固邦宁,务本必于安人,基邦在于弘众。譬潭深鱼集,林茂鸟归,山海不厌高深,家国必资于富实……"由这些问对条目的内容可以看出,无论是从文本的语言组织方面还是文化功能的实现方面,此书不仅显露了编撰者成熟的语言技巧,更指明了编撰者的蒙学理念,正如《兔园策府》的序言内所言:"求之者期于济时,言之者期于适务,使文不滞理,理必会文。"据此可知,编撰者在问对内容的时代性和适用性上提出明确的要求,即识时务实,且要照顾到语言的典范性,做到语言铺张、辞藻华丽、韵律苛刻。因而,在这种编撰理念下,此类蒙学篇目在体现社会历史文化教育内容的同时,也使得骈体文的奢靡风格尽显眼底。

其四是以诗歌形式提供诗性审美文化熏陶的蒙学文本编撰。唐代诗歌形式的蒙学作品在编撰方式上可区分为几种主要类型。其中一类是以培养语言修辞

---

① 参见周玉显:《敦煌古钞〈兔园策府〉考析》,《敦煌学辑刊》1994年第2期,第19页。

艺术与应对科举考试为目的的诗歌文本。从语言学的角度而言，汉语与世界其他语言相比较，在字形、字音与字义上是极富有诗意与想象的一种文字，而诗歌形式使汉语语言的艺术特征得以尽致施展，中国文化从始至终都无法与诗歌相分离，而唐人对语言艺术的兴趣以及对语言文化的贡献有目共见。从现实层面上看，唐代诗歌形式的蒙学编撰服务于一种实际的目的，即从这一时期开始，"以诗赋取士"取得了上层社会的认同，诗赋内容被纳入科举考试的范围。据《新唐书·选举志》记载，唐永隆二年（公元681年），考功员外郎刘思立奏请在科举考试的"进士科"中加试杂文（诗赋），因其认为，"明经多抄义条，进士惟诵旧策，皆无实才"，这一事件在历史上通常被认为是科举诗赋考试的开端。① 在唐代文化的特质和唐代社会的现实需要相结合的历史背景下，这类凸显语言艺术、服务于科举考试目的的蒙学诗歌文本应运而生，其中，《文场秀句》是较为流行的一篇。

虽然《文场秀句》今已亡佚，但关于此书的信息可见于多部古籍，如《新唐书·艺文四》《通志·艺文八》《明史·经籍志》等古代典籍中皆有王起作《文场秀句》事件的著录，在《旧唐书》一百一十四卷的列传部分，载有"为太子广《五运图》及《文场秀句》等献之"等内容。另外，在《宋志·艺文六》内，也著录有"《文场秀句》一卷"的字句，而在敦煌文献（P.2721号）《唐抄本杂抄》中，则有"《文场秀》孟宪子作"的记录。综上推测，《文场秀句》存在着著作同名而作者不同的情况。据现今学者考证，历史文献中记载的这种情形暗示了王起的《文场秀句》和孟宪子的《文场秀句》是两部不同的蒙书。② 不过，即使两部《文场秀句》在编撰内容上属于不同的作品，但二者在启蒙的功用上应该是一致的。

唐代诗歌形式编撰的蒙学作品中还有一类是属于历史文化组诗的性质，这

---

①参见许结:《制度下的赋学视域:论赋体文学古今演变的一条线索》,《南京大学学报(哲学人文社会科学版)》2006年第4期,第93页。
②参见李铭敬:《日本及敦煌文献中所见〈文场秀句〉一书的考察》,《文学遗产》2003年第2期,第68页。

类蒙学诗歌作品遵循一定的语言形式,兼具语言的艺术性与适用性,并能以简明易懂、节奏明快的语言介绍中国历史发展基本历程或历代重大史事。这类蒙学编撰的初衷是使蒙学阶段兼具获得传统历史文化知识与体验诗歌美学的目的,如晚唐时期胡曾的《咏史诗》,可视为这类蒙学篇目中的佳作。《咏史诗》今存三卷,每卷五十首,共收七言绝句一百五十首,诗内以历史性地名为题,以咏怀"古君臣争战、废兴尘迹"之内容。① 以《咏史诗·阿房宫》的撰述内容为例:"新建阿房壁未干,沛公兵已入长安。帝王苦竭生灵力,大业沙崩固不难。"在此,每首诗都涉及至少一个地理名词,讲述至少一段历史故事,同时还附带论证沧海沉浮的世事之理,由此构成一部了解中国名胜古迹与历史文化的大型人文地理史诗。其编撰理念正如《咏史诗》序中所言"夫诗者,盖美盛德之形容,刺衰政之荒怠",而诗歌语言可以说是达成这一目标的理想形式。

除此之外,唐代还盛行集结当代诗篇作为一种蒙学文本的情况,这类蒙学文本的编撰多撷取唐时期已经流行开来的那些诗歌名作。其中,白居易、元稹、杜牧等人的诗作常常是被采编的对象。这些诗歌作品一般都是文采精致、篇幅简短,偶尔也有篇幅较长的,如唐宣宗李忱悼念白居易的诗中所言:"童子解吟长恨曲,胡儿能唱琵琶篇。"《长恨歌》被编辑为唐代蒙学文本,已经与其篇幅的长短无关,而主要是由其在唐时期的流行程度和影响范围决定的。

(三)唐代蒙学文本撰述的文化效应与历史突破

唐代蒙学文本编撰是其时代的文化印记,这一文化印记不仅记录了唐人的生存理念,也无可置疑地展示了唐代社会的人文修养与精神气质。

首先,唐代蒙学文本编撰的内容包罗万象,编撰的形式精彩纷呈,编撰的技艺也更为成熟。唐代科举制度打破了以往门第阀阅的出身限制,使普通民众拥有了改变自身社会条件的机会,这在根本上激发了唐代蒙学文化的发展与繁荣。蒙学教育在唐代的普及相当广泛,从唐代蒙学文本的散播情况即可看出,唐代蒙学教育已不限于上层社会,普通百姓之家亦颇为流行,而且官学与私学并存不

---

① 傅璇琮主编:《唐才子传校笺(卷八)》,中华书局,1990,第482页。

悖。如唐玄宗开元二十六年（公元738年）赦"天下州县，每乡之内，各里置一学，仍择师资，令其教授"①，这是以官方的形式推进民间私学的一个佐证。②由此观之，私学遍布乡里的盛况是此前历史上所少有的，因而使更多的社会下层民众受益于私学的流行。正是在这种情况下，很多唐代蒙学文本的编撰更具民间色彩。从《兔园策府》《太公家教》《蒙求》到《文场秀句》《步星诗》，这种包罗万象的内容与精彩纷呈的形式为蒙学阶段的教育塑造了基本的知识视野与文化框架。同时，唐代蒙学文本编撰始终把识字功能视为蒙学的一个基本要点，因而，唐代蒙学文本能够把识字功能和韵对启蒙、德性训教、审美熏陶等功能融为一体，足以显示其编撰工作的机巧与成熟。如果再从唐代蒙学文本遗留下来的版本来看，其中抄本占有很大一部分。历史研究显示，刻本曾是中国古代历史后一千年最为流行的文献载体，尤其是在宋代以后，刻本形式的材料是文字流传的主要载体。而唐代蒙学文本存在大量的抄本形式，不仅足以显示唐代蒙学流行的盛况，同时也展示了规模化雕版印刷普及之前的蒙学文本实态，尤其是敦煌遗书内的蒙学文本抄本，其版本的存在形态更可以说明，即使远在边陲的敦煌，也仍然能够切实地执行帝国的蒙学理念，这在史学研究中具有非常重要的意义。

其次，唐代蒙学文本编撰注重社会伦理内容与责任导向效应。中国主流文化的核心内容是伦理文化，而非如西方文化的那种思辨式的宏大形而上学体系。③中国伦理文化的具体内容是关于个体、家庭与国家之行为责任与行为分寸的礼义文化，如《论语·里仁》曾子所言，"夫子之道，忠恕而已矣"。因而，唐代蒙学文本编撰也不例外，其中《太公家教》就是这类思想文化的典型，虽然其行文格调曾被一度视为"卑俗"，但其中讲述的仁义之道却是传统社会里无人能够否认的。唐代蒙学文本所贯彻社会伦理是以经史和诗文为载体的。采撷传统经史和诗文为内容是唐代蒙学文本编撰的一般做法，这种做法呼应了时代历史的要求，从《新唐书·选举志》的文献中可以非常清楚地理解这些情况："凡童子科，十岁以

---

① 王溥：《丛书集成初编：唐会要》（卷三十五），商务印书馆，1935，第634页。
② 参见朱利民、王尚林：《唐代私学考》，《人文杂志》1993年第3期，第91页。
③ 参见李泽厚：《中国哲学在某种意义上主要是伦理学》，《长江日报》2014年6月3日。

下能通一经及《孝经》《论语》，卷诵文十，通者予官；通七，予出身。"①另外，唐代蒙学文本编撰注重社会伦理内容与责任导向效应，这其中也存在上层政治因素的影响。例如，唐太宗曾命孔颖达等人撰写《五经正义》，其目的之一就是在蒙学阶段提供一种能为政治上层建筑服务的经典文化文本。

再次，唐代蒙学文本编撰照顾到诗意审美内容的启蒙，这为唐时期的浪漫主义文化嵌入了先遣性元素。唐代文化的诗性因素与审美气象是唐代文化的研究者有目共睹的，诗圣杜甫以现实主义风格写下的"三月三日天气新，长安水边多丽人"，就是唐人诗意审美的一个真实写照。这种诗意审美的语言并不是仅仅为了满足人们日常生活交流活动的需要，其实质上也是时代思潮的一种意向性体现。②不过，这种诗性因素与审美气象是嵌在传统思想之内的，即礼、美并举，义、美并举。唐人追求语言诗歌化、生活审美化，这与唐人诗歌现实化、审美生活化是一致的，是不同理解视角上的同一内容。而文字美、语言美是诗性审美的最基本的内容，唐代蒙学文本在实际编撰中也十分重视文字美与语言美这一基本要点。对于汉字而言，汉语语言文字的韵律在形式美方面最为鲜明，我们从唐代蒙学文本的编撰内容上可以发现，《蒙求》《兔园策府》《籯金》《文场秀句》《咏史诗》等比较流行的蒙学文本都几乎没有偏离这一特征。唐代诗歌既是唐人诗性意境的表达，也是时代审美理念的展示。唐人生活的全部，从个人的喜怒哀乐到国家兴衰存亡，唐代社会生活的情节无一不表现在这些绚烂迤逦的诗歌之中。因而，这些诗性审美观念不可避免地出现在诸多蒙学篇目之中，这类蒙学篇目在事实上为蒙学认知阶段的世界观提供了诗意的轮廓，为走向成长的人生激发审美的情致，从而在个体的蒙学时期就为唐文化的伟大与浪漫注入了诗性审美的先机。当然，仅仅停留在语言形式上的审美趣味是不足的，唐人也并没有停留在泛滥的形式主义美学之内，所以，在唐代文化发展的脉络中又可以见到一种反对形式主义美学的文风、文体、文学的语言革新，如陈子

---

① 欧阳修、宋祁撰：《新唐书》（卷四十四），中华书局，1975，第1162页。
② 参见王红孝：《心智哲学视域下语义范畴构建的意向性分析》，《长安大学学报（社会科学版）》2020年第11期，第113页。

昂提倡的"英声朗练、骨气端翔"的改革理念,①这可以视为唐人对传统语言美的重新定义,也可以视为唐人对传统审美文化的历史性推进。

繁盛的唐代文化是奠定唐代伟大历史的重要基石,唐代历史的开放性与兼容性及其丰富的浪漫主义元素,不仅表现在唐代高度发达的政治经济交往的社会实践之中,也深刻地表现在唐人对现实世界与想象空间的融合贯通、对世俗生活与诗性审美的兼收并蓄中。而唐人于蒙学阶段所获得的精神气质与生活理念,是蕴生唐代社会勃勃生机与深沉美感的一个重要因素,从而最终凝为唐代社会历史文化的伟大与恢宏。

第二节
历史叙事多元话语与历史共同体展望

后历史时代是一个多元话语流行的时代,但它在思想实质上与后现代主义息息相关,后历史时代是后现代主义的思想投射,使历史研究显示无处不存的后现代性特质。不过,就其概念的文化发展渊源而言,"后现代"(postmodern)一词早先出现于《1882—1923年西班牙、拉美诗选》中,其原意是指代现代主义内部的"逆动"。②后现代主义以反理性主义为标榜,在向现代主义观念发起颠覆性的进攻中影响深远,由建筑、绘画、诗歌、文学领域波及现代社会生活的方方面面,而历史领域受其波及较晚,然而影响最深。所以,后历史时代就是对后现代境遇下历史研究状况的描述,后历史时代的思维特征表现为对传统历史观念的"逆动",是对本质主义的激烈反叛,是对唯一视角、二元模式、单面历史的思维的强烈抵制。当然,后历史时代给历史研究留下的问题与后现代主义

---

①陈子昂:《陈子昂集》,中华书局,1996,第154页。
②王治河:《后现代主义辞典》,中央编译出版社,2004,第9页。

问题具有类似的同质性，这是当代历史理论与实践所面临的一个亟须解决的问题，也是当代建构历史共同体任务中的一个现实的挑战。

一、历史叙事的后现代境遇

从十九世纪末期开始，哲学思潮的演变对历史研究的影响比从前更为密切，由哲学领域开启的本体论、认识论与方法论的思维被迅速地移植到历史领域，从而引起对传统历史观念与叙事模式的质疑，启蒙以来的理性主义理想及其所确立的历史乐观主义模式不再被信任。由现代思潮以及其逻辑惯性引发的后现代主义径直发动对历史认识客观性和历史元叙事观念的攻击，而当二十世纪六七十年代历史研究的语言学转向出现的时候，传统历史叙事观念被彻底颠覆，历史理性被连根拔除，传统历史研究中的概念、术语、方法、价值与意义等都需要全盘推倒重来，甚至历史学作为一门学术研究的学科身份也需要重新讨论。

然而，在实际的史学撰述工作中，历史撰述者似乎对思想领域的这些巨大变更并不十分介意，至少是在他们从事文本撰述工作的时候，他们并不因此而感到难以为继。相反，好像什么事情都没有发生，他们仍然按照自己熟悉的方式继续自己的撰述工作。比如，实际的史学撰述工作并没有因为后现代主义对大叙事的批评而完全回避使用传统叙事的结构，并没有因为对文本语言形式的批评而回避对历史事件使用描述性语言。他们认为，虽然历史理性与史学理性在理想层次上应该是平行的、呼应的、统一的，历史理性可以在逻辑批判下来澄清，但历史理性的确立却需要通过史学理性付诸实践工作来确立，即历史理性的建构绝不能是一个纯粹的理论问题，而需要通过历史叙事过程来建构，史学撰述的具体工作是实现历史理性建构的现实途径。虽然历史叙事过程中包含叙事主体的文化要素与意识形态，而只有通过叙事实践才能澄清这些主体因素。所以，实际的历史撰述工作并没有因为历史思想批判而停下来，而是通过实际的历史撰述工作来推进历史思想批判任务。否则，如果仅仅止步于思想的纷争中，任何实际问题也只能同时止步。

因而，从事史学实践的史学家并不激烈地反对后现代方式的批评，有些批评在史学实践中还颇受认可。如福柯、金兹伯格等后现代主义在历史领域的思想批判就是如此,虽然这种后现代风格并未被史学撰述者直接采纳并应用到历史撰述实践中,但他们也并不强烈反对这种意见。究其原因,后现代主义对历史观念的批评意见并非曲意逢迎,他们对诸如"疯癫""疾病""身体""习惯"等历史微观细节的探索,确实是传统史学所忽略的内容,正是后现代主义的使用剑走偏锋式的提示,才让人们有豁然开朗之感,这无疑拓宽了现代历史研究的视野。虽然后现代主义的逻辑结果是沉重的,这种彻底的"逆动"不仅怀疑与否定作为历史认知的历史学,也指向历史本身,最终导致在本体论与认识论上的双重否定,导致历史理性与史学理性的双重坍塌。

追本溯源,西方世界进入现代进程之后,现代精神并没有沿着启蒙时期当初设想的那个方案来发展,现代精神的批判性虽然光芒夺目,但其在建设性方面却寥寥无几,这不能不导致西方人精神世界的困顿与生活世界的迷茫。尤其是在两次世界大战之后,西方文化丧失了唯我独尊的优先地位,对西方文明的悲观主义渐渐成为现代社会生存中的普遍情绪,这在历史领域的表现更是如此。利奥塔旗帜鲜明地向"宏大叙事"发起挑战,基思·詹金斯要求摒弃"大写的历史",德里达、拉康、博德里亚和罗蒂等后现代理论家也在此类思想运动中推波助澜。而一种从历史文本分析开始的语言解析思潮,以釜底抽薪式的最后一击,直接打翻了从前历史理解的概念、术语、方法、价值与意义系统。如巴尔特、福柯、海登·怀特、安克斯密特、比克霍福和拉卡普拉等人,都是这一运动的出色推动者,其中,以海登·怀特的后现代历史叙事学理论的影响最为深远。以《元史学:十九世纪欧洲的历史想象》为标志,"他们通过消解语言透明性的元叙事从而颠覆了以具体历史事件描述为主的学院派小写的历史"[1]。

在弗朗索瓦·利奥塔看来,面临着传统观念全面崩塌的后工业社会中,驱动生产力和经济因素的知识逐渐被商品化,知识生产的目的不过是为了交换和买卖,知识消费不过是为了进行新的生产,人们关心的不再是知识的真实性,而是

---

[1] 参见董立河:《后现代主义之后的历史理性与史学实践》,《历史研究》2013年第5期,第45页。

其有用性。对于利奥塔而言,他并不认同这种功利标准的合法性,因为如果以此作为历史学合法性的标准,历史学必将被实用性替代,成为交换与消费的一个无足轻重的环节。但他同时也拒绝回到大叙事的位置,因为那已经不适合当代人在心理上能够准备接受的模式,当代历史理论与实践不再能接受那种"逻辑倒错"[①]。所以,历史一旦放弃了宏大叙事的追求,分崩离析的结果将是必然的,宏大叙事的确具有非历史的建构性和先验性,但它们却是我们观察和认识世界不可剔除的理论前提。对于当前情况而言,这并不意味着我们必须重复从前的那种宏大叙事的方式,而是要直面当代史学实践所面对的新环境与新问题。

而关于结构、语言与阐释的新思想更是加深了传统历史观念中"逻辑倒错"的印象。后现代主义将语言带入历史研究的思想脉络也非常清晰,在现代语境中,语言通常被视为一种借助概念反映实在的透明之镜或者传达意义的中性载体,也能够准确地将非语言实在中固有的意义和秩序描述出来。但"逆动"潮流下的结构主义语言分析却对语言的传统理解提出了质疑,诉诸结构主义模式对语言进行解构性分析之后,语言便成为一个封闭的自主体系,它非但不是意义的有效载体,意义反倒成为它的一种功能。后现代历史理论就是从这种结构主义语言学中找到了解构历史的思想工具。所以,在新叙事主义观念下,叙事不仅是历史学的手段,也是历史学本身。历史撰述的文本修辞风格和所借助的情节化模式是撰述者整合历史材料、创造历史事实、赋予历史意义、传达历史理解的必要手段。历史撰述所采取的文本形式和文本表达内容息息相关,形式本身就蕴涵了内容,脱离形式也就无有意义的内容,如海登·怀特的《形式与内容》一书就是对这类观点的特别阐释。

后现代历史叙事学理念给传统历史研究领域带来的震撼非同小可,以致当代历史研究不能再按照从前的方式按部就班或掩耳盗铃,而必须去直面这些历史理论与实践中出现的实实在在的问题。比如,新叙事主义对叙事功能的强调,不仅使当代历史研究对历史学的艺术层面有了前所未有的重视,也提醒人们

[①] J. F. Lyotard, The Postmodern Condition, University of Minnesota Press,1984:60 - 67.

是否有必要回视诗性历史源头的意义,重新理解历史文本中文、史、哲一统的圆融理念。而这种叙事类型的历史文本作品在现实中被证明依然颇受欢迎,勒华拉杜里的《蒙塔尤》、金兹堡的《奶酪与虫》、戴维斯的《马丁·古赫的归来》等,都是回应当代历史理论与实践的新型历史叙事文本。另外,后现代主义思潮迫使当代历史理论与实践在策略上发生变化,使历史叙事实践被视为建构当代新历史理性的一条务实途径,并且叙事的语言风格和情节化模式亦被日益重视。当代史学撰述可以借助"大数据""人工智能"等现代科学技术手段使叙事内容更加精密化,虽然无法直接在具体的有限文本中建构历史理性系统,但一定范型的文本积累可以完成传递历史特定信息的任务,成功的文本形式编排与情节化策划可以助推这一任务的顺利进展,当叙事的合理性被接受、"历史叙事何以可能"不再是一个问题的时候,"历史何以可能"的本体问题与认识论便可以由此获得坚实的实践层面支撑。

二、叙事策略的多元化趋势

现代思想的多元性与社会发展的多样性注定了历史叙事的复杂性,在传统宏大叙事被拒斥之后,如何通过"再叙事"的策略重新确立新的历史话语便成为当前研究的热点。若从叙事实践层面来观察便可发现,历史叙事主体不再采用唯一的视角,而是诉诸多样的对话模式,以此谋求尽可能拓展历史的叙事视野,历史研究正在试图跨越学科间的壁垒而显示与其他学科相互融通的趋势,因而那些从语言学、文化学、人类学甚至是生物学的角度进行历史叙事的尝试日渐流行,而非如从前一般被视为异见。

比如,人类学中有关"移情"与"田野作业"的方法,被历史研究认为是可以提供重要立场与方法论意义上的借鉴。人类学旨在从生物和文化等角度对人类群体进行比较研究,是一门研究人及人的文化在不同水平线上发展的学科。[1] 人类学家罗德尼·尼达姆曾指出:"人类学领域可能很快就会重新分配到多个邻

---

[1] 参见吴文藻:《文化人类学》,《吴文藻人类学社会学研究文集》,民族出版社,1990,第 122-123 页。

近学科中去。"①在人类学诸多分支中,与历史学内涵最为接近的是文化人类学。按照美国人类学家南达的说法,文化人类学是以人类群体间的共性和相异性为研究对象并加以描述、分析、解释的独立学科。人类学家的兴趣在于社会群体的特点,而不是某种畸形的现象或个人的独特性。因此,在研究人类进化时,人类学家把注意力集中在群体差异上,而不甚关注个体的不同。这种文化人类学的研究方式与历史研究领域有很多相通之处,作为一门社会科学,它也可视其为一门具有广泛性和综合性的史学。与史学学科不同的是,一般史学只是研究具体国家、地区或民族的物质及精神生活的发展演变,主要限于有文字以来的人类活动,而文化人类学则是研究世界历史上所有民族、人种(包括已灭绝和未灭绝)的历史和文化的学科。②

很多人类学方法本身也是人文学科壁垒融合的结果,如人类学当初是从心理学中借取"移情"的观念,又参照语言学中将研究者作为"参与者"的主位角色给予肯定,这种对研究立场的系统意识对于历史研究颇具启发意义。因为"参与者"导向的主位描述法的应用,相对于研究对象,研究者本来是外来者,现在却要反客为主,实现角色上的转换。在这种研究模式中,其研究对象与历史叙事的结构形式具有一致性,很容易对史学实践工作产生实际的影响。陈寅恪先生在史学研究中曾强调对历史事件和人物坚持"了解之同情",要求研究者"神游冥想,与立说之古人处于同一境界"③,就是对这种方法论的伸张。在此,"处于同一境界"的视角虽然具有一定形而上学的韵味,但这和庄子与惠施讨论的"子非鱼安知鱼之乐"相比,显然更具有一定现实性。这一境界不仅是打破叙事者自身偏见的出路,也是对种种文化中心主义的纠偏,是摆脱现代宗教、法律观念和意识形态束缚的可能路径。④

---

① 詹姆斯·克利德福:《写文化:民族志的诗学与政治》,高丙中等译,商务印书馆,2006,第33页。
② S·南达:《文化人类学》,刘燕鸣、韩养民编译,陕西人民教育出版社,1987,第1-3页。
③ 陈寅恪:《冯友兰〈中国哲学史〉上册审查报告》,《金明馆丛稿二编》,上海古籍出版社,1980,第234页。
④ 参见乔健:《漂泊中的永恒》,山东画报出版社,1999,第35页。

再如，"田野作业"的方法对历史研究同样行之有效。人类学方法将基于田野调查视为一种"经验"性质的书写，"它与实证主义者的社会科学方法论形成鲜明对照"①，而当代历史叙事对口述历史的热衷极富"田野作业"氛围。"口述历史"这个术语最初是由美国人乔·古尔德于二十世纪中期提出，之后被美国现代口述史学的奠基人、哥伦比亚大学的阿兰·内文斯教授加以运用并推广。"口述历史"一词的英文表述是"Oral History"，其字面意义就已经揭示了这种方法论的根本特征，从词源上看，"Oral"（语言的、有声的）一词与"dialogue"（对话）一词在意义上是贯通的，这种词源学上的联通立刻彰显出方法论上的合理之处："dialogue"（对话）一词就是"dialectics"（辩证法）一词的词源，因此，口述历史在方法论上不仅接近理性之矩，更接近感性生活世界细枝末节的内容，口述历史实践通过"调查"的方式完成叙事的过程，而这种"田野作业"方式不仅限于历史当事人言说的内容，也记录了当事人言说历史的情绪、心理、语气，甚至记录了当事人的身体状况等历史性元素，这种历史叙事可以切入从前不能切入的视角，捕捉到从前不能捕捉的内容。

顺便提及一下，当下学术界有一种较为流行的风尚，那就是一些研究者对"身体"的关注热度异乎寻常。历史叙事也不例外，一种以"现在时"方式的历史书写重新回到了人们的视野。"现在时"的书写方式，原本指的是那种认为历史书写应该是对当代史书写的修昔底德之风，这对那些认为历史书写只能是"过去时"的人是接受不了的。然而，"现在时"方式的历史书写不仅堂而皇之地回归到当前的历史撰述实践中，甚至在现代传播方式下"成了大众媒介的产品"②。这在一定意义上又一次地使历史之父希罗多德的"历史"原意如魔法一般重新展现，使作为身体的眼睛与耳朵在"现在时"方式下，重新担当见证的角色——当初，希罗多德对其"历史"内涵的界定本就是"讲述""描写""问询""言谈""见证"之意。

---

① 马尔库斯、费彻尔：《作为文化批评的人类学：一个人文学科的实验时代》，生活·读书·新知三联书店，1998，第43页。
② 弗朗索瓦：《希罗多德的镜子》，闫素伟译，中信出版集团，2020，第278页。

这些依托不同文化语境类别的研究方法与研究视角，试图建立一部"大历史"的尝试至今仍在探索中。这种"大历史"的尝试，不再是传统"大写历史"类型的复制。当代历史叙事内的"大历史"只是意味着一种世界历史的愿景，一种期望尽可能说服所有人且囊括历史全部内容，至少是涵盖历史重要结构的历史叙事方式，正如伊格纳西奥·奥拉巴利在他的《新"新历史"：一种持久的结构》一书中所认为的一样，在当今世界各种文化相互融合的新形势下，"如果没有一种对过去的全球式解释，用以理解现在和指引未来的道路，世界人民就无法生存"[①]。因此可以理解，对于伊格纳西奥而言，当代下的新历史理性的建构，就是这种持久结构的核心与基础，匮乏这样的思想文化地基，就无法在新历史条件下形成符合生活秩序与生命伦理的社会结构，这是当今时代历史叙事的发展趋势之一，也是当前历史理性构建任务中的首要命题。[②]如《中国大历史》《大历史：虚万物与万物之间》《极简人类史：宇宙大爆炸到21世纪》《人类简史·从动物到上帝》《采集者·农夫·大工业时代》等最新历史叙事文本都是呼应这一时代任务的典型且流行之作。

三、基于历史共同体建构目标的叙事理念与实践探索

历史叙事的种种窘境迫使当代历史研究面向传统资源寻求经验与灵感，一种要求回归"本来意义上的历史学"的呼声似乎值得同情。因为在当代解构主

---

① 奥拉巴利:《新"新历史"：一种持久的结构》,《历史与理论》1995年第1期,第28页。
② 参见伊格纳西奥·奥拉巴利论文"新'新历史'：一种持久的结构"摘要部分：Historians of historiography have paid more attention to differences and innovations than to similarities and constants. This article investigates the importance of "longue durée structures". in nineteenth-and twentieth-century historiography. The first part shows the extent of the common philosophical ideas shared by the "new histories" on the rise from the 1920s to the 1970s: the Annales school, Marxist historiography, the American social science historians, the Past and Present group, and the "Bielefeld school". It suggests continuity between German Historismus and these "new histories". From the postmodern point of view, all "new histories" are also "modern histories", since the 1970s various types of history have come to be regarded as postmodern and, therefore, radically different. The second part of the article brings to light major continuities running from modern to postmodern thought, from the "new histories" to the "new new Histories". The article ends with some ideas on how to "reconstruct" a plural historiographical community.

义思潮下，历史理解的现行方式已经无以为继，这使得回归"本来意义上的历史学"意见至少在心理上显得较为自然。然而，只需稍作思考就会发现，要么顺从西方思想情节而认定希罗多德对历史的理解与界定就是所谓的"本来意义上的历史学"，要么"本来意义上的历史学"就根本不存在。如果"本来意义上的历史学"只在特定的意义上被视为与希罗多德相关，而希罗多德的意见又只能属于他的那个时代，那么，当代历史叙事实践所呼吁的"叙事回归"究竟何以可能？

若从史学发展的实践层面追溯，把"本来意义上的历史学"界定在希罗多德那里必然是矛盾的。首先，"历史及其书写并不是开始于希腊"[1]，在世界范围内，史学实践源远流长。另外，世界史学实践的丰富内容也超出了这种仅仅界定为希罗多德意义上"本来意义上的历史学"的内涵，如中国史学从发展到繁荣的漫长历史中，从未脱离生存世界的内容，更源于对叙事实践与现实关系的专注，史学在中国传统文化系统中的地位从未被撼动，历史叙事的意义也从来没有被怀疑，这些内容显然都超出了"本来意义上的历史学"内涵。而反观从希罗多德出发的西方史学发展道路，自希腊时代始，"逻各斯中心主义"的思想特质一直迫使其史学理论趋向一种形而上学逻辑，并不断要求对史学实践诉诸思辨的方式。虽然这并不是希罗多德所导致的必然结果，但当希罗多德把他自己的这份工作理解为"historia"（其希腊文的最初含义指的是"见证""调查""讲述""言谈""问询"等）的时候，他自己的历史书写工作也不得不服从于这样的理念："这就是哈利卡纳苏斯的希罗多德或者图里奥姆的希罗多德对调查结果所作的介绍——以便一方面由人导致产生的事件不至于被时间湮灭，另一方面，使希腊人和蛮族人所做出的伟大而令人敬佩的行动不至于丧失其名望——尤其是对他们战争原因的调查，学者说，腓尼基人是争执的原因……"[2]这完全也可以理解为，希罗多德被自己的意见所束缚，他对自己所做的这项工作并不是坦然而

---

[1] 弗朗索瓦：《希罗多德的镜子》，闫素伟译，中信出版社，2020，第13页。
[2] 希罗多德：《历史》，王以铸译，商务印书馆，1997，第9页。

自信的。

因而,"叙事回归"真正的旨趣不在于回归到从前的某一个地方,而在于对理论问题的检视,并通过再思考环节寻求解决当下问题的出口。史学实践领域出现的这种现象并不陌生,整个人类文化系统的发展与更新都存在类似的路径与逻辑,"它不断地回到它自己选择的一些文本上来,而文化就是由这些文本组成的,它不断地反复思考这些文本,哪怕是第一次阅读,也会有似曾相识的感觉。不管它因研究这种状况感到高兴,还是抱怨,不管它为这些文本涂脂抹粉,还是厌弃它们,文化似乎就是由这些文本的一根根线索编织起来的,极而言之,文化仿佛是被文本熟记于心的"[1]。由此,对原文本的不断解读所形成的文本与原文本一起构成理解文本讨论主题的全部文化。在此意义上而言,重新理解希罗多德对当代史学实践路线与叙事策略选择依然十分必要。但复制希罗多德的叙事模式已显然行不通。在这个意义上,希罗多德是幸运的,我们是不幸的——希罗多德可以天马行空地对待历史叙事,我们却不能像他那样,而必须谨守可共享的历史共同话语应该基于与时代平行的历史理性之上。

传统资源与历史经验可以为我们传递灵感,但我们并不能简单地复制历史经验,也不能轻易否定思想批判的历史成果,否则我们可以选择的余地将非常有限。在世界一体化的现代进程中,现代性症候成为一种全球现象,从前的历史观念加速消失,既定的身份认同混乱,而资本与文化的合流,更加促进了精神世界的混乱,引发生活世界更为普遍的焦虑感与安全危机。能够托付生命之重的时代历史观念的匮乏成为这种焦虑与危机的一部分。对此,伊格尔斯指出:"进步思想已让位于悲观的幻觉,这种幻觉就是在现代技术社会内部产生了自我毁灭的力量……现在都认为:历史没有意义也没有结构,现在更重视历史中的间断和破裂。"[2]有鉴于此,在传统历史理性根基性倾覆的后形而上学时代,新历史理性建构不是一项即刻能够完成的任务,而是一项持久思考与执行的使命,此

---

[1] 弗朗索瓦:《希罗多德的镜子》,闫素伟译,中信出版社,2020,第13页。
[2] 伊格尔斯:《历史研究国际手册》,陈海宏等译,华夏出版社,1989,第7页。

项工作在一定意义上乃是人类必须一直维护与建构的生存之本。这也是纳西奥·奥拉巴利在其论作《新"新历史":一种持久的结构》中所表达的主要观点,而后现代思潮中所流行的那种"我们已经来到了现代性实验的终点"①的哀叹,肯定是为时过早。

后现代主义对传统历史观念的反叛的确具有极端之处,但也并不是一无是处,虽然其批判理论并未即刻给生活世界勾勒出如传统宏大叙事所呈现的那种连贯性,但至少导致今天的人们能够对历史叙事保持一种开放的态度。在这种开放的态度下,人们对于类似"History: Hi, story!"之思想风格的讨论,不至于再在顷刻之间怛然失色。后现代批判的确给叙事理论带来困扰,但同样也给历史叙事带来更广阔的历史视野。虽然没有人会认真地认同海登·怀特的历史叙事本质就是"虚构"的结论,但海登·怀特所揭示的问题却是实实在在的,没有人否认这些历史问题都是无意义的假问题。新的历史思维必须基于对这类问题的回应之上,比如,历史叙事的"真实性"在哪里?如果不能复原一个"真实性",那么历史叙事将是"无根的";而如果历史叙事是"无根的",那么作为本体的历史就难以在无效的历史叙事中确立。在此,问题与出路并立,机遇与挑战共存,这就是当代环境下历史共同话语建构的实际氛围。

虽然迄今为止并没有谁以海登·怀特期望的方式真正回应海登·怀特的问题,但当代历史叙事实践仍然无法直接从海登·怀特的理论中引路前行。而没有能够真正回应海登·怀特问题的那些人不断地提醒人们,像海登·怀特那样的大多数后现代理论家都不是真正的历史学家,他们从来没有认真地从事过具体的历史叙事工作,至少是没有产出具有影响力的历史撰述作品。如果可以从这个方面来理解,情况也的确如此,他们的话语内容几乎都是在现代西方思潮影响下,将语言哲学、结构主义、解释学等理论嫁接到历史研究领域而已,无论是海登·怀特、利奥塔还是福柯,都是"一个令人无从捉摸的人物,一个非历史的

---

①彭刚:《后现代史学理论读本》,北京大学出版社,2016,第217页。

历史家"①。福柯自己在一次访谈中也曾如此说:"我承认这一点,我在《事物的秩序》《癫狂与文明》甚至在《监禁与惩罚》中所作的哲学研究,都是建立在对某些哲学词汇、游戏和经验的基础上的。"②因此,从西方历史研究的问题域看,我们似乎重新来到了西方启蒙时代曾经面临过的任务——历史理性再批判。当然,在构建当代新历史理性的过程中,由于话语权的历史倾斜,西方的思想成果往往被人们理所当然地视为指导理论研究的圭臬,鉴于此,在当代历史叙事实践探索中,中国传统历史思想与叙事理念也应给予充分的探究与汲取。

总之,传统形而上学的倾覆使"一切等级的和固定的东西都烟消云散了"③,那种从永恒本质出发实现世界统一的愿望也随之化为乌有,唯我独尊的思想垄断被多样化与民主化所取代已成为不可回避的历史潮流。由此而来的思想与现实关系的根本颠倒与其说是使人们随之陷入一种新的境况,毋宁说是使时代由此面临一项新的任务。在这个力图克服本质主义的后形而上学时代,如何实现这些多元理论之间的协同、如何实现人与人之间既彼此平等又互有差异的和谐共存,成为解决现代性问题的一个基本共识。而对于历史研究而言,建立在共通历史叙事逻辑基础上的历史共同体话语探索就是解除当下历史理性危机、克服历史虚无主义的一条较为现实的路径。当代人生存的现实与生活于其中的历史传统、思想观念和价值形态的多元性,决定了未来的人类历史发展道路上"不仅需要摈弃狭隘的思想观念偏见基础上一致性的'理论共识',同时更需要普遍理性意义上的'文化共识'和'价值共识',只有多方面共识的同时达成,在特定理论指导下的实践才是可能的、现实的"④。建构能够整合历史理性、凝聚共同价值的历史共同话语体系当然需要面向传统资源寻求经验与灵感,但这种面向不可能是原路回归。这就类似于在借鉴希罗多德或海登·怀特的问

---

① 布莱恩·雷诺:《福柯十讲》,韩泰伦编译,大众文艺出版社,2004,第6页。
② 米歇尔·福柯:《权力的眼睛——福柯访谈录》,严锋译,上海人民出版社,1977,第180页。
③ 中央编译局:《马克思恩格斯文集》第7卷,人民出版社,2009,第34页。
④ 袁祖社:《共同体本位的生存信念与人类整体性福祉最大化的价值诉求》,《山西师大学报(社会科学版)》2022年第4期。

题上,我们并非能复制他们的道路。因为在海登·怀特那里,尽管他所提出的问题并没有得到后来者全面的回应,但无论如何,后现代的解构主义方式只能导致历史叙事成为语言的囚徒,一个困顿而无奈的囚徒;而在希罗多德那里,"本来意义上的历史学"只能属于希罗多德和他的时代,这是希罗多德的梦,一个遥远而意味深长的梦。

参考文献

[1] 中共中央马克思恩格斯列宁斯大林著作编译局.马克思恩格斯全集：第1、2、4、5、6、9、12、19、20卷[M].北京：人民出版社，2016.

[2] 中共中央马克思恩格斯列宁斯大林著作编译局.马克思恩格斯文集：第1、2、3、4、7、8卷[M].北京：人民出版社，2009.

[3] 中共中央马克思恩格斯列宁斯大林著作编译局.马克思恩格斯选集：第1、2、3、4卷[M].北京：人民出版社，2012.

[4]（英）约翰·布罗.历史的历史：从远古到20世纪的历史书写[M].桂林：广西师范大学出版社，2012.

[5]（英）柯林武德.历史的观念[M].何兆武，译.北京：中国社会科学出版社，1986.

[6]（英）沃尔什.历史哲学——导论[M].何兆武，张文杰，译.桂林：广西师范大学出版社，2001.

[7]（英）威廉·德雷.历史哲学[M].王炜，尚新建，译.北京：生活·读书·新知三联书店，1988.

[8]（英）罗素.论历史［M］.何兆武,肖巍,张文杰,译.桂林:广西师范大学出版社,2001.

[9]（德）黑格尔.历史哲学［M］.王造时,译.北京:生活·读书·新知三联书店,1956.

[10]（德）黑格尔.哲学史讲演录 第一卷.贺麟,译.北京:生活·读书·新知三联书店,1950.

[11]（德）黑格尔.法哲学原理［M］.范扬,张企泰,译.北京,商务印书馆,1961.

[12]（美）海登·怀特.元史学:十九世纪欧洲的历史想象［M］.陈新,译.南京:译林出版社,2004.

[13]（美）海登·怀特.后现代历史叙事学［M］.陈永国,张万娟,译.北京:中国社会科学出版社,2003.

[14]（美）海登·怀特.形式的内容:叙事话语与历史再现［M］.北京:文津出版社,2005.

[15]（美）詹姆斯·克利德福.写文化:民族志的诗学与政治［M］.高丙中,等,译.北京:商务印书馆,2006.

[16]（法）乔治·维加埃罗.身体的历史（卷一）［M］.张竝,赵济鸿,译.上海:华东师范大学出版社,2019.

[17]（法）马克·布洛赫.历史学家的技艺［M］.张和声,程郁,译.上海:上海社会科学院出版社,1992.

[18]（美）大卫·克里斯蒂安.极简人类史:从宇宙大爆炸到21世纪［M］.王睿,译.上海:中信出版社,2016.

[19]（美）唐纳德·R·凯利.多面的历史［M］.陈恒,宋立宏,译.北京:生活·读书·新知三联书店,2003.

[20]（意）克罗齐.历史学的理论和实际［M］.付任敢,译.北京:商务印书馆,1982.

[21]（法）雷蒙·阿隆.论治史［M］.冯学俊,译.北京:生活·读书·新

知三联书店, 2003.

［22］（英）帕特里克·加登纳.历史解释的性质［M］.江怡, 译.北京: 文津出版社, 2005.

［23］（英）迈克尔·奥克肖特.经验及其模式［M］.吴玉军, 译.北京: 文津出版社, 2005.

［24］（法）雷蒙·阿隆.知识分子的鸦片［M］.吕一民, 顾杭, 译.南京: 译林出版社, 2005.

［25］（英）斯图亚特·西姆.德里达与历史的终结［M］.王昆, 译.北京: 北京大学出版社, 2005.

［26］（英）凯文·奥顿奈尔.黄昏后的契机: 后现代主义［M］.王萍丽, 译.北京: 北京大学出版社, 2004.

［27］（英）凯文·奥顿奈尔.从神创到虚拟: 观念的历史［M］.宋作艳, 胡斌, 译.北京: 北京大学出版社, 2004.

［28］（英）麦瑞尔·戴维斯.达尔文与基要主义［M］.张增一, 译.北京: 北京大学出版社, 2005.

［29］（俄）别尔嘉耶夫.历史意义［M］.张雅平, 译.上海: 学林出版社, 2002.

［30］（美）弗兰西斯·福山.历史的终结及最后之人［M］.北京: 中国社会科学出版社, 2003.

［31］（德）尼采.历史的用途与滥用［M］.陈涛, 周辉明, 等, 译.上海: 上海人民出版社, 2000.

［32］（德）布莱恩·雷诺.福柯十讲［M］.韩泰伦, 编译.上海: 大众文艺出版社, 2004.

［33］（英）波普尔.科学知识进化论［M］.纪树立, 编译.北京: 生活·读书·新知三联书店, 1987.

［34］（英）波普尔.历史决定论的贫困［M］.杜汝楫, 邱仁宗, 译.上海: 上海人民出版社, 2022.

［35］（英）波普尔.客观知识———一个进化论的研究［M］.舒炜光,卓如飞,周柏乔,曾聪明,等,译.上海：上海译文出版社,2001.

［36］（德）李凯尔特.文化科学和自然科学［M］.徐纪亮,译.北京：商务印书馆,1986.

［37］（英）汤因比,等.历史的话语［M］.张文杰,主编.桂林：广西师范大学出版社,2002.

［38］（德）狄尔泰.人文科学导论［M］.赵稀方,译.北京：华夏出版社,2004.

［39］（美）乔伊斯·阿普尔比.历史的真相［M］.北京：中央编译出版社,1999.

［40］（德）卡西尔.人论［M］.甘阳,译.上海：上海译文出版社,2003.

［41］（古希腊）希罗多德.历史［M］.王以铸,译.北京：商务出版社,1985.

［42］（美）海德格尔.存在与时间［M］.陈嘉映,王庆节,译.北京：生活·读书·新知三联书店,1987.

［43］（英）格鲁内尔.历史哲学——批判的论文［M］.安希梦,译.桂林：广西师范大学出版社,2003.

［44］（法）米歇尔·福柯.福柯集［M］.杜小真,译.上海：远东出版社,1998.

［45］（法）米歇尔·福柯.权力的眼睛——福柯访谈录［M］.严锋,译.上海：上海人民出版社,1977.

［46］（德）威廉·狄尔泰.历史的意义［M］.艾彦,逸飞,译.北京：中国城市出版社,2010.

［47］（英）特里·伊格尔顿.后现代主义的幻象［M］.华明,译.北京：商务印书馆,2002.

［48］（美）格奥尔格·伊格尔斯.二十世纪的历史学——从科学的客观性到后现代的挑战［M］.何兆武,译.沈阳：辽宁教育出版社,2003.

[49]（美）格奥尔格·伊格尔斯.历史研究国际手册[M].陈海宏，等，译.北京：华夏出版社，1989.

[50]（德）康德.判断力批判[M].邓晓芒，译.北京：人民出版社，2002.

[51]（德）康德.历史理性批判文集[M].何兆武，译.北京：商务印书馆，1990.

[52]（德）康德.未来形而上学导论[M].庞景仁，译.北京：商务印书馆，1978.

[53]（英）罗素.西方哲学史[M].何兆武，译.北京：商务印书馆，1963.

[54]（美）梯利.西方哲学史[M].葛力，译.北京：商务印书馆，2000.

[55]（德）卡尔·洛维特.世界历史与救赎历史[M].李秋零，田薇，译.北京：生活·读书·新知三联书店，2002.

[56]（英）吉尔伯特·默雷.古希腊文学史[M].孙席珍，译.上海：上海译文出版社，1988.

[57]（美）罗蒂.哲学与自然之镜[M].北京：生活·读书·新知三联书店，1987.

[58]（德）文德尔班.哲学史教程 上卷[M].北京：商务印书馆，1987.

[59]（美）大卫·克里斯蒂安，（美）辛西娅·斯托克斯·布朗，（美）克雷格·本杰明.大历史：虚无与万物之间[M].刘耀辉，译.北京：北京联合出版公司，2016.

[60]（意）维柯.新科学[M].朱光潜，译.北京：人民文学出版社，1987.

[61]（法）弗朗索瓦.希罗多德的镜子[M].闫素伟，译.北京：中信出版社，2020.

[62]（以色列）尤瓦尔·赫拉利.人类简史·从动物到上帝[M].林俊宏，译.北京：中信出版社，2017.

[63]（德）卡尔·雅斯贝斯.历史的起源与目标[M].李夏飞，译.桂林：漓江出版社，2019.

[64]（美）乔治·E·马尔库斯，米开尔·费彻尔.作为文化批评的人类

学：一个人文学科的实验时代［M］. 王铭铭，蓝达居，译. 北京：生活·读书·新知三联书店，1998.

［65］（法）弗朗索瓦. 希罗多德的镜子［M］. 闫素伟，译. 北京：中信出版集团，2020.

［66］（日）那波利贞. 唐钞本《杂抄》考：唐代庶民教育史研究资料［M］//唐代社会文化史研究. 东京：东京创文社，1977.

［67］（美）詹姆斯·哈威·鲁滨孙. 新史学［M］. 齐思和，译. 北京：商务印书馆，1964.

［68］（美）斯塔夫里阿诺斯. 全球通史：从史前到21世纪［M］. 吴象婴，梁赤民，译. 北京：北京大学出版社，2020.

［69］（英）赫伯特·乔治·韦尔斯. 世界史纲［M］. 吴文藻，冰心，费孝通，译. 南京：译林出版社，2015.

［70］（美）恩斯特·布赖萨赫. 西方史学史：古代、中世纪和近代［M］. 黄艳红，徐翀，吴延民，译. 北京：北京大学出版社，2019.

［71］（美）阿兰·梅吉尔. 历史知识与历史谬误：当代史学实践导论［M］. 黄红霞，赵晗，译. 北京：北京大学出版社，2019.

［72］（美）J. W. 汤普森. 历史著作史［M］. 孙秉莹，谢德风，译. 北京：商务印书馆，1992.

［73］（美）詹姆士·韦斯特·戴维森，（美）马克·汉弥尔顿·利特尔. 追寻事实：历史解释的艺术［M］. 刘子奎，宋佳红，王菁，陈诗章，译. 上海：上海三联书店，2021.

［74］（美）伊恩·莫里斯. 人类的演变：采集者、农夫与大工业时代［M］. 马睿，译. 北京：中信出版社，2016.

［75］（美）S·南达. 文化人类学［M］. 刘燕鸣，韩养民，编译. 西安：陕西人民教育出版社，1987.

［76］胡仔. 苕溪渔隐丛话后集（卷十五）［M］. 刻本. 清乾隆.

［77］张淏. 云谷杂记（卷二）［M］. 清武英殿聚珍版.

[78] 王弼注，孔颖达疏.十三经注疏 周易正义 整理本［M］.北京：北京大学出版社，2000.

[79] 班固.汉书·艺文志［M］.北京：中华书局，1962.

[80] 刘知几撰，浦起龙释.史通通释［M］.上海：上海古籍出版社，1978.

[81] 司马迁.史记［M］.北京：中央编译出版社，2006.

[82] 汪荣祖.史学九章［M］.北京：生活·读书·新知三联书店，2006.

[83] 王国维.王国维遗书（第六册）［M］.上海：上海古籍出版社版，1983.

[84] 刘建国注译.庄子译注［M］.长春：吉林文史出版社，1993.

[85] 韩震，孟鸣岐.历史·理解·意义——历史诠释学［M］.上海：上海译文出版社，2002.

[86] 韩震，孟鸣岐.历史哲学：关于历史性概念的哲学阐释［M］.昆明：云南人民出版社，2002.

[87] 韩震.西方历史哲学导论［M］.济南：山东人民出版社，1992.

[88] 张广智，张广勇.史学，文化中的文化——文化视野中的西方史学［M］.杭州：浙江人民出版社，1990.

[89] 黄进兴.历史主义与历史理论［M］.西安：陕西师范大学出版社，2002.

[90] 万斌.历史哲学论纲［M］.杭州：浙江大学出版社，1992.

[91] 张士嵘.西方历史理论的进化［M］.山西教育出版社2004.

[92] 王晴佳.西方的历史观念——从古希腊到现代［M］.上海：华东师范大学出版社，2002.

[93] 何兆武.历史理性的重建［M］.北京：北京大学出版社，2005.

[94] 何兆武.历史理论与史学理论［M］.北京：商务印书馆，1999.

[95] 何兆武，陈启能.当代西方史学理论［M］.上海：上海社会科学院出版社，2003.

[96] 张一兵.马克思历史辩证法的主体向度［M］.南京：南京大学出版

社，2002.

［97］陈启能.史学理论与历史研究［M］.北京：团结出版社，1993.

［98］陈启能，于沛，黄立茀.苏联史学理论［M］.北京：经济管理出版社，1996.

［99］陈启能，倪为国.书写历史［M］.上海：上海三联书店，2003.

［100］陈登源.历史的重演［M］.上海：上海书店，1996.

［101］陈寅恪.冯友兰《中国哲学史》上册审查报告［M］.金明馆丛稿二编.上海：上海古籍出版社，1980.

［102］傅璇琮.唐才子传校笺（第8册）［M］.北京：中华书局，1990.

［103］王溥.丛书集成初编：唐会要（卷三十五）［M］.北京：商务印书馆，1935.

［104］乔健.漂泊中的永恒［M］.济南：山东画报出版社，1999.

［105］向达.唐代长安与西域文明［M］.北京：生活·读书·新知三联书店，1957.

［106］王重民.敦煌古籍叙录［M］.北京：中华书局，1979.

［107］张西平.历史哲学的重建［M］.北京：生活·读书·新知三联书店，1997.

［108］吴文藻.文化人类学［M］//吴文藻人类学社会学研究文集.北京：民族出版社，1990.

［109］郭绍虞.中国历代文论选［M］.上海：上海古籍出版社，1979.

［110］黄仁宇.中国大历史［M］.北京：生活·读书·新知三联书店，2014.

［111］彭刚.精神、自由与历史——克罗齐历史哲学研究［M］.北京：清华大学出版社，1999.

［112］彭刚.后现代史学理论读本［M］.北京：北京大学出版社，2016.

［113］郭艳君.历史与人的生成——马克思历史观的人学阐释［M］.北京：社会科学文献出版社，2005.

[114] 张文杰.历史研究[M].上海：上海人民出版社，1986.

[115] 刘北成，陈新.史学理论读本[M].北京：北京大学出版社，2006.

[116] 陈新.当代西方历史哲学读本[M].上海：复旦大学出版社，2004.

[117] 刘延勃.哲学词典[M].长春：吉林人民出版社，1983.

[118] 高清海.欧洲哲学史纲新编[M].长春：吉林人民出版社，1990.

[119] 刘福森，张维久.社会发展问题的哲学探索[M].长春：吉林大学出版社，1994.

[120] 张耕华.历史哲学引论[M].上海：复旦大学出版社，2004.

[121] 黄进兴.历史主义与历史理论[M].西安：陕西师范大学出版社，2002.

[122] 严建强，王渊明.西方历史哲学——从思辨的到分析与批判的[M].杭州：浙江人民出版社，1997.

[123] 周建漳.历史的理解与解释[M].北京：社会科学文献出版社，2005.

[124] 杨金鼎.古文观止全译[M].合肥：安徽教育出版社，1997.

[125] 哈佛委员会.哈佛通识教育红皮书[M].李曼丽，译.北京：北京大学出版社，2010.

[126] 王治河.后现代主义辞典[M].北京：中央编译出版社，2004.

[127] 陈子昂.陈子昂集[M].北京：中华书局，1996.

[128] 伊格纳西奥·奥拉巴利.新"新历史"：一种持久的结构[J].历史与理论，1995(01).

[129] 朱利民，王尚林.唐代私学考[J].人文杂志，1993(03).

[130] 陈新.20世纪60年代转向语言学的西方历史哲学研究[J].求是学刊，2002(03).

[131] 陈新.当代西方历史哲学的若干问题[J].东南学术，2003(06).

[132] 何兆武.历史两重性片论[J].史学理论研究，1998(01).

[133] 陈启能.论历史事实[J].史学理论，1987(04).

［134］韩震,董立河.论西方历史哲学的"语言学转向"［J］.北京大学学报（哲学社会科学版）,2005（09）.

［135］董立河.后现代主义之后的历史理性与史学实践［J］.历史研究,2013（05）.

［136］许结.制度下的赋学视域：论赋体文学古今演变的一条线索［J］.南京大学学报（哲学人文社会科学版）,2006（04）.

［137］李铭敬.日本及敦煌文献中所见《文场秀句》一书的考察［J］.文学遗产,2003（02）.

［138］何兆武.对历史学的若干反思［J］.史学理论研究,1996（03）.

［139］孙正聿.怎样理解马克思的哲学革命［J］.吉林大学社会科学学报,2005（03）.

［140］刘福森.马克思的新哲学观与新世界观［J］.学习与探索,1998（01）.

［141］李军.《蒙求》作者李瀚生平事迹考实［J］.敦煌学辑刊,2018（03）.

［142］袁祖社.人类共同价值的理念及其伦理正当性之思：共同体逻辑的意义及其内在限度［J］.南开大学学报（哲学社会科学版）,2017（04）.

［143］袁祖社.制度理性、社会质量与优良诚信伦理文化的实践-价值共契［J］.陕西师范大学学报(哲学社会科学版),2017（05）.

［144］陈其泰.创造性阐释司马迁的杰出史学思想［J］.陕西师范大学学报（哲学社会科学版）,2020（03）.

［145］贾俊侠,赵均强.范式突破——张载对理学的开创之功［J］.长安大学学报（社会科学版）,2020（03）.

［146］于沛.历史认识的辩证法阐释［J］.陕西师范大学学报(哲学社会科学版),2020（01）.

［147］阎树群.中国共产党与马克思主义中国化的百年探索［J］.陕西师范大学学报(哲学社会科学版),2021（01）.

［148］Jacques Derrida. Of Grammatology. Baltimore：The Johns Hopkins University Press, 1976.

[149] Partrick Gardiner. The Nature of History Explanation [M]. New York: Oxford University Press, 1980.

[150] Michel Foucault. The Order of Things: Archaeology of the Human Sciences [M]. New York: Random House, 1970.

[151] R. G. Collingwood. The Principles of History [M]. New York: Oxford University Press, 1999.

[152] Hayden White. Figural Realism: Studies in the Mimesis Effect [M]. Baltimore: The Johns Hopkins Press, 1999.

[153] Michael Stanford. An Introduction to the Philosophy of History [M]. New Jersey: Blackwell Publishers, 1998.

[154] J. F. Lyotard, The Postmodern Condition [M]. Minnesota: University of Minnesota Press, 1984.

后　记

　　我非常幸运地在自己的学习与研究过程中历经了文学、哲学与史学三个学科领域，深切地体味到文史哲为一家的思想意蕴。选择以历史叙事为我的研究主题并不是一个偶然，这不仅缘于我多年的专业兴趣，更缘于我对自己当下生存境遇的关切。在我的生活感受与身心经历中，我深切地体验到，能够吸引人的历史不仅应该具有宏大的视角，也应该兼容个体的、感性的与体验的内容，然后才能是智性的行程。具体的历史是开启思考历史问题的起点与基础，否则，那些人生哲学、辩证智慧与形上之思，并不具有特别的魅力。我相信，这种体验并不属于我一个人。

　　任何崇高的形而上学都应该是一门追求美好生活的学问，任何偏离美好生活感觉的要求都需要审慎地对待。形而上学并不等同于美好生活，但美好生活一定不能缺少形而上学的向往，正是这种信念使我在形而上学世界匆匆的行走间，予我继续向前的勇气与力量。

孙晓喜

2023 年 3 月 30 日